Evelyne Binsack

Expedition Antarctica

Evelyne Binsack

Expedition Antarctica

484 Tage bis ans Ende der Welt

Aufgezeichnet von Markus Maeder

Mit 32 Seiten Farbbildteil
und zwei Karten

MALIK NATIONAL GEOGRAPHIC

Mehr über unsere Autoren und Bücher:
www.malik.de

Bibliografische Information der Deutschen Nationalbibliothek
Die Deutsche Nationalbibliothek verzeichnet diese Publikation in der
Deutschen Nationalbibliografie; detaillierte bibliografische Daten
sind im Internet über http://dnb.d-nb.de abrufbar.

MALIK NATIONAL GEOGRAPHIC

Ungekürzte Taschenbuchausgabe
Piper Verlag GmbH, München
1. Auflage Mai 2010
2. Auflage Februar 2011
© Wörterseh Verlag, Gockhausen 2008
Umschlaggestaltung: Dorkenwald Grafik-Design, München
Umschlagfotos: Evelyne Binsack
Innenteilfotos: Evelyne Binsack,
ausgenommen Tafel 5 oben und 7: Hervé Le Cunff
Autorenfoto: Stefan Pfander
Karten: Sonja Schenk, Zürich
Satz: Rolf Schöner, Buchherstellung, Aarau
Papier: Naturoffset ECF
Druck und Bindung: CPI – Clausen & Bosse, Leck
Printed in Germany   ISBN 978-3-492-40379-5

Das Papier wurde aus chlorfrei gebleichtem Zellstoff hergestellt.

Von nun an gibt es nur noch
das Jetzt und was daraus erwächst ...

INHALT

INTRO

Während fast vier Jahren ging ich mit meiner Idee zu Bett und wachte morgens wieder mit ihr auf. Sie war ein Teil von mir geworden und fühlte sich inzwischen an wie meine eigenen Arme und Beine. Ich schaute mir selber zu und staunte, wie eine simple Idee – ein Konstrukt aus Gedanken – zur Wirklichkeit wurde. Was ein »Nichts« war, wurde auf einmal erlebbar und bestimmte das Handeln.

Meine erste Erkenntnis über die Antarktis war, wie wenig ich darüber wusste. Was südlich von Südafrika, Neuseeland und Südamerika lag, nahm ich als weißen Fleck auf der Karte hin, ohne mir weiter Gedanken zu machen. Erst als meine Absichten handfester wurden, begann ich das Licht und den Schatten, die Farben und Strukturen dieses Weiß aus Schnee und Eis mit wacheren Augen zu betrachten. Auf meiner geistigen Erkundungsfahrt in den südlichen Polarkreis »entdeckte« ich einen Kontinent; ich fand Buchten und Halbinseln und Berge mit Spitzen bis rund 5000 Meter über Meer. Ich lernte, verschiedene Arten von Eis zu unterscheiden, und ich entdeckte, dass dieser unbekannteste aller Kontinente auch der ungewöhnlichste ist. Der kälteste, der trockenste und der windigste Kontinent dieser Erde.

Am Südpol geht die Sonne jedes Jahr nur einmal auf, im September, um ununterbrochen bis im März am Himmel zu stehen. Auf Antarctica lagern über neunzig Prozent des Eises der Erde und siebzig Prozent der Süßwasservorräte. Das Abschmelzen dieser Inlandeiskappe würde den Meeresspiegel um sechzig Meter anheben. Hier fallen weniger Niederschläge als in der Sahara und jeder anderen Wüste der Welt. Im Mittel um die fünf Zentimeter im Jahr. Umso erstaunlicher, dass sich daraus im Laufe der Jahrmillionen Eisschichten von mehreren Tausend Metern gebildet haben.

Je mehr ich mich mit dem Weißen Kontinent von der antarktischen Halbinsel bis zum Weddell-Meer auseinandersetzte, desto klarer wurde mir, wie viele Fragen von der Forschung bis heute unbeantwortet geblieben sind. Nicht einmal die Größe von Antarctica lässt sich eindeutig bestimmen. Was gilt? Die Eisoberfläche oberhalb des Meeresspiegels? Die gesamte Erdoberfläche innerhalb der Küstenlinie oder der Rand des Schelfeises, das sich weit über die Küste ins Meer hinaus ergießt? Alles fließt. Das Inlandeis, das kilometerdick in träger Bewegung vom Herzen des Kontinents wie ein Gletscher Richtung Küste fließt und dort zu Schelfeis wird, das weit draußen im Meer abbricht und zu Eisbergen wird. Und was ist mit dem Packeis – dem gefrorenen Meerwasser rund um den Kontinent –, das im Verlauf des antarktischen Winters, von März bis September, die antarktische Eisfläche auf die doppelte Fläche des Landeises anwachsen lässt?

Ich erfuhr auch, dass Antarctica ohne seine Eisdecke ganz anders aussähe, weil das Gewicht des Inlandeises den Felsuntergrund im Lauf von Millionen von Jahren an manchen Stellen satte 1000 Meter unter die Meereshöhe gedrückt hat. Im sogenannten subglazialen Graben der Westantarktis, 2538 Meter unter dem Meeresspiegel, liegt es über 4500 Meter dick, und auch am Pol auf 2800 Meter über Meer liegt der Fels tiefer als der Meeresspiegel. Nicht weit davon entfernt durchzieht das Transantarktische Gebirge den Kontinent auf einer Länge von 4000 Kilometern, und der Mount Vinson (4892 m) in der Kette der Ellsworth Mountains erhebt sich höher als der höchste Alpengipfel, der Mont Blanc.

Nicht ganz überall reicht die weiße Decke bis an die Küste, und einige kleine Löcher hat sie auch. Drei sogenannte Trockentäler im Transantarktischen Gebirge in der Nähe von McMurdo sind seit Millionen von Jahren eisfrei, und Namen wie Victoria-See und River Onyx – mit dreißig Kilometern der längste Fluss der Antarktis – ließen fast Heimatgefühle wach werden, wenn man nicht wüsste, dass sie nur zwei Monate im Jahr eisfrei sind.

Wenn die Ostantarktis ganz eisfrei wäre, das geht aus entsprechenden Karten hervor, dürfte die übrig bleibende Landmasse der zersplitterten Seenlandschaft Finnlands und Kanadas gleichen. Und immer wieder stoßen die Forscher auf neue Überraschungen: Vor ein paar Jahren wiesen Satellitenaufnahmen in der Nähe der russischen Station Wostok auf einen riesigen See hin, bedeckt von mehr als 3600 Meter dickem Eis.

Je mehr ich erfuhr und erahnte, umso unwiderstehlicher zog mich der Kontinent an, in dem es zur Zeit meiner Vorbereitungen noch keinen Zahnarzt und keinen Linienflug gab. Ja, es ist schon ein besonderer Ort. Da ist bis heute kein Staat zu machen und wird hoffentlich auch nicht so bald einer gemacht. Welch ein Kontinent: ohne Regierung, ohne Flagge. Frei von wirtschaftlicher Ausbeutung und fern von militärischen Konflikten sollte gemäß dem internationalen Antarktisvertrag von 1961 kein Mensch dieser Region seinen Stempel aufdrücken. Niemand besitzt Antarctica. Antarctica ist Niemandsland geblieben. Kein Krieg, kein Aufstand, keine Revolution hat je den Kontinent erschüttert. Die Ureinwohner, die Pinguine, leben nach ihren eigenen Gesetzen zusammen. Ein Meer der Stille. Fast wie auf dem Mond.

Nur an den Rändern und in den wenigen eisfreien Gebieten kann sich etwas Leben entwickeln. Mikroorganismen, Flechten und Moose sowie zwei Blütenpflanzen, die antarktische Schmiele und ein Nelkengewächs. Das größte dauerhaft landlebende Tier ist eine zwölf Millimeter große, flügellose Zuckmückenart. Nichts schimmelt, nichts fault in der aseptischen Welt der küstenfernen Regionen.

Bis heute ist der Homo sapiens hier ein flüchtiger Gast. Einige wenige Tausend sind es im Sommer. Weniger als die Hälfte bleiben über den Winter: weltweite Halbnomaden, die zwischen den Unis der Welt und den rund achtzig antarktischen Forschungsstationen hin und her pendeln. Selbst auf der größten dieser Stationen, der amerikanischen McMurdo-Station auf der Ross-Insel, übersommern kaum mehr als tausend Personen.

Auch in den nächsten Jahren dürfte es niemanden hierhin verschlagen, um sich häuslich niederzulassen und sich Schätze und Reichtum zu holen. Nur wenige sind hier geboren, aber schon viele gestorben. Erfrieren kann man sowieso, aber auch verhungern. Robert Scott ist verdurstet, mitten im größten Trinkwasser-Reservoir dieser Erde. Doch wo ist der Brennstoff, um es zu verflüssigen? Nichts ist hier leicht zu nutzen, weder Erde noch Feuer und auch nicht die Bodenschätze, so reichlich sie vorhanden sein mögen. Was ich auf Antarctica finden sollte, war eine Landschaft »reduced to the max«. Heller, klarer, sonniger und reiner als alles, was ich je erlebt hatte.

Es gibt nur ganz wenige Reize, aber die in schier unerträglichem Ausmaß. Da ist der Himmel, das Eis, der Wind und die Kälte. Nichts sonst. Bis zur Unerträglichkeit. Da locken nur geistige Werte. Der Ruhm vielleicht, die Suche nach wissenschaftlicher Erkenntnis und die Suche nach sich selbst in so viel Einsamkeit, in einer unendlich scheinenden, unberührten Natur – welch schöne Utopie zur Verwirklichung meiner Träume.

DIE JAHRE DAVOR

2002 bis 2006

Ans Ende der Welt – und zurück zu mir selbst

Am Anfang hatte ich die Begehung von drei äußersten Punkten auf dieser Erde geplant: dem höchsten, dem nördlichsten und dem südlichsten. Der Everest, der Nordpol und der Südpol. Mein nächstes Ziel nach meiner Everest-Begehung im Jahr 2001 war der Nordpol. Zum Training flog ich nach Resolute auf Cornwallis Island. Dieser kanadische Vorposten des hohen Nordens in der Baffin Bay, die in der Erforschung der Nordwestpassage Geschichte gemacht hatte, dient heute mit seiner Jet-Landepiste als Ausgangspunkt für viele Reisen in die Arktis. Hier nun erprobte ich meine Kältetauglichkeit und die Tauglichkeit verschiedener Ausrüstungsgegenstände – und lernte meine Grenzen kennen, glücklicherweise ohne dass ich sie praktisch zu erfahren brauchte.

Über Umwege fand ich in einer nahen Wetterstation Zugang zu Wayne Davidson, einem Klimatologen, der mich in die Tücken der Arktis einführte. Er zeigte mir auf Satellitenbildern, wie bei Vollmond im Packeis im Verlauf eines Tages eine über 200 Kilometer lange und 16 Kilometer breite Wasserspalte aufriss. Weil die arktische Polkappe kein Festland aufweist, sondern lediglich aus einer Platte von Packeis besteht, wird sie von Wind, Wetter und unter dem Einfluss der Mondphasen ständig bewegt. Druck und Zug pressen die Eisplatten gegeneinander hoch, reiben sie aneinander oder reißen sie weit auseinander. Wayne fragte, ob ich wisse, was mit einem geschieht, der sein Camp zufällig in dieser Zone aufschlägt. Ohne meine Antwort abzuwarten, sagte er trocken: »You are going to die.« Wer

Glück hat, schwimmt mitsamt dem Zelt wie auf einem mächtigen Floß von dannen, mutterseelenallein – oder in Gesellschaft eines Eisbären.

Ein bekannter Sologänger, der daran war, den Nordpol von Russland aus nach Kanada zu überqueren, bestätigte später Waynes Warnung Wort für Wort. Er wagte sich auf junges Eis, das beim Durchzug einer Schlechtwetterfront von der Packeisplatte wegbrach. Die Bilder in den Medien vom einsamen Burschen, der sich von furchtlosen russischen Piloten von der Eisscholle bergen lässt, sehen beeindruckend aus. Die Naturgesetze der Arktis bestrafen menschlichen Ehrgeiz, der sich mit Ungeduld paart. Nur die neuesten Hilfsmittel wie Satellitentelefon und Helikopter haben die Rettung des Sologängers ermöglicht. Wer mit den Verhältnissen vertraut ist, kann das Risiko einschätzen und vermeidet die gefährdeten Stellen. Ich hatte begriffen, dass ich die Lage in den Bergen, aber nicht die in der Arktis beurteilen kann, und beschloss: Ich will festen Boden unter den Füßen haben. Festland wie auf Antarctica.

Auf der Suche nach einem Konzept

Schritt für Schritt hatten sich meine antarktischen Träume der harten Wirklichkeit und meinen begrenzten Möglichkeiten anzunähern. Mein erster Traum war es, die ganze Antarktis zu durchqueren. Von Küste zu Küste. Allein und zu Fuß. Daraus ist nichts geworden, weil ich zu wenig unvernünftig war. Ich informierte mich und versuchte mir vorzustellen, was diese und jene Information in Wirklichkeit für mich, auf mich allein gestellt, bedeuten würde. Ich suchte den kürzesten Weg vom »Rand« des Kontinents, das heißt vom Ronne-Schelf im Weddell-Meer, südlich von Südamerika, zum Pol. Und ich schaute, wohin ich gehen müsste, wenn ich den kürzesten Weg zum »Rand« auf der gegenüberliegenden Seite wählen würde. Nach McMurdo am Ross-Schelf. Selbst unzulängliche Karten machten mir klar, dass sich zwischen dem Pol und McMurdo das Transantarktische Gebirge hinzieht. Eine lange Kette hoher Gipfel, die nicht zu umgehen, aber zu übersteigen sind. Auf etwas genaueren Karten sind Gletscher zu erkennen. Und wo sich Gletscher über Senken und Kreten wälzen, öffnen sich Spalten. Ich konnte einen Übergang über den Beardmore- oder den Shackleton-Gletscher wählen, doch das ist wie die Wahl zwischen Pest und Cholera. Ich bin Bergführerin. Ich habe Freunde in Spalten verloren, ich habe gesehen, wie Leute in Spalten einbrachen. Einige zog ich eigenhändig am Seil wieder raus. Nicht dass ich vor Spalten Angst habe. Aber Respekt. Eine Seilschaft kann sich sichern. Im Alleingang kann mir alles passieren. Es ist nicht mein Traum, in der blau gleißenden Enge einer Spalte zu erfrieren.

Die Idee Südpol begann Form anzunehmen: Anreise ab Innertkirchen aus eigener Kraft bis Punta Arenas im tiefsten Süden Südamerikas und dann allein und ohne fremde Hilfe auf Skis vom Ronne-Schelf bis zum Pol und mit dem Flugzeug wieder zurück. Das musste klappen. An der Grenze der menschlichen Möglichkeiten – aber möglich, wenn ich mich voll darauf konzentrierte, alles gab und die nötigen Vorkehrungen traf, um sicher anzukommen und wieder nach Hause zu finden.

Wie einst Jürg Marmet und Ernst Schmied

Später, während der langen, eintönigen Tage auf dem Fahrrad, begannen Zweifel zu nagen. Warum hatte ich mich in diese Idee mit dem Fahrrad verbissen? In flachem Gelände fahren ist nicht mein Ding. Es zieht mich bergauf. Mit Händen und Füßen. Am liebsten senkrecht nach oben. Warum musste ich jetzt, da mein Ziel der Südpol war, so beschwerlich in Zeitlupe anreisen? War die Antarktis nicht genug? Aber ich hatte meine Gründe, mich bis Punta Arenas auf dem Sattel zu halten.

Zum Projekt gehörte von Anfang an, das Ziel aus eigenen Kräften zu erreichen. Doch die Frage blieb berechtigt. Sie stellte sich mit äußerster Dringlichkeit. Wozu dieser Auftakt, der so viel Zeit und Kraft erforderte? Mutete ich mir damit nicht Unnötiges zu? Doch jetzt, da der Erfolg auf meiner Seite ist, hat sich meine Bergsteigererfahrung bestätigt: Zu hohen Zielen gibt es keine Abkürzung. Kommst du weiter – persönlich weiter, meine ich –, wenn du hier auf dem Airport in die Maschine steigst und einen O-Saft später am anderen Ende der Welt auf den Boden kommst? Erfahrung kommt mit der Zeit und mit dem Weg. Ein Sturz vom Fahrrad gleich zu Beginn der Reise belegte das deutlich genug.

Ja, diese Welterfahrung durch ein Erfahren der Welt gehörte dazu. Vielleicht muss ich etwas weiter ausholen. Ich war noch nicht geboren, als Edmund Hillary und Sherpa Tenzing Norgay 1953 als Erste auf dem Mount Everest standen. Auch noch nicht, als die beiden Berner Jürg Marmet und Ernst Schmied drei Jahre später die Zweitbesteigung schafften. Aber die beiden sollte ich viele Jahre später persönlich kennen lernen.

2001, genau fünfundvierzig Jahre nach ihnen, stand auch ich auf dem höchsten Berg dieser Erde. Das hat sich herumgesprochen hierzulande: »Die Evelyne war auf dem Everest.« Für mich stimmt das aber nur halb. Mein Ziel war der Sagarmatha, »die Stirn des Himmels«, wie die Nepali sagen; oder wie es in Tibet heißt: die Chomolungma, die Muttergöttin der Erde. Das macht einen Unterschied. Der Everest ist wie ein anderer Berg, der äußerlich identisch an der gleichen Stelle steht – und entsprechend den Weltmachtverhältnissen im zwanzigsten Jahrhundert hat sich der westliche Namen durchgesetzt…

Der Everest hat seinen Namen vom britischen Geometer George Everest. Dieser hat im vorletzten Jahrhundert von Indien aus seine Lage vermessen. »Iivrist« soll er seinen Namen ausgesprochen haben. Die Lautverschiebung zum »Everest« machte aus dem Berg nach englisch »ever« »den Ewigsten« daraus. Ein Superlativ mit Salto mortale ins Absurde, bei dessen Besteigung sich messbare Rekorde verwirklichen lassen.

Mir ging es mehr um Erfahrung als um Leistung. Doch hatte auch ich mich von der Gipfelstürmerei anstecken lassen. Auch ich war angereist im Spitzensportlerstil zu einem Spitzensportlerspiel, als wäre das Basislager ein Wettkampfplatz. Auch ich brachte mein Gipfelbild als Beweis und Trophäe nach Hause. So erreichte ich denn mit einem Fuß die Chomolungma und mit dem andern nur den Everest. Ehrgeiz nach äußerem Erfolg beeinträchtigte meine Offenheit für die Erfahrung und Erkenntnis der Muttergöttin und der Stirn des Himmels. Das wurde mir erst allmählich bewusst. Die Offenheit für das Mystische in der Natur sollte in Zukunft mehr Bedeutung erlangen: etwas, das Tibetern und Nepalis vertraut ist, als Erfahrung eines inneren und eines äußeren Raumes.

Mir wurde klar, Schmied und Marmet waren dieser Erfahrung näher gewesen. Sie hatten etwas erlebt, von dem sie fast mehr zu erzählen wussten als von den Augenblicken »jenseits der belebten Welt«. Noch vor dem Jet-Zeitalter waren die beiden mit ihren Koffern und Säcken im Bahnhof Bern in die Eisenbahn gestiegen. Sie reisten auf dem Landweg nach Osten. Wie vor ihnen Marco Polo, Phileas Fogg oder auch die beiden Schweizerinnen Annemarie Schwarzenbach und Ella Maillart. Durch Felder und Wälder, Wüsten und Steppen, durch Länder, in denen damals die Sitten und Gebräuche noch verschiedener waren als heute. Sie erlebten Distanz. Eine Reise mit einem Anfang und einem Schluss. Wie Marmet und Schmied ihre Koffer und Säcke über die alte Seidenstraße aufs Dach der Welt hinaufschleppten, das erst gab ihrem Everest-Abenteuer den soliden Boden, auf dem sich Größe auszeichnet.

Der große Luftsprung direkt an den Startplatz im Süden Chiles kam für mich einfach nicht mehr in Frage. Da war die große Neugier: Was liegt zwischen Innertkirchen und dem Eis im tiefen Süden? Die physische und psychische Erfahrung von Distanz, von Nähe und Ferne und von den Dingen, die sich stoßen im Raum. Diese Freiheit des Unterwegsseins hatte ich bisher noch nicht erfahren. Das Ungewöhnliche hat ja seinen Reiz: Allein mit der eigenen Muskelkraft von nördlichen Breiten bis zum Südpol gelangen. Das hat noch niemand zuvor gemacht. Ja, ganz ohne gesellschaftlichen Ansporn, ganz ohne Lust auf Leistung lässt sich keine neue Erfahrung gewinnen, auch das muss man sehen.

Raus, aber richtig

Den Claim meines Ausstatters Transa habe ich mir zu Herzen genommen. Es hat sich gelohnt. Je besser die Vorbereitungen, umso eher kann eine so große Reise gelingen. Es gibt so viel zu bedenken. Ziele, Zeiten, Routen und Material. Es ist wie beim Malen und Lackieren. Nach der guten Herrichtung des Untergrunds ist der Umgang mit dem Pinsel ein Kinderspiel. So viel wird geredet, so viel behauptet. Manches ist kritisch zu bedenken – und doch ernst zu nehmen. So erklärte mir ein Amerikaner, der am Rand von Mexico City im Luxus seiner Villa schwelgt, eine Fahrt auf dem Rad durch das Land sei für eine Frau tödlich. Riskanter als Gletscherspalten? Ich weiß es nicht. Ich weiß nur, ich habe Glück gehabt und lebe noch. Die Frau des Amerikaners fährt ausschließlich in ihrer Limousine mit Bodyguard zum Einkaufen. Ob sie sich nicht gerade damit gefährdet?

In England gibt es das Sprichwort: »Nur ein schlechter Handwerker tadelt sein Werkzeug.« Das heißt, man soll die Fehler erst bei sich selber suchen. Das finde ich auch. Anderseits ertragen große Unternehmungen keine Halbheiten. Wer sie sich leistet, lebt nicht lange. Das gilt im Alpinismus wie in der Antarktis. Nicht dass ich irdischen Gütern übermäßig Bedeutung zumesse. Wer mich kennt, weiß, wie bescheiden ich lebe. Zu Miete in einem Drei-Zimmer-Chalet, das gerade mal eine Katze als Mitbewohnerin duldet. Aber bei großen Vorhaben ist taugliches Material die erste Bedingung. Da halte ich auch das Beste nicht für Luxus. Egal, was es kostet. Viel oder wenig. Es kann auch mal das Einfachste, Günstigste sein. Fest steht: Niemand geht barfuß zum Südpol. Niemand ohne Schlafsack und Zelt. Draußen in der Natur, wo es um das »survival of the fittest« geht, bist du allein. Wenn du dich auf jemanden verlassen können musst, dann auf dein Material. Und natürlich auf dich.

Vorerst brauchte ich für die Strecke von Innertkirchen bis Punta Arenas ein Fahrrad. Aber was für eines? Es sollte mindestens 25 000 Kilometer fit bleiben, um nicht vielleicht kurz vor Schluss in der Atacama-Wüste liegen zu bleiben. Ich besuchte einen Mechanikerkurs, um Bremsklötze, Bremskabel, Speichen, Plattfüße, Gangschaltung und Kette nach allen Regeln des Handwerks zu warten und zu reparieren – und lernte dabei, dass es Fahrräder und Fahrräder gibt. Welche Kriterien sollte das meine erfüllen? Preis, Größe, Zuverlässigkeit, Sportlichkeit, Bequemlichkeit… Bis ich mir ganz sicher war, verstrichen anderthalb Jahre. Leicht sollte es sein, also Aluminium. Doch Aluminium ist brüchig und lässt sich nicht so leicht schweißen. Also doch lieber der schwerere Stahl. Um das Gewicht gering zu halten, wählte ich eine für meine Länge etwas zu kleine Größe. 56 Zoll statt 59 Zoll. Für eine angenehme, aufrechte Sitzposition fügte ich einen ziemlich hohen Lenker hinzu. Damit handelte ich mir zwar mehr Luftwiderstand ein, aber Nacken und Handgelenke brauchten nicht so zu leiden.

Beim Sattel griff ich zu Brooks, dem englischen Jahrhundertklassiker. »Weiche das Leder drei viertel Stunden in Seifenwasser ein«, riet mir der Aarios-Fahrradbauer Arnold Ramel, »dann schmiere es gleich tüchtig mit Lederfett ein, pack das Ganze in eine Plastiktüte und geh einen halben Tag fahren.« Klingt wie ein Großmutterrezept, funktioniert aber prima. Mein Sattel passt unter meinen Hintern, perfekt nach Maß. Die Form hat er nicht mehr verloren. Das ist Brooks. Ist er mit dieser Patina nicht schöner als neu?

Bei der Schaltung lernte ich: Ein Rohloff-Getriebe bewährt sich besser als eine Kettenschaltung. Die Kette nützt sich nicht ab, und wenn man die Nabe schön schmiert und stets unbelastet schaltet, läuft es ein Leben lang. Ebenso gut haben sich die Reifen gehalten. Mit ihren Stahleinlagen und ihren fetten Stollen überstanden sie manche Steine, Scherben und Nägel. Der erste Satz hielt von der Grimsel bis Chile. Doch was ich mir da zusammengestellt hatte, war nicht das leichtfüßige Ding, mit dem man zum Picknick ans nächste Waldrändchen fährt oder mit dem Rennfahrer Bergpreise ersprinten. Mein Fahrrad musste schließlich nicht nur mich, sondern auch mein ganzes Gepäck tragen können. Vierzig Kilo wog es mit den sechs Packtaschen an Vorder- und Hinterrad und auf dem Gepäckträger. Zelt, Schlafsack, Kocher, Apotheke, Kleider und Ersatzmaterial. Auf den längsten, durstigsten Strecken kamen noch gut fünfzehn Kilo Wasser und Lebensmittel dazu – und die wachsende Angst an heißen, einsamen Nachmittagen, das Wasser könnte vor der nächsten Quelle ausgehen.

Kältetest

Für Antarctica ist das Material noch wichtiger – und schwierig zu finden. Wo suchen und wem vertrauen? Die Informationen zusammenzutragen und praktische Erfahrungen zu machen, bedeutete für mich eine über vier Jahre verteilte, kostspielige, anstrengende und herausfordernde Arbeit. Suchen, suchen, suchen. Zuerst einmal Beratung. Pol-Abenteurer, die Ratschläge zur Ausrüstung geben können und wollen, kann man an einer Hand abzählen. Die erfahrensten Pol-Abenteurer sind schon tot, und die wenigen zeitgenössischen leben auf dem ganzen Globus verstreut. Der Schweizer Mike Horn war ein Glücksfall für mich. Mike hatte als erster Mensch den Äquator und den nördlichen Polarkreis aus eigener Körperkraft umrundet; und er zählt zu den ganz wenigen, die zu Fuß mit Skis und Schlitten von der Küste bis zum Nordpol gelangten. Seine erfolgreiche Nordpolbegehung, zusammen mit dem Norweger Børge Ousland, geriet jedoch wegen der medienwirksamen Rettungsaktion jenes gescheiterten Sologängers nicht gebührend in den Fokus der Öffentlichkeit. Als weltoffener, positiver und fröhlicher Mensch gab mir Mike gerne einige nützliche Tipps zur Auswahl des Schuhwerks. Dass mir gerade die Schuhe Sorge bereiten sollten, betrachte ich als eine Laune des Schicksals.

Tests in geeignetem Gelände zeigten, dass kaum ein Gegenstand den Anforderungen standhält. Zu schwer, zu zerbrechlich, zu empfindlich… Material, das minus vierzig Grad Celsius ausgesetzt ist, verhält sich anders, brüchiger als Material, das sporadisch bei minus zwanzig Grad eingesetzt wird. Zudem muss das Handling bei so eisiger Kälte einfach sein, weil die Finger innert Kürze abzufrieren drohen, wenn man zum Hantieren die Fäustlinge ausziehen muss. Fast jedes Stück, das ich bei mir hatte, verlangte Anpassungen.

Trittsicher

Die erste Frage lautete: Was brauche ich unbedingt? Ski und Schuhe. Zuallererst Schuhe. Beides ist unverzichtbar zum Laufen, beides kauft man nicht schnell um die Ecke bei einem Bergsportgeschäft. Jedenfalls nicht so, dass es den harten Ansprüchen der Antarktis genügt. Zum Schutz ist ein Zelt unerlässlich, das bei Windstärke elf und zwölf (über 103 beziehungsweise 118 km/h) stehen bleibt. Als Drittes braucht es Kleidung nach Maß. Die muss sitzen, damit der Wind nicht durch die Ritzen um den nackten Körper pfeift und sich die Kälte, dieses lähmende Gift, nicht bis in die Knochen einfrisst.

Kein anderes Land lebt so nah zu einem Pol wie Norwegen. Was sich in Norwegen bewährt, hat den Kältetest schon fast im Voraus bestanden. Die Erfahrung ist in jedem Detail zu erkennen. Und wenn es um Skis geht, hat Norwegen mit seiner Langlauftradition ohnehin das Vertrauen verdient. Meine Madshus liegen in Breite und Länge irgendwo zwischen Langlaufski und Telemarkski. Wanderskis mit Kanten. In den Belag habe ich Felle geklebt und geschraubt. Ich wollte gleiten, ohne zu rutschen. Wie groß oder klein die Felle sein müssen und dürfen, galt es auszuprobieren. Doch was Sastrugis bedeuten, konnte ich im alpinen Testgelände nicht ahnen.

Die Bindung hat Rottefella in Norwegen für Expeditionen gebaut. Sie gleicht einer Langlaufbindung. Zwei kleine Klammern halten eine kleine Achse wie Scharniere an der Spitze des Schuhs und geben ihm auf der ganzen Fläche Bewegungsfreiheit.

Als Pièce de Résistance sollten sich die Schuhe erweisen. Wie rasch sich Schmerzen an den Füßen entwickeln, können die meisten Sankt-Jakobs-Pilger schon nach den ersten Tagen aus eigener Erfahrung berichten. Antarktis-Pilger erwartet unter der stärkeren Belastung auf Skis eine vielfach größere Pein. Die Härte des Klimas potenziert jeden Schmerz. Fragt sich, wie man ihn am besten umgeht. Es gibt zwei Möglichkeiten. Starr oder weich. Ein starrer Schuh belastet die Achillesferse, ein weicher muss hart geschnürt werden und birgt die Gefahr, auf dem Rist die Durchblutung abzudrücken. Das kann innert kurzer Zeit zu Qualen und unter polaren Verhältnissen zu unheilbaren Erfrierungen führen. Am besten kauft man jeden Schuh für die Kälte zwei, drei Nummern zu groß, um Platz für genügend Socken zu haben. Aber das löst die Probleme nicht. Es gibt keine schmalen Frauenmodelle zu kaufen. Um in den klobigen und breiten Männermodellen trotzdem Halt zu finden, muss ich umso satter zuschnüren.

Deswegen entschied ich mich entgegen Mikes Rat für ein starres Modell mit guter Isolation. Sie ist so üppig, dass sich der Innenschuh im starren Gehäuse angenehm abrollen lässt. Weil man stets flach geht, zieht das bei jedem Schritt an der Achillessehne. Versuche, diesen Zug zu verringern, sollten mich über mehrere Breitengrade begleiten. Immerhin habe ich nicht an die Füße gefroren. Meine Mutter hat mir um meine Schuhe von Meindl wärmeisolierende Überzugsgamaschen genäht, damit meine vom Himalaja kälteempfindlich gebliebenen Zehen möglichst keine weiteren Schäden davontragen müssten.

Den Materialschlitten schließlich hatte ich bei den beiden Polfahrern Paul Landry und Matty McNair gesehen. Leicht sollte er sein und breit genug, um die Unebenheiten des südlichen Polareises durchzustehen. Marke Fjellpulken aus Norwegen. Siebeneinhalb Kilo scheinen nicht schwer, aber über mehr als tausend Kilometer und beladen mit über hundert Kilo Material, fällt jedes Kilo ins Gewicht. Das Verdeck darüber ist leicht – zu leicht vielleicht, und ob der Klettverschluss sich im Schneetreiben bewährt, würde ich sehen. Auch die Zuggurte sind von Fjellpulken. Eigentlich für die Kitesurfer gebaut, habe ich sie für meine Zwecke umgearbeitet, mit einem verstellbaren Karabiner versehen und mit dem Gestell eines Rucksacks verbunden. So konnte ich den Zug auf Hüfte und Schultern beliebig verteilen.

Hemd und Hose

Für lange Jahre galt Goretex bei nassem Wetter als Garant für trockene Haut. In der Antarktis bewähren sich sogenannte Hybridstoffe besser. Sie schützen vor Wind, sind aber nicht wasserdicht, sodass die Körperfeuchtigkeit nach außen besser entweicht. Mammut hat alle meine Erwartungen bestens erfüllt. Um weder zu frieren noch zu schwitzen, setzte ich aufs Zwiebelprinzip. Ich hatte genügend Schichten zum Schälen dabei: Unterziehleibchen, Überziehleibchen, zwei Pullis, einer über dem andern zu tragen, eine Jacke und eine zweite Jacke über die erste. Für die Pausen muss eine Daunenjacke griffbereit liegen. Man kühlt sehr schnell aus. Zur Jacke gehört unbedingt eine Kapuze mit Pelzrand gegen den Wind. Schafpelz ist untauglich, da der Schnee in der Wolle verklumpt. Das wussten schon Pioniere wie Amundsen, Scott oder Shackleton: Meine Fuchspelzchen sind schon auf den Fotos von damals zu sehen. Die alten Fotos geben auch zu erkennen, dass es damals weder den Reiß- noch den Klettverschluss gab. Und durch Knopflöcher und Ösen fühlst du die Kälte fast wie eine Flüssigkeit in ekligen Bächlein der Haut entlangrieseln.

Auch im Gesicht kommt unter der Kapuze Schicht über Schicht. Zuerst eine Halskrause bis unter den Mund. Darüber eine Balaklava und ein winddichtes Stirnband. Meine Mutter hatte mir gegen Wind und Kälte maßgerecht auch eine Gesichtsmaske geschneidert. Um mich voll zu vermummen, setzte ich eine Sturmbrille darüber. Doch all das sollte die Wangen nicht genügend vor Frostbeulen schützen. Sie kommen heimtückisch, schmerzlos. Erst abends, wenn man sich berührt, erschrickt man über die Gefühllosigkeit.

Und sonst noch? Handschuhe in drei Schichten – und natürlich, wie sich das gehört für eine Frau, das kleine Schwarze… Denkste. Für die ganzen fünfzig Tage Antarktis habe ich mir nur drei paar Unterhosen geleistet. Waschen unmöglich.

My Tent is my Castle

Nicht dass ich gedachte, bei Pfadfinderromantik viel Zeit im Zelt zu verbringen. Wichtig jedoch ist der Schutz vor Wind und Wetter in den kurzen Stunden der Erholung. Hunderte verschiedener Zelte für höchste Ansprüche bieten sich an. Doch hier ist die Auswahl ziemlich einfach. Wer in die Antarktis geht, wählt ein Tunnelzelt. Alles andere disqualifiziert sich von selbst: Kuppelzelte verlangen zum Aufbauen mehr als zwei Hände. Giebelzelte flattern wie Fahnen im Wind.

Unsere »Hillebergs« trotzten sämtlichen Stürmen. Innen- und Außenzelt hängen zusammen und lassen sich in einem Arbeitsgang leicht von zwei Händen aufbauen. Wenn man sie in den Wind stellt, pustet sie der Wind von allein auf. Beim Abbauen bleiben die Stangen drin und kommen in der Mitte zusammengesteckt auf den Schlitten. Um mein Hilleberg Antarktis-tauglich zu machen, nähte meine Mutter »Flaps« an die Unterkante. Mit Schnee beschwert, verbessern sie bei Wind die Standfestigkeit. Sie bewährten sich gleich am ersten Tag: Bei einem einzigen, harmlosen Stangenbruch wetterten sie alles ab, was vom Himmel kam.

Für einen guten, tiefen Schlaf ist der Schlafsack überlebensnotwendig. Daunen bleiben das Maß der Dinge. Sie halten unerreicht warm, sind federleicht und trocknen rasch in der Sonne. In meinem »Mammut« steckt mindestens ein Kilo Daunen. Das reicht mit der entsprechenden Wäsche auch an den kältesten Tagen für wohlige Wärme.

Die kleine Hausapotheke

Zu Material und Verpflegung gehört auch Medizin für alle Fälle. So wenig wie möglich, so viel wie nötig, lautete die Devise für meine Packzettel. Ohne Notapotheke in die Wildnis zu gehen, ist grob fahrlässig. Trotzdem hatte ich nicht viel mehr als Verbandstoff und einige Tabletten dabei. Schmerzmittel, Entzündungshemmer und Antibiotika an erster Stelle, aber auch Schlaftabletten, falls ich nach einem anstrengenden Tag zu zappelig wäre und doch am nächsten Morgen wieder fit sein wollte. Aber da blieb ich vorsichtig. Zu mehr als einer halben Tablette habe ich mich jeweils nicht getraut. Ich will nicht abhängig werden. Von gar nichts. Es reicht schon, dass mich die Bergsteigerei nicht mehr loslässt.

Für schwerere Fälle verlasse ich mich stets auf mein Allerweltsheilmittel »Milan«. Mit Milan bin ich besser bedient als mit einem ganzen Koffer Chemie. Seine Wirkung ist schon in homöopathischen Dosen rasch und nachhaltig. Keine Nebenwirkungen. Überdosis unmöglich. Dr. Milan Cermak. Unter anderem Professor an der Universität in Straßburg und für die NASA in der Telemedizin tätig. Milan kann ich am Telefon fragen, ob meine Kopfschmerzen ein Symptom für Malaria sind oder wie ich mit einer Frostbeule umgehe, wenn sie partout nicht heilen will. Es ist wunderbar, in Milan einen Freund zu wissen, der auch erklären kann, wie eine Supernova funktioniert oder wie lange es dauert, den Mars zu erreichen. Bei all seinen Titeln ist Milan ein Mensch geblieben, der alle möglichen Fragen ernster nimmt als sich selber. Gibt es ein besseres Sedativum und Antidepressivum als Milan? Den Expeditionsteilnehmern einer Himalaja-

Expedition zum Cho Oyo (8188 m) riet er in perfektem Deutsch mit dem Akzent seiner tschechischen Heimat: »Einmal richtig gefurzt ist besser als sieben Ärzte!« Voilà. Mit Milan in der Rückhand kehrte ich noch jedes Mal gesund nach Hause zurück.

Meine Welt sind die Berge

Vor meinem Unternehmen Antarctica hatte ich zweiundzwanzig Jahre lang Alpinismus bis an die Leistungsgrenze betrieben. Die Leistungsgrenze bildet eine äußerst reizvolle Linie in der Innenwelt der menschlichen Erfahrung. An exponierten Stellen eines Bergs ist man bis in die letzte Faser gereizt. In diesen Phasen äußerster körperlicher wie psychischer Sensibilität lernt man viel über sich und den Berg. Man lernt vom Berg über sich.

Man begegnet seinen Stärken und seinen Schwächen, lernt den Ehrgeiz zügeln, wenn er ungesund wird und man vor Ungeduld die Gefahren missachtet. Ich staunte über meine innere Ruhe, wenn ich zu Rettungsaktionen aufgerufen wurde, um Tote zu bergen oder ein Risiko auf mich zu nehmen. Ich lernte, Angst in Wut umzusetzen – Wut über das persönliche Unvermögen – und aus dieser Wut Energie zu schöpfen, um daraus Kraft zum Handeln zu gewinnen. Die Wut erweist sich als unglaublich schöpferische Kraft. Sie befähigt einen zu schier übermenschlichen Leistungen. Sie kann mich die Wände hochtreiben. Beim Klettern wirst du oben mit einem Blick der Götter entschädigt. Das Universum liegt dir zu Füßen.

Um dieses göttliche Gefühl zu erleben, ist es oft nötig, den Körper so nahe an die Leistungsgrenze zu bringen, dass man auf Messers Schneide geht. Kleinste Fehler können da Leben kosten. Deins oder das der Kameraden. Nur äußerste Wachsamkeit und Achtsamkeit bewahren den Kletterer vor dem Fall. Das verlangt laufend Risikoentscheide: Kann ich mein Ziel erreichen? Entfesselt meine Egozentrik übertriebenen Ehrgeiz? Hat sich die Lage verändert – zum Guten oder zum Schlechten? Ist der Luftdruck gefallen, kommt Wind, kommen Wolken auf? Wie steht es um meine Leute? Brauchen sie Ansporn, Beruhigung? Nutze ich alle Chancen, wie sieht der Ausweichplan aus? Indem ich Geist und Körper stärke, trainiere ich mich für jene Konzentration zur Ausschöpfung der äußersten Kräfte, mit denen ich je länger, je höhere Ziele erreiche. Der Everest war nicht das Äußerste.

Immer warten noch längere, schwierigere Wände in härteren Klimazonen, für die der Körper oder die Psyche noch nicht bereit sind – aber bereit, sich dafür zu stärken. Zweiundzwanzig Jahre lang kam ich auf diese Weise weiter und höher hinaus. Ich wusste, wie ich mich am Berg verhalte. Ganz falsch war es nie. Keiner meiner Begleiter hatte je einen Unfall. Bei mir selber ging selten genug mal ein »Blätz ab«. Am Berg bin ich zu Hause. Seine Wände sind meine Herberge. Verbunden mit der Erde, bin ich ein Teil davon. Das ist ein unbeschreibliches Glücksgefühl, für das ich tief dankbar bin.

Doch leise, und erst fast unbemerkt, stieß ich an andere Grenzen. Eine wirklich neue, andere Erfahrung konnte mich der Berg nicht mehr lehren. Der Aufwand, um noch höher hinaus zu gelangen, würde das Verhältnis von Aufwand und Ertrag aus dem Gleichgewicht kippen. Ich fühlte mich in der Vertikalen gefangen. Irgendwie weltfremd. Neue Dimensionen lockten. Weite Horizonte, Steppen und Wüsten. Ich spürte die Lust, die Welt zu erfahren, so wie es andere nach der Schule tun. Meine Lehr- und Wanderjahre nachholen, um die Wahrheit zwischen den Menschen zu finden. Weltgewandtheit, könnte man sagen, nach zweiundzwanzig Jahren im Schutz der Berge, unbehelligt vom Gewimmel, Gezappel, Gestrampel, Geheul und Gejauchze dieser Welt.

Ich bin süchtig nach Bergen, und ich weiß um meine Sucht nach diesem Erleben der Erlösung, der Befreiung und eines unbeschreiblichen Glücks im Ausgesetztsein auf der Bergspitze. Der Berg bedeutet mir fast alles. Ich habe ihn als Subjekt erfahren, mit einem Willen und der Fähigkeit, mit mir in Beziehung zu treten. Er ist mein Lehrer, mein Meister, oder mein Feind und mein Freund, manchmal auch bloß ein Kumpel, zu dem ich mal Du sagen darf. Mehr als eine geologische Unregelmäßigkeit im platten Erdenrund erkenne ich in ihm eine Persönlichkeit mit einem reichen Charakter. Mal schön, mal hässlich, mal verlockend, mal abschreckend. Er hat tausend Gesichter, aber wo immer ich ihm begegne, in den Alpen, im Himalaja, in den Rockies oder in den Anden, hänge ich von seinem Wohlwollen ab – und kann mir seine Gunst nur durch mein persönliches Rüstzeug und meine aufrichtige Haltung ihm gegenüber erwirken. Die Begegnung mit ihm findet im Dialog statt. Wie das in der Liebe so ist, wenn sie größer und tiefer wird. Der Berg lässt mich nur auf den Gipfel, wenn wir füreinander bereit sind.

»Die Berge« sind damit nicht zu vergleichen. Sie sind zahllos, schön und beliebt und oft mit der Seilbahn erreichbar. »Der Berg« sprengt dieses Postkartenformat. Er ist das Ganze, die Seele gleichsam, die das Leben in »den Bergen« ausmacht. Vom Berg kannst du dir kein Bildnis machen. Er ist in dir drin. Er ist deine Liebe. Du kannst Bilder machen von deinen Geliebten, den Bergen. Aber nicht vom Berg. Deiner Liebe. So ist das.

Und nun nahm ich Abschied von der Liebe zu diesem Berg. Das war schmerzhaft. Ich wusste, wie schwer es würde, mich von einer unwiderstehlichen Liebe zu lösen. Die Lösung vom Berg hatte ich selber gewollt. Ich hatte ein Ziel und die Erwartung eines Geschenks, das ich mir am Ende in die Hosentasche stecken könnte, und niemand wird es mir dann noch nehmen können. Doch der Erwartung folgte die Ungewissheit vom Start bis zum Ziel. Sechzehn Monate sollte ich unterwegs sein. Mit dem Aufwand hätte ich gut und gern ein Dutzend Achttausender finanziert. Und vielleicht zwei oder drei auch zeitlich bewältigen können. Da beginnt man schon zu rechnen – und hie und da auch mit sich zu rechten.

EUROPÄISCHER PROLOG

Von Innertkirchen nach Porto
1. September bis 17. Oktober 2006
2400 Kilometer

Start auf der Grimsel

Was ich zum Gelingen von Antarctica tun konnte, hatte ich mit bestem Wissen und Gewissen getan. Vor mir lag die Ungewissheit. 484 Tage Ungewissheit. 25 000 Kilometer Ungewissheit. Evelyne gegen den Rest der Welt. Nicht ganz, aber es fühlte sich so an im Augenblick, als ich mich aufs Rad schwang.

Der Starttag war nicht mein Tag. Das zeigte sich bereits morgens um sechs vor meinem Chalet auf dem geliebten Hubel ob Innertkirchen im Berner Oberland. Mein Lebenspartner Sandro war eigens aus Kanada gekommen. Umarmungen, Abschiedsküsse, beste Wünsche. Seine Anwesenheit zerriss mir ein bisschen das Herz. Gedankenverloren stand er in der Eingangstür.

Ich schwang mich auf den Sattel, zupfte mir nochmals die Hosen zurecht, schlüpfte in die Handschuhe, riegelte an den Kettenblättern, fädelte mich mit den Füßen in die Klickpedale ein, schwankte etwas hin und schwankte etwas her, fragte mich, will ich das wirklich, mache ich mir etwas vor, und wie wird das enden? Ich winkte und winkte noch mal, und bevor mein Hexenhäuschen hinter der Kurve verschwand, die mich in die weite Welt hinaustragen sollte, drehte ich mich noch einmal um, verlor das Gleichgewicht, blieb in diesen Klickpedalen hängen – und, zack, fiel ich bereits auf den ersten dreißig Metern auf den Asphalt. Evelyne, willst hoch hinaus – und fällst so tief, noch bevor es losgeht.

Es tat mir ziemlich alles weh. Die Hüfte links tut mir heute noch weh, wenn ich daran denke. Man ist ja so dünnhäutig in solchen Augenblicken. Ob das ein gutes Vorzeichen war? Hätte ich mich mit dem Fahrrad und seinen Tücken besser anfreunden sollen? Nicht fragen jetzt, sei tapfer, Evelyne, wenn dir nichts Schlimmeres passiert auf den nächsten vielen Tausend Kilometern während der anderthalb Jahre, hast du Glück gehabt. Also weiterfahren, als sei nichts gewesen. Ich hatte mir ja bloß die Knochenhaut an der Hüfte verletzt. Das sollte ich bis Südamerika spüren – und spürte es noch viel mehr, gleich drei Stunden später, beim offiziellen Start oben auf der Grimselpasshöhe.

Meine erste Pressekonferenz. Das war ich den Sponsoren schuldig. Radio, Fernsehen und Print. Alle sollten berichten, und alle erschienen auch, um zuzuschauen, wie eine Frau aus Innertkirchen Richtung Südpol in die Pedale trat. Als ob das sehenswert wäre. Die früheren Unternehmungen wie die Expedition zum Dhaulagiri oder den Begehungsversuch der Mount-Everest-Südseite hatte ich ganz allein und ohne Medienrummel gemacht. Doch jetzt, wo die Kosten für mein Abenteuer wieder einzuspielen waren, musste die Öffentlichkeit zuschauen können. Selten aber hatte ich mich so fremd gefühlt in meinen Kleidern. Mir schien das Ganze ein Desaster, die Emotionen schwirrten in alle Richtungen. Gleichzeitig reden und wegen des Hüftschmerzs auf die Zähne beißen, das konnte nicht gut gehen.

Da saßen wir an einem Tisch im Restaurant Grimselblick, mein Doktor Milan Cermak, Jérôme Strijbis, der Vertreter von SOS-Kinderdorf, der Mann vom Backoffice zu Hause und dazwischen ich, alle mit Namenstäfelchen und Mikrofonen vor uns. Es sollte schließlich professionell aussehen. Im Grunde war mir schon damals klar, was Journalisten wissen möchten, doch fiel ich schon bei der ersten Frage auf die Nase. Also, zum Ersten: »Warum machen Sie das?« Gute Frage. Hmm. Ja. Warum machte ich das? Ich lächelte etwas hilflos durch meinen Schmerz und meinte: »Wenn ich es wüsste, müsste ich es nicht machen. Fragen Sie mich wieder nach meiner Rückkehr.« Und da bin ich jetzt wieder, anderthalb Jahre später, um Erfahrung und Erkenntnis reicher.

Warum hast du das gemacht?

Ja, damals, was wollte ich wirklich? Ich nannte es Expedition. Aber war es das? Bin ich in Neuland aufgebrochen, habe ich etwas entdeckt, der Wissenschaft einen Fortschritt gebracht? Es hat mich weitergebracht. Es wurde mein Projekt. Indem ich es entwickelte, habe ich mich entwickelt. Über fünf, sechs Jahre, bis zur Verwirklichung des Schritts zum Südpol, hatte sich meine Sicht der Dinge und meine Befindlichkeit geändert. Die Höchstleistung war aus dem Mittelpunkt des Trachtens gerückt. Sie wurde ein Mittel, um ein Ziel zu erreichen. Wie reagieren Körper, Psyche und Seele, wie reagiere ich auf meine Umwelt, wie fühle ich mich so nah zur Natur? Nicht zuletzt das. Das Erlebnis der Nähe zu einer Natur in ihrer Vielfalt, in ihrer Rauheit, ihrer Schönheit und ihrem Schrecken.

Jetzt habe ich die Gewissheit. Ich bin bereichert wieder hier. Stärker an Körper und Seele. Ich trage etwas in mir, das ich zuvor nicht in mir trug und das ich gerne nach außen vermittle. Gewiss, ich sehe mich nach wie vor als Alpinistin. Bergführerin ist mein Beruf. Aber vielleicht denke ich heute eher in Kategorien der Kunst als in denen des Sports. Die Leistung könnte das Handwerk sein, mein Körper das Werkzeug, mit dem ich an meinem Lebenskunstwerk arbeite. Das wurde mir bewusster, je weiter ich vorstieß. Und es gab auch äußere Zeichen, die mich in die Richtung trugen. Nach den ersten hundert Kilometern auf dem Fahrrad ging der Kilometerzähler kaputt. Ich habe ihn nicht ersetzt. Wozu auch. Verkürzt die Messung die Distanz? Steigern Zahlen die Intensität des Erlebens? In meiner Kindheit hatten wir einen Milchwächter. Ich merkte bald, die Milch kommt nicht früher, sie läuft auch nicht weniger über, wenn der Wächter drin ist. Auf die Achtsamkeit kommt es an. Jeder wacht über seine eigenen Messinstrumente, die sich nicht in Zahlen ausdrücken und weder klappern noch piepsen.

Das verflixte Fahrrad

Der Berg war mir vertraut. Aber das Fahrrad? Wie oft habe ich es verflucht. Um die halbe Welt bin ich damit geradelt, aber es ist keine Liebe daraus gewachsen. In Europa hoffte ich, meiner Klettersucht davonzuradeln. Aber man wird nicht in einem Tag von der Bergführerin zur Radfahrerin. Bis zum Ziel in Punta Arenas habe ich mich nie ganz als Radlerin gefühlt. Schon gar nicht als Extremradlerin. Je heftiger ich dem Berg davonradeln wollte, umso heftiger packte er mich wieder. Ich war in mein Projekt verliebt: in die Idee, aber nicht in die Ausführung.

Das Rad war bloß ein Mittel zum Ziel. Das einzig mögliche Mittel, denn aus eigener Kraft – was wäre außer Wandern sonst noch möglich gewesen? Mein einziges Ziel, das mein Tun definierte, war: aus eigener Kraft Punta Arenas erreichen, diese äußerste größere Stadt der südlichen Hemisphäre. Darüber hinaus kein Programm, kein Leistungstest. Es ging allein ums Erlebnis, und was ich erlebte, nahm ich als Geschenk. Dafür war das Bike am besten geeignet. Ich ahnte, es könnte eine große Erfahrung daraus werden, aber ich wusste nicht, welche.

Die Faszination, die ich beim Klettern empfinde, diese elektrisierende Hellwachsamkeit, bei der es tausend Dinge gleichzeitig wahrzunehmen gilt, diese geistige Vorwegnahme aller Möglichkeiten, aus denen sich die richtigen Entscheide ergeben, das alles hat mir die Radlerei selten gebracht. Am Morgen erwachen und wissen, jetzt sitzt du dann wieder auf diesem Caballo, deinem »Pferd«, und hoffst, du findest Lebensmittel und Wasser, und suchst dir wieder ein verborgenes Plätzchen zum Schlafen. Radfahren droht oft mit etwas Öde und Leere: Man ist in der Tretmühle und gleichzeitig die Tretmühle selbst, schlägt sich den Tag um die Ohren, um müde zu werden und schlafen zu können. Und dann dreht sich immer viel um diesen technischen Kram. Wer hat die schicksten Bremsen, den leichtesten Kettenwechsel, die neueste Federung? Beim Klettern zählt die sorgfältige Vernachlässigung von modischem Tand. Cool ist der Typ mit dem abgewetzten, ausgebleichten T-Shirt, der wie eine Eidechse die Wände hochgeht.

In guten Phasen strömen die Gedanken, die Zeit geht vergessen, und aus dem Stumpfsinn des Strampelns fallen Ideen vom Himmel, für die ich mich beim lieben Gott, der sie mir schenkt, für den Rest meines Lebens bedanke. Ich kam auf Dinge, die mir im Traum nicht eingefallen wären. Schließlich hat mir mein Fahrrad vieles näher gebracht. Ich fand die Nähe zur großen, weiten Welt um mich herum fast mehr, als ich sie suchte: einen Einblick in die Häuser im Dorf, den Duft nach Brot und Kaffee am Morgen, den Duft von Heu an den langen Chausseen, in den Wüsten den Geschmack von Sand auf den Zähnen. »Hi« oder »Hola«, je nachdem, wo ich gerade war. Auf dem Fahrrad fährst du mitten durchs tägliche Leben hindurch, du erlebst einen Querschnitt durch eine Landschaft, eine Stadt, eine Kultur. Je länger ich fuhr, desto deutlicher wurde mir das.

Ach, Europa

Die Strecke von der Grimsel bis Portugal verdränge ich gerne. Sie schenkte mir nur wenige Sternstunden. Zweieinhalbtausend Kilometer. Bis Südfrankreich blieb ohnehin nicht viel hängen. Ich hatte mir da etwas vorgemacht. Das war mehr als ein harmloser Prolog.

Das Fahrrad zeigte mir seine Tücken. Hätte ich üben sollen? Fahrradfahren kann jeder, nicht wahr? Wie im Flug war ich jeweilen von meinem Hubel hinunter nach Innertkirchen gesaust, und leichtfüßig strampelte ich danach die umliegenden Alpenpässe hoch. Reichte das nicht? Wenn nicht, dachte ich, ist der Weg bis zum Südpol lang genug, da würde ich genug zum Üben kommen. Irrtum. Kaum hatte ich den Sturz zu Beginn in den Klickpedalen halbwegs bewältigt, machte mir die Haltung zu schaffen. Der Buckel, der Knick im Nacken, um den Blick zum Horizont zu erheben, und dann der Druck auf die Handgelenke. Vielleicht hätte ich einen noch höheren Lenker wählen sollen. So oder so. Schon nach ein paar Kilometern krabbelten mir Ameisen die Arme hoch. Die Arme wollten sich bewegen. Ich hängte mich an Bäume, machte Klimmzüge, um wieder den Tonus der Muskeln zu spüren, und fragte mich: Warum hänge ich nicht am Berg? Die Erinnerungen hingen wie Banderillas im Fleisch.

In den Bergen wurde es bald ziemlich nass und kalt. Natürlich wusste ich, dass ich in den Herbst hineinfuhr und dass die Herbststürme von Westen her über das Land sausen. Fast täglich einmal luden sie ihre nasse Fracht über mich ab. Immer bei Gegenwind. Ich hatte mit einigem gerechnet, aber mich da drin wiederzufinden, war noch mal etwas anderes. Wenigstens abends hätte ich mich gerne ein bisschen verwöhnt. Mit dem Duft von Seife und einer warmen Dusche vielleicht. Aber die Campingplätze waren schon fast alle geschlossen, sodass ich mich manche Nacht in die Büsche schlug.

Bei dem Wetter schienen die langen, geraden Straßen durch Frankreich noch länger, als sie sowieso sind. Lastwagen, Lärm, Abgase, so weit das Auge reichte, und jenseits des Horizonts vielleicht noch mehr davon. Arme Evelyne. Wollte ich das wirklich? Und hatten vor mir nicht Tausende, wenn nicht Hunderttausende diese Strecken gefahren? Und zwar nicht nur Pilger, für die es Programm war, auf dem Zahnfleisch zu gehen. Kurz, Selbstmitleid war kein Erfolgsrezept.

Das Blümchen

Es war irgendwo zwischen Frankreich und Spanien, am Fuß der Pyrenäen, auf einer dieser Routes Nationales, auf denen die Fernfahrer rollen, um sich den Mautzoll auf den Autobahnen zu sparen. Wind, Kälte, Regen, einmal mehr. Jeder Truck wehte in seinem Heckwirbel den ganzen Dreck der Straße fein zerstäubt auf die Velos am Rand. Auf zwei Rädern hat man auf der Straße stets zu nehmen, was übrig bleibt. An diese Wehrlosigkeit gegenüber dem Recht des Stärkeren hatte ich mich wohl zu gewöhnen. Aber mit dieser Dreckschicht auf der Brille ließ sich beim besten Willen nicht fahren. Und ohne Brille schon gar nicht. Vielleicht hatte ich mich mit einer rosa Brille auf die Reise gemacht?

Seit ich in die Berge gehe, lasse ich mich von Schönheit, Ruhe, Raum, Harmonie und Farben berühren. Sie lassen die Saiten in mir schwingen. Doch seit ich unterwegs war, schrie die Seele auf und ließ sich nicht mehr beruhigen. Dabei braucht es so wenig, um Qualität zu erzeugen. Etwas Kontrolle: Was denke ich, was sage ich, was tue ich. Umso härter traf mich die Wirklichkeit außerhalb des geschützten Raums im Gebirge. Trostlose Industriequartiere, die Hektik, der Lärm und die schmutzige Luft auf den Straßen widersprachen meinen Vorstellungen von Harmonie und Schönheit zutiefst. Ich hatte daran zu nagen, dass die Waage, in deren Schalen die Eigenschaften der Welt verteilt sind, aus dem Gleichgewicht geraten ist. Meine Abenteuerlust verkam zu Frust und stürzte mich in eine persönliche Krise. Ich erlebte eine Art Apokalypse.

Ich hätte auf Nebenstraßen ausweichen und im Zickzack aufkreuzen können, wie einst die Segelschiffe, doch das kann die Länge mancher Strecke gut und gerne verdoppeln. Wollte ich den ganzen Winter durch strampeln? Lieber nicht. Überdies hatte ich Hunger. Nach Stunden unterwegs – Pause. Ich setzte mich an die Böschung und aß eine Banane. Als ich die Brille ablegte, fiel der Blick auf ein Blümchen. Es war vom gleichen Bananengelb, aber unscheinbar klein, und jedes Mal, wenn ein Truck vorbeidonnerte, wuschsch, drückte ein Luftstoß das wehrlose Geschöpfchen zu Boden. Dann kam es wieder hoch, rein und schön wie zuvor, immer aufs Neue. Ich bedauerte das Blümchen wegen seines Standplatzes und weil es keine Beine hatte wie ich, um von hier zu flüchten. Als Nächstes überlegte ich mir, dass es einer kostbaren Demut bedarf, sich den täglichen Demütigungen zu stellen und trotzdem derart als Blume leuchten zu können. Kaum ein Mensch vor mir hat dieses Blümchen wahrgenommen, kein Mensch ihm gesagt, wie schön es sei. Trotzdem gibt es sein Bestes und blüht, solange ihm die Zeit gegönnt ist.

»Evelyne«, sagte ich unversehens zu mir, »wenn du jetzt nicht in Sentimentalitäten versumpfen willst, nimmst du dir das

Blümchen zum Vorbild.« Magst du noch so übersehen, missachtet und mit Dreck eingedeckt werden: Machs wie das Blümchen. Komm wieder hoch. Jedes Mal, wenn es dich umhaut, stehst du wieder auf. Das Blümchen lehrte mich, dass Demut nicht bedeutet, gesenkten Hauptes durch das Leben zu wandeln, sondern dass sie es ermöglicht, die Egozentrik zu regulieren und zu akzeptieren, dass große Ziele immer auch Verzicht verlangen. Das ist die Lektion des gelben Blümchens, die ich meiner Krise an der Böschung am Fuß der Pyrenäen verdanke.

Die Botschaft der Zufälle

Bald nach der Grenze in Spanien wurde ich krank. Eine Grippe oder so was. Mitten auf der Fahrt erwischte sie mich. Ich weiß nicht mehr, wo. Aber ich sehe vor mir noch das Tal. Ein langes, einsames Tal, und dort, wo es sich öffnete, verschlossen Wolken den Ausgang. Schwarz und schwefelgelb. Schon wieder Regen? Nein, das sah nach Hagel aus. Nicht auch das noch, bitte, bitte, nicht! Wie weit war es noch bis zum nächsten Dorf? Ob ich es trocken erreichte?

Vielleicht war es zu weit bis zum Dorf, oder ich fuhr zu langsam. Es fehlten nur ein paar Hundert Meter. Bis ich die ersten Häuser erreichte, war ich nass bis auf die Knochen und gepiekst vom niederprasselnden Hagel. Vor allem die Hagelschläge empfand ich als gemeine Schikane. Ich heulte auf und rief den lieben Gott an, er möge sich meiner erbarmen. Bei einer Bushaltestelle fand ich Unterstand. Wenigstens Trockenheit. Aber die Kleider wechseln, wozu? Sie würden gleich wieder nass. Und ich hatte nur ein trockenes Set dabei. Es war Oktober und kalt, und hier konnte ich nicht übernachten. Das Dorf schien ausgestorben, das nächste unendlich weit entfernt. Nach einer Weile setzte sich ein alter Mann auf meine Bank. Er trug eine Windjacke. Die hätte ich zu gerne gehabt, um meine Gänsehaut zu bedecken. Vielleicht kannte der Mann eine Herberge. Ich fragte ihn. Er hörte schlecht und sagte lange nichts. Ob er nachdachte oder ob er nichts dachte, war ihm nicht anzusehen. Er schob bloß langsam seinen Kiefer hin und her. Ich hatte ihn schon fast aufgegeben, da mummelte er: »Da oben wohnt ein Holländer mit seiner Frau. Einer Französin. Die haben ein Hotel. Geh diese Straße rauf bis zu einem braunen Tor. Geh daran vorbei und bieg dann rechts ab. Bis zu einem weiteren Tor. Geh hindurch in den Innenhof und frag dort, ob du übernachten kannst.«

Es klang wie im Märchen, das Männchen mit seinem zahnlosen Mund, diese Tore, die wie Prüfungen auf einem Lebensweg stehen. Als ich mich hochgeschleppt hatte, klopfte ich. Die Frau war entzückt. Sie hatte ihr Haus eben erst für Gäste geöffnet. Ich war ihr erster Gast. Sie schloss mir ihr bestes Zimmer auf und verwöhnte mich wie eine Prinzessin. Es gab eine Dusche mit zwölf Düsen in einer Oase von Luxus und Wohlstand.

In dieser märchenhaften Stimmung spürte ich es wieder. Wir sind begleitet. Es gibt diese Zufälle, fast immer, die einem ganz einfach zufallen. Solche Zufälle haben meinen Glauben an eine Kraft, von welcher uns als Kind gelehrt wurde, dass sie Gott heißt, im Laufe meines Lebens vertieft. Nennen wir diese Zufälle mal einfach Giuseppe. Hinter diesen Erlebnissen steckt eine Botschaft. Giuseppe sendet solche Botschaften. Sie sprechen für sich. Man braucht sie nicht aufzuschreiben und man erinnert sich doch. Ein Leben lang.

La Peregrina

Fast unvermeidlich führte mich das Netz der Straßen in Spanien auf den Jakobsweg nach Santiago de Compostela. Ich wurde Pilgerin. Peregrina. Für andere Jakobs-Pilger bedeutet Santiago das Ziel. Für mich war es nur eine Etappe. Dort, so dachte ich, hole ich den Segen für meine weitere Reise. Nicht, dass ich fromm wäre in einem kirchlichen Sinn. Aber ich mache mich nie auf den Weg ohne die Verbindung, die sich im Glauben äußert.

Zaragoza, Logroño, Burgos, León... Durchs Weingebiet des Rioja, durch die erbarmungslos kahle Hochebene der Meseta und über den nicht enden wollenden lärmigen Highway in Galicien näherte ich mich dem Ziel, das Millionen von Pilgerinnen und Pilgern seit dem Mittelalter über diese Straßen anzieht. Es ist ein Sog, dem sich kaum jemand entzieht, der davon einmal erfasst ist.

Unwiderstehlich, von weit her sichtbar, ragten die Doppeltürme der Kathedrale auf dem Stadthügel mächtig in den atlantischen Himmel, aus dem so oft die ganze Nässe des Meeres abregnet; und jetzt, an diesem Sonntagnachmittag, als die Verheißung dieses besonderen Ortes schon fast mit Händen zu greifen war, rissen die Wolken auf. Eine kleine Offenbarung.

Müde, verschwitzt und verstaubt wie jeder Pilger hielt ich Einzug auf dem prächtigen, barocken Platz vor der Kathedrale, auf dem die Besucher wie Bühnenhelden im Mittelpunkt des Geschehens stehen, sitzen, singen, beten und den Neuankömmlingen vorspielen, wie es sich fühlt, angekommen zu sein.

Lebensabschnitte soll man feiern. Wie alle Pilger suchte ich

Schutz und Zuspruch unter den schweren, kerzenrauchgeschwärzten Gewölben der Kathedrale. So wie es sich von alters her gehört, schritt ich um den heiligen Jakobus herum, um ihn von hinten zu umarmen. Und abends besuchte ich die Messe. Der Prediger forderte uns auf, nach Dingen zu streben, die man nicht kaufen kann, und im Vertrauen auf Gott furchtlos weiterzupilgern. Wünschte ich mir etwas anderes?

Down

Nach gebührender Rast flitzte ich die Kurven zur Küste nach Finisterre hinunter. Diese lange, sanfte Halbinsel südlich von La Coruña, wo die alte Welt zu Ende ist, zeigt wie ein Finger hinaus ins Meer, hinüber in die neue Welt, in der ich als Pilgerin gleichsam erlöst von den Plagen des alten Europas mit neuem Mut einen zweiten Anfang beschloss.

Schließlich erreichte ich Porto, diese wunderbare Stadt im Norden Portugals, an einem tief eingeschnittenen Fjord, über den sich in weitem Bogen Eiffels berühmte, wohlgewölbte Eisenbrücke spannt. Ich hatte wenig Sinn für die Reize der blau gekachelten Häuser, die an den steilen Hängen kleben, und wenig Sinn für die Felsenkeller unten am Wasser, wo der Portwein in Eichenfässern für die Verschiffung in alle Welt heranreift. Im Grunde wollte ich bloß weg von Porto, weg von Europa, Richtung Westen, Richtung neue Welt. Aber die europäischen Plagen wollten noch nicht von mir lassen.

Tief liegende, schwere Wolken und Regengüsse raubten mir den Sinn für die Lebendigkeit dieser Stadt, die mit dem Charme ihres Zerfalls spielt. Nach einer Nacht in einem heruntergekommenen Hotel erkundigte ich mich bei Meteotest telefonisch über das Wetter in Portugal. Ralph Rickli war das Mitgefühl anzuhören. Für die nächsten fünf Tage saß ich in der Waschmaschine eines Tiefs, das mich bis Lissabon mit Niederschlägen und Stürmen eindecken würde. Mist. Missmutig schob ich mein Fahrrad über die holprigen Straßen von Porto Richtung Bahnhof. Zwei Jugendliche mussten wohl meine schlechten Schwingungen gespürt haben. Jedenfalls rief mir der eine hinterher: »I want to fuck you.«

Ihr schmutziges Gelächter gab mir den Rest. So eine Niedertracht. Nein, jetzt bloß nicht schon wieder Selbstmitleid. Wäre ich etwas besser drauf gewesen, hätte ich vielleicht gesagt: »So spricht man nicht mit einer Dame.« Aber so, wie es mir ging, forderte ich die Welt heraus, mich zum Opfer zu machen. Am nächsten Tag folgte ein dritter Tiefschlag. Diesmal aus dem Kreis meiner Freunde.

Stefan Pfander, mit dem ich nach der Everest-Besteigung mit unserer Dia-Show durch die Schweiz tourte, sollte auch für Antarctica zuständig sein. Unsere Zusammenarbeit hatten wir wie immer zuvor per Handschlag besiegelt. Wir waren einander durch Vertrauen verbunden. Wegen Missverständnissen war das Vertrauen unversehens weg. Ich kehrte sofort nach Hause zurück, um das Backoffice zur Verwaltung sowie zur Betreuung der Sponsoren und der Medien neu aufzubauen. Das war nicht vorgesehen.

Da meine Administration kein öffentliches Interesse erweckt, wollte ich meinen Abstecher in die Schweiz nicht unnötig bekannt machen. Aber bedrängt von den Medien, stellte ich mich den Interviews, obwohl es nichts zu berichten gab. Und böse Zungen meinten: Die Everest-Besteigerin hat schlappgemacht bei Wind und Wetter in Europa. Was hat die am Südpol verloren? Mit mildem Lächeln redete man mir zu: »Liebe Evelyne, überschätze dich nicht. Bleib lieber zu Hause, das ist besser für dich.« Aber ich dachte nicht daran, aufzugeben. Jeder Zweifel an meiner Entschlossenheit spornte mich erst recht zum Weitermachen an.

Über Feinde

Mit Feinden pflege ich meinen eigenen Umgang. Ob es der Berg ist, ein Tier oder ein Mensch. ich bin überzeugt: Feinde sind unvermeidbar – und unverzichtbar, als Gegner, Rivalen und Spiegel der eigenen Schwächen. Es ist eine gute Fähigkeit, dem Feind Gehör zu schenken. Er ist ja in den gleichen Strukturen verfangen, von den gleichen Emotionen getrieben. In seinem Gesicht sehe ich meine eigene Fratze. Unwissentlich und unwillentlich gibt er manches preis, das sich nutzen lässt.

Deshalb liegt mir daran, meinen Feind am Leben zu halten. Ich brauche ihn für den Wettkampf. Ohne ihn und die Zuwendung, die er mir schenkt, kann ich nicht gewinnen. Als Zeichen für diese Wertschätzung darf ich ihm sogar Ehre antun. Wie jeder Schweizer Schwinger im Ring, der seinem unterlegenen Rivalen das Sägemehl vom Rücken klopft, und wie jeder Sportler, der seinem Bezwinger für seinen Sieg die Hand reicht, zolle ich meinen Feinden Respekt. Ich sehe sie eher als Gegner, die mich nicht vernichten, sondern mir zu meiner wahren Größe verhelfen. Je stärker der Feind, umso würdiger fordert er mich heraus, aus meinen Fehlern und seiner Stärke zu lernen. So gesehen ist der christliche Anspruch »Liebe deine Feinde« gar nicht so selbstlos. Wenn die Bibel empfiehlt, die andere Wange auch noch hinzuhalten, steckt dahinter die Erfahrung, dass der Schmerz und die Demütigung die Energie erzeugen, um über den Gegner und sich selbst hinauszuwachsen.

Bilanz: In den gut anderthalb Monaten war ich gemäß Karte bis Porto 2406 Kilometer und weit über 25 600 Höhenmeter geradelt. Auf dem 41. Grad nördlicher Breite war meine europäische Reise zu Ende gegangen. Auf dem gleichen 41. Grad sollte sie im amerikanischen Salt Lake City ihre Fortsetzung finden.

AUF NACH SÜDEN

Von Salt Lake City nach Peru
7. November 2006 bis 24. Mai 2007
14 500 Kilometer

Sporty Spice im Wilden Westen

Warum von Utah aus und nicht der atlantischen Küste entlang durch die USA Richtung Süden, wurde ich oft gefragt. Gewiss, dann hätte ich ausschließlich Meer überflogen. Aber nach den Erfahrungen von Europa wollte ich den Highways durch die Ostküstenstaaten so weit wie möglich ins Landesinnere ausweichen. Ich suchte das Weite.

Salt Lake City erschien mir – nach Bern und Luzern selbstverständlich – als eine der schönsten Städte der Welt. Nicht nur wegen jenes vergoldeten Tempels, der die Mormonenmetropole überstrahlt, sondern auch wegen Olympia, das nach wie vor seinen Geist verströmt und fassbar bleibt in seinen Gebäuden.

Die USA entschädigten mich in der Tat für die europäischen Leiden. Im Land der unbegrenzten Möglichkeiten, in dem ich Ende der Neunzigerjahre meine Ausbildung zum Commercial Helicopter Pilot genossen hatte, fühlte ich mich noch immer zu Hause. Natur pur, so weit das Auge reicht. Auf einsamen Wegen zog ich südwärts durch die Weiten des Zion National Park, die National Parks von Moab und die rostroten Einöden in den Tafelbergen von Sedona. Hier, auf Staubstraßen, auf schmalen Trails lernte ich die stillen, der Welt abgekehrten Seiten der USA kennen. Ich flitzte in Schluchten hinunter und wieder hoch auf Kreten, über denen in jedem Augenblick Lucky Luke oder der Marlboro-Mann auftauchen konnte.

Sie hätten mir wohl kaum einen Blick gegönnt. Während der ganzen Zeit zwischen Innertkirchen und dem Südpol fand die Eitelkeit wenig Raum. Es sind viele Arbeitsgänge, mit denen eine Frau ihre Weiblichkeit pflegt. Doch unterwegs: Haare waschen, Fingernägel anmalen, Augenbrauen zupfen, Achselhaare rasieren ... Wozu? In meinem Outfit wirkte ich alles andere als modisch. Leibchen und Hosen trug ich meist mehrere Tage bis zur nächsten Waschgelegenheit. Wenn ich Ersatzwäsche sparte, kam ich leichter voran.

Ich übernachtete in öffentlichen Camping-Grounds ohne fließendes Wasser und leistete mir nur hin und wieder den Eintritt ins Fitnesscenter einer größeren Siedlung, um meine Spinnenarme wieder etwas zu stärken und die Segnungen einer Dusche entgegenzunehmen. So stand ich dann gelegentlich irgendwo auf dem Fahrradweg in amerikanischen Vorstädten, wo gehätschelte Hausfrauen auf ihren Luxusrädern frisch gewaschen und parfümiert ein Workout abwickelten und manchmal mit etwas Mitleid, manchmal mit Verachtung auf mich wie auf einen Outlaw niederblickten.

Nicht dass ich stolz bin darauf. Es war einfach so, dass ich mich als Randexistenz jenseits von Geschlechterrollen bewegte, übersehen, wie vielleicht sonst eine Frau, die sich zu weit von den gängigen Schönheitsidealen entfernt. Aber ich war ja nicht als Sporty Spice unterwegs. Ich war nicht unterwegs, um Frau zu sein und mir mein Selbstwertgefühl mit Kosmetik aufzubauen, sondern um den Südpol zu erreichen. Das Einzige, an dem sich der gesellschaftlich orientierte Teil meines Egos festhalten konnte, war die goldene Kreditkarte. Merkwürdig, wie so ein Plastikteil die Augenhöhe verschiebt.

Mein Fahrrad ist keins, das mir hundertmal geklaut wird, kaum habe ich ihm den Rücken zugekehrt. Umso perfekter sind damit Kilometer zu machen. Täglich pedalte ich mich sechzig bis neunzig Kilometer weiter südwärts, unbehelligt von den Unannehmlichkeiten, die mich in Europa die neue Welt hatten ersehnen lassen.

In Arziona ließ mich der Grand Canyon auf meine Art jauchzen. Ich konnte nicht anders. So schlaff die Muskeln vom Pedalen sein mochten, ich rannte die 1400 Höhenmeter des South Kaibab Trail hinunter zum Rinnsal, das durch die Schlucht rieselt, und keuchte danach über den Bright Angel Trail wieder hinauf zum Fahrrad und meinen Habseligkeiten.

Etwas weiter südlich kreuzte ich die Route Sixty-Six bei Flagstaff, Arizona: ein Name, der mir von Bobby Troups Song wie Musik in den Ohren klang. Später im Jahr brachte der Winter kältere Tage, und zwischen Flagstaff und Yuma in Arizona wird die Landschaft so öde und leer, dass kaum Nahrung aufzutreiben war und über manche Kilometer weder Handy noch ein Internetcafé den Kontakt mit dem Rest der Welt möglich machten. Ich genoss es, den Lärm der Welt für eine Weile abgeschüttelt zu haben und in die Stille zu horchen. Vor dem Einschlafen legte ich mich auf den Rücken und blickte hinauf in die Milchstraße, die sich gleißend weiß über den Nachthimmel zog. Ich zählte die Sternschnuppen, wie ich als Kind Schäfchen gezählt hatte, bis der Schlaf mich überfiel. Noch selten habe ich so viele Sternschnuppen gesehen wie in jenem November in den Wüsten im Süden der Vereinigten Staaten.

In Yuma besuchte ich den Ort Felicity mit der Postleitzahl 1. Ich lernte die Gründer Istel und Felicia kennen, die vor den Nazis geflohen waren und hier in der Wüste in den Achtzigerjahren ein Desert-Monument errichtet hatten: eine haushohe Glaspyramide, die sie zum Mittelpunkt der Welt erklärten, obwohl doch Felicity nicht einmal Distrikt-Hauptort ist. Istel ist daran, die ganze Menschheitsgeschichte in Steinplatten zu meißeln, vom Augenblick an, da Gott Adam erschuf, bis heute. Fünf lange Reihen Steinplatten stehen schon draußen unter dem stahlblauen Himmel, aber das ist erst ein Anfang. Noch fehlen etwa die griechischen Philosophen, der Buddhismus und die

Geschichte der Mathematik. Allein die Renaissance wird noch 110 Steinplatten erfordern. Aber das alte Paar hat einen langen Atem. Gerade am Tag, als ich da war, wurden die Glocken aufgezogen an einer Kirche, für deren Fundament sie einen Berg von 150 000 Tonnen Erde hinkarren ließen, als ob sie beweisen wollten, dass der Glaube Berge versetzt. Istel erzählte seine Geschichte, während Felicia strickend im Hintergrund saß. Sie hat ihren Mann immer begleitet. »Weißt du, Evelyne«, sagte er, »wenn ich zu Felicia sage, wir fliegen zum Mars, fragt sie wie selbstverständlich: ›Was soll ich einpacken?‹«

Wenn es in Yuma nachts von weitem grollt und der Boden unter dem Zelt zu zittern beginnt, naht wieder einer dieser endlos langen, schweren Güterzüge, die sich etwa im Viertelstundentakt folgen… Ich hatte mein Zelt aus Achtlosigkeit nicht weit von den Gleisen aufgestellt und wurde die ganze Nacht wie von innen erschüttert. Noch selten fühlte ich mich so ausgeliefert wie am Morgen, als unversehens ein Brocken eines ziemlich verwahrlosten Mannes neben mir stand: Ein Trainman sei er, sagte er. Ich wusste gar nicht, dass es das noch gibt: ein Hobo, der nicht zum Sonntagsvergnügen, sondern aus schierer Notwendigkeit auf Güterzüge zwischen Kanada und Kalifornien auf- und abspringt, um sich kostenlos zum nächsten Wanderarbeiter-Job zu verladen. In den Vierziger- und Fünfzigerjahren hatten die Hobos die Beat-Generation entzückt. Ich hatte bloß Schiss. Aber er war ein guter Kerl, der nur kam, um mich zu warnen, wie schlecht viele andere seien…

In den USA hatte ich aus der Rückschau die wohl unbeschwerteste Zeit auf der Straße verbracht – und mir doch einiges abgefordert. Am Ende des Roadmovies, nach all den Schotterpisten, klapperte das Rad wie der Schwanz einer Rattlesnake, der man zu nahe tritt. Ich zog alle Schrauben nach, reinigte und schmierte Kette und Kettenblätter – und staunte über die Gutmütigkeit meines Caballo. 2300 Kilometer und ich weiß nicht, wie viele Höhenmeter sind wir in den USA prima zusammen gefahren. Ach, wenn ich auch bei mir einfach die Schrauben anziehen könnte, wenn es mal klappert oder klemmt.

Mal sehen, wie wir die größeren Strapazen Lateinamerikas überstehen. Um ehrlich zu sein, ich brauchte schon »guts«, wie die Amerikaner sagen, bevor ich in Mexicali den Sprung über die Grenze nach Baja California wagte. Nach allem, was man so hörte.

Im Reich der Machos
2. Dezember 2006

An der Grenze zu Mexiko stoßen zwei Welten wie Schwarz und Weiß aneinander. Englisch und Spanisch, Dollars und Pesos, die Welt der Efficiency und die Welt des Mañana. Jenseits des Stacheldrahts stürzte ich in ein Wechselbad der Gefühle, das ich nicht immer ganz leicht nehmen konnte, besonders wenn der Körper auch noch krasse Klimawechsel wegzustecken hatte.

In Baja California lernte ich die Armut und die Ausgesetztheit in der Dritten Welt kennen. Diese unwegsame, fast menschenleere Halbinsel Mexikos, größer als Italien, die sich wie ein Finger von der US-Grenze aus nach Süden in den Pazifik erstreckt, lässt einen erleben, dass die Wüste lebt. Riesenspinnen in der Größe von Taranteln zuckelten über die Straße, und unter dem Zeltboden machten sich mehr als einmal Skorpione bemerkbar. Wehe, wenn sie in die Schuhe krabbeln, die ich nachts anziehe, um pinkeln zu gehen.

Aber das bekümmerte mich nicht weiter. Wer die erbarmungslose Dauersonne dieses betörend öden Landstrichs überlebt, wird auch anderswo gedeihen. Im Desierto Central dauerte es oft Tage von einem Dorf zum andern. Manche Siedlung bestand bloß aus einem Dutzend eingefallener Hütten und kaputter Wohnwagen, in denen ein paar arme Seelen und räudige Hunde wohnten. Trinkwasser und Lebensmittel waren von da kaum zu bekommen, und abends juckte die Haut von der Salzschicht, die nach heißen, durchgeschwitzten Tagen den Körper bedeckte.

Von Hunden und Menschen

Meist schlug ich mein Zelt noch vor Sonnenuntergang auf. Bei aller Freundlichkeit der Bewohner wurde die Vorsicht meine ständige Begleiterin. Nie nannte ich mein Ziel mit Namen, und nach einer Nacht in einem Dorf brach ich zuerst in die Gegenrichtung auf, und erst, wenn ich alle möglichen Verfolger abgeschüttelt glaubte, schwenkte ich auf Nebenwegen wieder auf die geplante Route ein. Mit meinem Spanisch lernte ich immerhin, dem Fluch des »Gringo« oder der »Gringa« die Spitze zu brechen.

Die Exponiertheit am Berg hast du in den eigenen Händen. Auf der Landstraße exponiert man sich ganz anderen Gefahren. Ihnen ist man blind ausgeliefert. Dritte bestimmen dein Schicksal. Im Guten wie im Schlechten. Nicht mehr mein Ich war das Problem, sondern die Umwelt um mich herum. Ich wurde Beute. Weißes, blondes Freiwild, dem Mann gnadenlos nachstellen durfte. Auf den einsamen Highways hielten die Lastwagen an. Die Fahrer pfiffen und grölten hinter mir her und ließen nicht locker, sodass mein Herz zu flattern und meine Knie zu zittern begannen, wenn wieder ein Truck, der mich soeben überholt hatte, rechts am Rand anhielt, als ob er eine Panne hätte. Anfangs glaubte ich, der Fahrer brauche eine hilfreiche Hand für die Reparatur, bis offensichtlich wurde, dass er bloß seine fünf Glieder kaum im Zaum halten konnte.

Schon nach den ersten paar Tagen in Mexiko litt ich unter dem Machismo, wie nur eine Gringa darunter leiden kann. Ich war so genervt, dass ich mich in die Berge zurückzog, bevor ich mich wieder auf den Sattel wagte. Und zwar nur noch bewaffnet. Ein Elektroschocker, der Angreifer in eine längere Bewusstlosigkeit schickt, gab mir die Selbstsicherheit, meine einsame Spur von Norden nach Süden weiterzuziehen. Ich fragte mich oft, ob ich nicht doch auf den Geschäftsmann mit seinen Bodyguards hätte hören sollen. Die Tatsache, dass ich noch am Leben bin, beweist noch nicht, dass er unrecht hatte. Bloß, dass ich noch einmal davongekommen bin.

Gewiss, kein Wesen zeigt sich so undurchschaubar wie ein Mensch in feindlicher Absicht. Aber auch die Hunde machten mir zu schaffen, kaum war ich in Mexiko. Bis hinunter nach Chile streunen sie durch Dörfer und Felder und lauern jedem auf, der in ihre Riechweite kommt. Einzeln oder in Rudeln verfolgen sie alles, was sich bewegt, um mit lautem Gebell, gesträubtem Fell und fletschenden Zähnen Beute zu machen. Eine Flucht mit vierzig Kilo Gepäck auf dem Fahrrad ist aussichtslos. Selbst auf ebener Strecke, geschweige denn bergauf. Habe ich nicht vorhin gesagt, Feinde seien Spiegel der eigenen Schwächen? Diese Hunde. Ich beobachtete, dass sie meist einen Augenblick zögern, um die Kräfteverhältnisse abzuschätzen, bevor sie zum Angriff anhetzen. Das ist der Augenblick, vom Sattel zu springen, Steine zu werfen und ihnen fest entschlossen und schreiend entgegenzuschreiten.

Das kostet Kraft, oft mehrmals am Tag, doch reizt der Sieg umso mehr, als die Bauern der Umgebung den Wettkampf mit erbarmungsloser Gleichgültigkeit verfolgen. Sie pfeifen die Hunde nicht zurück, reagieren aber auch nicht, wenn einer, von einem Stein getroffen, winselnd das Weite sucht. In meiner Angst-Wut schrie ich dann »No me gustan los perros« – ich mag keine Hunde – und hatte wenigstens das Gelächter auf meiner Seite.

Kurz vor Loreto, der einzigen Stadt weit und breit im südlichen Baja California, traf ich Jörg und Andrea, ein deutsches Tourenbiker-Paar, die einen ähnlichen Weg wie ich in den tiefsten Süden Südamerikas vor sich hatten. Mein Ziel war Punta Arenas, das ihre Ushuaia. Es tut gut, ein bisschen zu klönen, ohne groß erklären zu müssen, warum und worüber man klönt. Doch unsere Wege sollten sich bald wieder trennen. Die beiden suchten einen Umweg rund um die beiden mexikanischen Provinzen Oaxaca und Chiapas herum. Für mich flog Sandro ein, um an meinen Erlebnissen Anteil zu nehmen. Er begleitete mich mit dem Auto durch die mexikanischen Staaten Mexico City, Puebla, Oaxaca und Chiapas bis San Cristóbal de las Casas, nahm mir in der schwersten Hitze das Gepäck ab – und gab mir Begleitschutz vor der Zudringlichkeit so mancher mexikanischer Männer.

Jörg, Andrea und ich sollten uns noch zwei-, dreimal wiedersehen, doch auch wenn wir verschiedene Wege fuhren, verband uns das Wissen um unsere ähnlichen Hoffnungen und Ängste während mancher einsamen Stunde irgendwo zwischen Himmel und Erde.

Rund 4000 Kilometer Luftlinie sind es in Mexiko von Grenze zu Grenze, und die Einsamkeit im Hochland ist ebenso hinreißend wie das Leben in den Städten. Die Kolonialstadt Guadalajara, »die Perle Mexikos«, wie die Reiseführer einander durchs Band weg abschreiben, gilt als die zweitgrößte und mexikanischste der mexikanischen Städte, geprägt von historischen

Prachtbauten, Mariachi-Musik und dem Chic einer globalen Metropole: Gelegenheit, Material und Kleider zu ersetzen und mich für die nächsten paar Tausend Kilometer Provinz auszustatten.

Indios

Trotz allen Widerständen, die mir das Leben in Mexiko erschwerten, begeisterte ich mich doch für den Reichtum von Natur und Kultur. Meine Befindlichkeit schwankte wie eine Schalenwaage regelmäßig und heftig um ein labiles Gleichgewicht herum. Auf glückshormongesättigte Tage folgten schwarze und umgekehrt. Durch diese innere Gesetzmäßigkeit einer stabilen Instabilität lernte ich, die schwarzen Tage wegzustecken, bevor sie begannen, und die guten Zeiten umso rückhaltloser und bewusster zu genießen. Oft waren es Indios, die meiner Erkenntnis kleine Glanzlichter aufzustecken vermochten.

Sie, die einem oft grußlos begegnen und achtlos ihres Weges gehen, lassen uns gleichzeitig eine Fremdheit und eine tiefere Verwandtschaft spüren. Sie leben so nah zur Natur wie wohl auch wir in vergangenen Zeiten. Dürre, Flut und Plagen sind sie wehrlos ausgeliefert, doch eine Wirtschaftskrise, bei der wir für unser Vermögen vor der Bank Schlange stehen, kann sie kaum berühren. Jenseits von fließendem Wasser und elektrischem Strom schenken ihnen ein Esel, eine Sau und ein Acker was sie brauchen zum Leben – wenn sie sich dieses Geschenk mit genügend harter Arbeit verdienen. Manche Frauen, deren Haar offen den Hintern bedeckt, tragen Zöpfe. Sie kennen kein L'Oréal, kein Kérastase und kein Redken, und doch schimmert ihr Haar noch mit sechzig in gleißendem Schwarz.

Statt über Oaxaca de Juárez zu fahren, wählte ich einen kleinen Pass in einer öden Gegend auf 2800 Meter über Meer. Auf den Dächern der Lehmhäuser trocknete Mais. Die Landschaft erinnerte mich an die ausgestorbenen Dörfer des Nordtessins. Während ich mich keuchend und ausgedörrt vom Aufstieg an einem Brunnen im Bergdorf Benito Juárez erholte, kam ein alter Mann auf mich zu. Sein Gesicht war von tiefen Falten zerfurcht, und wenn er lächelte, sah man, dass er kaum mehr Zähne hatte. Er erzählte, wie schön das hier früher mal war, als Blumen blühten und die Kartoffel mehr als genug zum Leben hergab. Dann kamen amerikanische Düngemittelvertreter und versprachen weltliche Wunder. Mit den geeigneten Pulvern würden die Kartoffeln viel größer und zahlreicher werden. So war es denn auch. So große Kartoffeln hatte der Mann zuvor und danach nicht mehr gesehen. Aber die Freude währte nur kurze Jahre. Die Äcker verwüsteten. »La patata y las flores ya no quieren darse«, sagte der Mann mit einer Geste des Staunens und der Verzweiflung, da sich das Wunder nicht mehr einstellen wollte. »Die Kartoffel und die Blumen wollen sich nicht mehr zeigen.« Der Mann meinte, seither lebten sie mehr von Mais als von Kartoffeln, aber der Boden sei dennoch verwundet. »Que pena.« Welches Leid. Für den Mann sind Kartoffeln und Blumen etwas Beseeltes, deren Willen es zu respektieren gilt, weil aus jeder Seele das Göttliche spricht.

In diesem Dorf übernachteten Sandro und ich zweimal bei einer Frau voller Energie. Von ihr und anderen Indios lernte ich viel über die Kraft des Gebetes und des Bewusstseins. Überdies erhielt ich Einsicht in einen anderen Umgang mit Zahlen und Zeit und der Kunst, die Dinge zu nehmen, so wie sie sind.

Tiefer im Süden von Chiapas machten wir halt an einem Haus, vor dem auf einem Holzkohlenfeuer ein Suppentopf stand. Wer hier vorbeikam, rastete für eine Weile und ließ sich den Teller füllen. Neben der Herdstelle stand ein Tisch so nahe am Feuer, dass die Plastikplatte anschmorte. Sandro sagte: »Die Tischplatte schmort an.« Ohne sich umzusehen, rührte die Frau weiter in ihrer Suppe. Sie sagte: »Das ist, weil der Tisch so nahe beim Feuer steht.« Sandro war drauf und dran gewesen, den Tisch beiseitezuschieben, doch nun ließ er es bleiben. Jedem Ding sein Ort, und der Ort des Feuers war nun mal nahe beim Tisch.

Die gleiche Selbstverständlichkeit ließ immer wieder Leute an Bushaltestellen warten. Sie warteten wie Katzen vor einem Mausloch, mit geduldiger Zuversicht. Egal, wie lange sie warten, irgendeinmal erscheint die Maus. Vielleicht eine große, vielleicht eine kleine. Irgendeinmal kommt der Bus. Ob das nächste Dorf einen Kilometer, zehn oder hundert Kilometer entfernt liegt? Spielt das eine Rolle? Wir warten. Einmal wird ein Bus hinfahren.

Ich nahm mir die Haltung immer wieder zum Vorbild. Aber dem Vorbild nachleben konnte ich kaum. Nur hie und da fühlte ich mich auf dem richtigen Weg. Der Kilometerzähler fehlte mir nicht mehr.

Räderungen

In der Kletterei ist Hitze nicht groß ein Thema, auch wenn sonnenbestrahlte Felswände mal für heiße Stunden und Schweißtropfen sorgen. Nun, auf dem Rad, in den klebrig-feuchten Tropenzonen genauso wie in den trockenen Steppen und Halbsteppen, wo die Luft über dem Asphalt schon morgens um neun zu flimmern beginnt und flimmert, fast bis die Sonne untergeht, da reichte kein Magnesiumbeutel, um die Hände wieder trocken zu kriegen. Ich lernte, den Schweiß aus allen Poren strömen zu lassen. Ja, ich litt wie ein Krebs, den der Koch in siedendes Wasser wirft.

Das Leben ist ein Auf und Ab, und je höher hinauf man sich strampelt, umso mehr entschädigt einen auch an den heißesten Tagen eine angenehme Kühle und die hinreißende Schönheit der Natur für den Krafteinsatz. In den Bergketten der Sierra Madre, in denen sich Vulkane und Granitbrocken aneinanderreihen und die im Westen eine Art Rückgrat Lateinamerikas bilden, sehe ich mich immer wieder im Schweiße meines Angesichts über zahllose Hügel strampeln oder in endlosen, steilen Aufstiegen auf Passhöhen klettern – schieben, buckeln, kriechen –, um mich in der Sausefahrt bergab vom Fahrtwind wieder trocknen zu lassen, bis von der Nässe der Haut und der Kleider nichts als eine Salzkruste übrig bleibt.

Die schnellste und sicherste Route durch Zentralamerika führt über die Panamericana, die sich in Guatemala auf über 3000 Meter hochschlängelt. Nicht leichter ist der Anstieg zum Col de los Muertos in Costa Rica. Er führt über achtzig Kilometer mehr als 2500 Höhenmeter bergauf. In Panama wählte ich ebenfalls eine Route mitten durch die Berge. Nach allenfalls vielleicht hundert Metern flacher Strecke geht es gnadenlos weiter über Pässe, Pässe, Pässe…

Von Ecuador aus folgen die meisten Reisenden der flachen Küste über Guayaquil nach Peru. Guayaquil zählt allerdings zu den Städten mit der höchsten Kriminalitätsrate Ecuadors. Südlich von Cuenca, einer reizvollen Stadt, entschied ich mich daher für die Inlandstrecke nach Peru durch fast unbewohnte Berge. Die Straße kriecht wie eine nicht enden wollende Riesenboa abwechselnd durch üppigen Dschungel hinauf in karges Grasland auf über 3000 Meter und wieder in die Täler auf 1500 Meter hinunter, wo jenseits eines Flusses der nächste Aufstieg beginnt. Die Regenzeit bescherte ziemlich niederschmetternde Niederschläge. Der Lehm verwandelte sich in eine seifige, klebrige Masse. Ich schob das Rad durch Schlamm und über Erdrutschkegel und wusste: An der Grenze liegen die nächsten Dörfer zwölf Stunden voneinander entfernt – im Auto.

Von Mexiko bis hinunter nach Peru brannte die Hitze immer wieder so unbarmherzig, dass ich mich von Fieber und Kopfschmerzen zur Erholung in ein Hotel treiben ließ. Zum ersten Mal in Honduras und wieder in Quito, der Hauptstadt von Ecuador, nach rund 12 000 Kilometern. Ach, es ist elend, so fern der Heimat wegen Durchfall und Erbrechen zur Toilette zu eilen, um nach jedem Gang noch etwas ausgezehrter ins Bett zurückzufallen. Aber ich fand noch weitere Gründe als Hitze und Nässe, um mich krank zu melden. In Arequipa, Peru, zwangen mich die Krämpfe einer Lebensmittelvergiftung ins Spital. Als mein Magen leer und meine Venen mit einer Monsterspritze vollgepumpt waren, schlief ich dreißig Stunden fast ununterbrochen. Vier Tage fühlte ich mich wie mein eigener Schatten.

Gerädert von ermüdenden Tagen, fand ich leider oft auch nachts nur wenig Erholung. In ganz Mexiko und Mittelamerika machen Moskitos, Hundegebell, scheppernde Lautsprechermusik und gegen Morgen das Krähen der Hähne den Schlaf zu einem flüchtigen Kameraden. Ohrenstöpsel erwiesen sich bei der Höhe des Lärmpegels als wirkungslos. Oft hätte ich gerne mit einem Biwak auf dem Bügeleisen an der Eigernordwand getauscht. Doch wie weit weg sie war!

Die Panamericana

Niemand, der sich in der Neuen Welt den Längengraden entlangschlängelt, kommt um die Panamericana herum: Sei es, weil sie die einzige Verbindung darstellt, sei es, weil sie zum panamerikanischen Reiseerlebnis gehört. Kaum etwas anderes verbindet Nord- und Südamerika so sichtbar miteinander wie dieser Klassiker der Reisegeschichte – eine Art amerikanisches Pendant zur Seidenstraße nach China.

Seit den frühen Sechzigerjahren, als die zwei Dokumentarfilme »Traumstraße der Welt« von Hans Domnicks zu Blockbustern wurden, ist die Panamericana Legende. Sie besteht aus einem Netzwerk von Schnellstraßen, das sich über etwa 48 000 Kilometer ausdehnt. In einem breiten, wie von Kinderhand etwas ungelenk gerade gezogenen Strich führt diese Hauptschlagader des kontinentalen Nord-Süd-Verkehrs von Alaska bis Feuerland, durch Städte und Steppen, durch Wüsten, Wälder und weite Landwirtschaftszonen und traumhaften Stränden entlang.

Doch spätestens in Lateinamerika wurde die Traumstraße der Welt zur Albtraumstraße der Welt. Der Verkehr, der Dreck, der Staub und der Lärm der Motoren, der Reifen und des dauernden Hupens übertrafen alles, was mich bereits in Europa genervt hatte. Abfall bedeckte die Felder beidseits der Straße in einer Breite von sicher 200 Metern, lückenlos, wohin man schaute. An Knotenpunkten und vor allem an den Grenzübergängen trafen sich Trucks, Busse, Händler, Touristen, Schmuggler und Halunken, nur notdürftig getarnt.

Wenn mich überholende Busse und Lastwagen zur Seite

drückten und mich in dicke schwarze Auspuffschwaden hüllten, hielt ich, so lange es ging, die Luft an. Was aber, wenn sich die Schwaden bei dichtem Verkehr zu Wolken verdichteten? In Guatemala ist die Straße so schmal, dass für ein Fahrrad kein Raum bleibt, wenn sich zwei Lastwagen kreuzen. Entweder, man springt in den Straßengraben in Sicherheit, oder man schlägt sich über Umwege durch.

Der Gestank und der Anblick der Tierkadaver, mit denen ich den Straßengraben hie und da ungewollt teilte, weckte nachhaltigen Ekel. Fliegen und Maden krochen aus Ohren, Nasen und Schnauzen von Kühen, Eseln, Schafen, Katzen, Ziegen, Hunden und Hühnern. Bloß Schweine scheinen schlau genug, sich nicht so oft überfahren zu lassen. Die Körper blähten sich auf in der Hitze, Ungeziefer nagte am faulenden Fleisch, bis auf die Knochen, und der Verwesungsgeruch vermischte sich mit den schwarzen Wolken der Dieselabgase. Den Geruch wird man kaum mehr los, er frisst sich in den Geweben fest, geht auch bei gründlicher Wäsche nicht mehr raus und bleibt tagelang in der Nase hängen. Irgendwo schmiss ich einen ganzen Sack Kleider weg, weil ich diesen Geruch nicht mehr ertrug. Wenn ich heute ein Foto anschaue, auf dem ich mit den Kleidern von damals drauf bin, sticht mich der Ekel in der Nase gleich wieder.

Wo die Siedlungen weit auseinanderliegen, waren manchmal über Wochen einzig Haferflocken im Teller zu haben, und abends gabs eine Katzenwäsche. Das war weniger mein Problem als die Langsamkeit und die Exponiertheit, mit der man auf dem Rad die Welt erlebt. Das Fahrrad hat keinen Schutzraum, in dem man sich wie hinter Mauern geborgen fühlen kann. Sollte es hart auf hart gehen, bin ich die Knautschzone.

Auf dem Fahrrad kann man sich nicht vor der Welt verstecken, und die Welt gibt alle ihre Geheimnisse preis. An der Panamericana ist alles aufgereiht, was die Dritte Welt für den Besucher bereithält. Ein Supermarkt des Elends in allen Facetten. Ein Blickkontakt mit einem Familienvater, der in der Gosse Altblech sammelt, trifft mich und ihn und dauert an, länger, als uns beiden lieb ist. Die Häuser aus getrockneten Lehmblöcken, die Dächer aus Bambusrohren, alles ist transparent, offen für den Einblick in die inneren Zonen des Privaten. Selbst kurze Blicke machen klar, dass diese Menschen nicht in Betten auf Matratzen schlafen und dass es in der Familie keine Intimsphäre gibt.

Fahrradfahren auf der Panamericana ist die nackte, ungeschönte Wirklichkeit der Begegnung mit der eigenen Verletzlichkeit. Mit Hunger, Durst und Müdigkeit, mit der ganzen Ungewissheit und mit allen Zweifeln, die einen auf einer Reise begleiten. Wenn nichts mehr außer Einöde und Staub vorausliegen, wenn der letzte Schluck Wasser getrunken ist, das letzte Haferflöcklein gegessen, dann bleibt kein Raum für Träume von Abenteuern. Nicht einmal nachts.

Wo es möglich war, umfuhr ich die Panamericana. Was ich mir damit an Umwegen und Passfahrten einhandelte, wurde mit Naturerlebnissen entschädigt. In der Reihe der mittelamerikanischen Kleinstaaten südlich von Mexiko gab es oft kaum eine andere Wahl als die Albtraumstraße.

In Polizeigewahrsam

Das Gefühl, als Freiwild eine begrenzte Zukunft zu haben, sollte ich bis Chile nicht mehr loswerden. In Mexiko trachteten manche Männer nach Sex, in den weiter südlich folgenden Staaten nach Geld und meinen Habseligkeiten. Guatemala, El Salvador, Honduras und Nicaragua sind bekannt für ihre organisierten, bewaffneten Banditenbanden. Man wird dort kaum wirklich belästigt, aber eine Kugel genügt, um ein Leben auszulöschen. Unvorbereitet, von einer Sekunde auf die andere, ohne Ausweichplan, wenn Gefahr aufzieht.

Was konnte ich tun? Ich fragte Jaime Viñals in Guatemala, den ich am Mount Everest kennen lernte, nachdem er eine Nacht auf 8700 Metern überlebt hatte. Nach seiner Rettung durch eine andere Seilschaft und unsere Sherpas übernahm ich ihn unterhalb des Nordcols bis ins vorgeschobene Basislager. Seither stehen wir in Mailkontakt. Er riet mir dringend ab, allein und ohne Begleitschutz durch Mittelamerika zu reisen. Mit seinen »Seven Summits« im Lebensrucksack genießt er das Prestige eines Nationalhelden. Bekannter als der Staatspräsident, konnte er diesen Begleitschutz auch organisieren. Ab Guatemala sollte ich durch die nächsten drei Staaten auf Händen getragen und mit schweren Waffen gegen alle potenziellen Feinde beschützt werden.

Gleich an der Grenze zu Mexiko empfingen mich zwei Herren im offiziellen Namen von Asistur (Asistencia al Turista) und begleiteten mich auf Schritt und Tritt durch Guatemalas Naturschönheiten. Beide erwiesen sich als absolut zuverlässige Beamte, so verschieden sie sein mochten. Während mich der junge Carlos mit seinem Interesse für Philosophie beeindruckte, begeisterte sich Walter eher für Waffen und Kommandoaktionen. Auch das hatte hier seine guten Seiten. Zum schwer bewaffneten Polizeischutz gehörte Jorge Alfredo, den ich hiermit keck zum schönsten Polizisten Lateinamerikas erkläre.

Jaime Viñals' Ausstrahlung wirkte weit über sein Heimatland hinaus. In El Salvador sorgten Ángel Miguel Barquero, der Polizeichef von El Salvador, und seine Kommunikationschefin Cecilia García für eine lückenlose Fortsetzung meiner Polizeieskorte. Auf schweißtreibenden und verkehrsreichen Wegen, aber bestens betreut, pedalte ich von Grenze zu Grenze.

In Honduras übernahm mich José Oliva, der Polizeikommissar von Choluteca, der mich mit seinem Wissen als engagierter Umweltschützer überraschte. Er überließ mir gleich vier Bodyguards mit einem Pick-up für eine mehrtägige Rundreise in seinem Land. Zur Übernachtung stellte uns Roberto, der Besitzer eines abgelegenen Hotels, ein ganzes Ferienhaus zur Verfügung, und sein Freund Cristof, ein Industrieller, bereitete mir mitsamt meiner Eskorte einen unvergesslichen Abend bei seiner Familie. Es war ganz besonders die Dichterin Juana Pavón, genannt Juana la Loca, die mit ihrer Ehrlichkeit, ihrer Würze, ihrem Witz und ihrem Kummer unsere Herzen berührte. Diese schnörkellose Frau findet mit ihrer Anmut Worte, bis zur Peinlichkeit ungehobelt und wahr.

So hatte mir Jaime Viñals mit seiner Fürsorge das ganze Netzwerk seiner Beziehungen erschlossen und mir Einblicke in die Gesellschaft gewährt, die mir sonst verwehrt geblieben wären. Leider reichte sein guter Geist nicht auch noch bis Nicaragua. Versucht hatte er es. Doch weil ich mich nicht auf die korrupten Spielchen der dortigen Polizei einlassen wollte, war ich nun wieder auf mich allein gestellt. Vorläufig.

In offizieller Mission

Mit einem Auftrag, den ich noch in der Schweiz angenommen hatte, fuhr ich bei vierzig Grad im Schatten nach León in Nicaragua. Hitze hin oder her, nirgends sonst genoss ich mein Caballo so fraglos wie hier. Die Panamericana ist hier breit und gut ausgebaut – und fast autofrei. Anders als sonst wo in Lateinamerika strampeln sich Tausende und Hunderttausende genauso wie ich auf zwei Rädern durchs Leben. Die Armut erlaubt keine andere als diese sparsamste und gesündeste Art der Fortbewegung.

Was meine Mission betrifft, amtierte ich als Botschafterin für SOS-Kinderdorf, so wie wir das ein gutes halbes Jahr zuvor in Interlaken mit Jérôme Strijbis, dem Schweizer Verantwortlichen, abgemacht hatten. Und da stand Jérôme, bereit zu einem herzlichen Empfang und einem Festmahl, das ich mir gern gefallen ließ.

Auf den ersten Blick wirkt das Kinderdorf mit seinem Dutzend einfachen Häusern fast wie ein Feriendorf. Sauber uniformiert gehen die Kinder zur Schule oder kommen von dieser zurück, oder sie spielen draußen dies und das. In jedem Haus haben bis zu zehn Kinder eine »Mutter« oder eine »Tante«: starke Persönlichkeiten, die beherzt für das leibliche und seelische Wohl ihrer Schützlinge sorgen. Mit selbstverständlicher Wohlerzogenheit teilen sich die Kinder ihre Hausarbeiten wie in einer Großfamilie auf. Die etwas älteren Mädchen spielen die Mütter gegenüber den Kleineren, und die Kleineren beschützen und behüten die noch Kleineren: liebevoll, aber bestimmt.

Hinter den Müttern und Tanten steht Lorenzo, der Leiter von SOS León und Managua, mit einem Herzen, das die ganze Welt erwärmen könnte. Leben diese Kinder angesichts der Armut dieses kriegsgeschädigten Landes nicht in einer Idylle? Lorenzo schüttelte traurig den Kopf: »Schön wärs. Sie alle sind elternlose Kinder, die einem Leben voll Angst und Gewalt ausgesetzt waren, bevor sie Halt und Zuversicht im Netzwerk von SOS-Kinderdorf fanden. Gewiss, jetzt haben sie zu essen und zu trinken, sie lernen lesen und schreiben und werden ärztlich betreut. Aber wer nimmt ihnen ihre Vergangenheit ab? Die Frage der Kinder nach ihren leiblichen Mamas und Papas wird niemals verstummen. Jedes Kind wird in der Zukunft seinen Weg finden müssen. Wir von SOS-Kinderdorf liefern das nötige Rüstzeug.«

Nach drei Tagen verabschiedeten mich morgens um halb sieben sämtliche Mütter, Tanten und über hundert Kinder in beschwingtester Morgenlaune. Selten bin ich so leicht und mit so viel Zuversicht in die Pedale getreten. Die Kinder hatten mir so viel gegeben – und ich wusste auch, was wir ihnen aus der Ferne geben können: Geld, Geld und nochmals Geld. Nicht dass man Kinder verwöhnen sollte. Aber es gibt noch zahllose Straßenkinder, die von einem so liebevollen Zuhause nur träumen können.

Noch einmal Jaime

Die kleinen Länder Mittelamerikas haben mir die Augen geöffnet für die kleinen Unterschiede, mit denen sich Menschen hüben und drüben begegnen. Guatemala, El Salvador, Honduras, Nicaragua, Costa Rica, Panama. Manche Einzelheiten bringe ich vielleicht durcheinander, aber ich erinnere mich genau, wie die Grenze die Eindrücke trennt. Die gleiche Macchia beidseits des Schlagbaums, die gleichen Maisfelder, Urwälder, Rinderweiden, doch der Lebensstil, der Rhythmus, die Art, sich in die Augen zu schauen, wechselt, wie wenn man die Seiten eines Buches umschlägt. Jedes noch so kleine Land hat seinen eigenen »Körper«, und in jedem schlägt ein anderer Puls.

In Costa Rica, das nach einem Volkslied als die Schweiz Zentralamerikas gilt, durfte ich noch einmal die behütende Kraft von Jaime Viñals' langem Arm auf mich wirken lassen. Seine drei Freunde Irene, Lizbeth und Warner empfingen mich gleich an der Grenze, um mir den Aufenthalt in diesem reichsten und stabilsten Land Mittelamerikas so angenehm und interessant wie möglich zu machen. Eine ganze Woche lang ließen sie ihre eigenen Dinge liegen, um mich auf einsamen Wegen, über abgelegene Winkel in Urwälder und Kaffeeplantagen zu führen.

Nicht zuletzt begleiteten mich meine drei neuen Freunde auf den Col de los Muertos und nahmen mir mit ihrem Auto viel Gepäck ab. Zum Abschied kämpften wir alle mit den Tränen. Wir schenkten einander, was so einfach zu sein scheint und doch schwierig in Zeiten des schnellen Gewinns: »human being«, Menschsein.

Ob es ebenfalls Jaimes guter Einfluss war, dass mich in der Hauptstadt San José die nationale Presse wie eine Heldin feierte, kann ich nicht mit Sicherheit sagen. Jedenfalls flitzte ich mit meinen Erlebnissen und Plänen zwei Tage durch Costa Ricas Zeitungen und Fernsehsender. Danach riefen mir Unbekannte »Hola Suiza« zu, feuerten mich zu energischerem Treten an oder schenkten mir Glücksbringer. Ach, wie das guttut. Anerkennung. Einfach so.

Rösselsprünge

Trotz allen Leiden auf dem Sattel habe ich eine seltsame Leidenschaft für mein Caballo entwickelt. Seit dem großen Sprung über den Atlantik musste ich nur für zwei kurze Strecken darauf verzichten. Von La Paz (Mexiko) an der Südspitze von Baja California brachte mich ein Schiff hinüber nach Mazatlán. Später flog ich von Panama City nach Ecuador. Denn in der Panamericana klafft eine Lücke. Wer weiß, wie lange noch. Umweltschützer und andere Idealisten kämpfen erbittert um den undurchdringlichen Urwald. Unesco-Weltkulturerbe, Schutz der indigenen Bevölkerung, Barriere gegen Schmuggel... Es gibt tausend Gründe, die Natur hier unberührt wie in den ersten

Tagen der Menschheit zu lassen – und noch einen anderen, gleich ganz Kolumbien zu überfliegen. Kaum jemand ist scharf darauf, den Machenschaften des berüchtigten Medellín-Kartells in die Hände zu laufen.

Umso herzlicher wurde ich in Quito empfangen. Im Haus meines Bergfreunds Reno Román war ich sehr aufmerksam versorgt, als mich die 12 000 zurückgelegten Kilometer einholten und ins Bett streckten. Kaum fühlte ich mich wieder bei Kräften, konnte ich im Flughafen Edi Estermann und Hervé Le Cunff, Fotograf der »Schweizer Illustrierten«, überraschen! Mit Edi Estermann verbinden mich schöne Begegnungen beim Unternehmen »Eiger Nordwand Live« und in Kathmandu nach meinem Gipfelerfolg am Everest. Vier Tage teilten die zwei mein Nomadenleben und zeigten sich ebenso empfänglich wie ich für die Farben, Formen, Klänge und Kontraste in der Ruhe des Hochlandes inmitten der Anden.

Höhepunkte in Schnee und Eis

Fotografieren zählte ich zu meiner täglichen Pflicht und Kür, doch in Ecuador tauschte ich das Stativ gegen neue Bergschuhe ein. Das erschwerte zwar die Aufnahme von Selbstporträts, schlug aber nicht aufs Reisegewicht und verlieh mir Zuversicht für neue Bergerfahrungen. Mit jedem Gipfelziel auf der Landkarte entschädigte ich mich für manche Qual auf dem Rad. Acht Fünftausender und drei Sechstausender, aufgereiht wie Perlen auf einer Schnur, empfingen mich entlang der Panamericana von Mexiko über Peru und Bolivien bis Chile auf ihrem Gipfel.

Es hatte in Mexiko begonnen. Wenn Silvester den Höhepunkt eines Jahres bedeuten sollte, musste ich ihn auf einem

Gipfel begehen. Von Ciudad Guzmán (Mexiko) aus lag nichts näher als der Volcán de Colima (4240 m). Das klingt für mexikanische Verhältnisse eher nach Flachwanderung, doch führte der Weg auf die Spitze über 2750 Höhenmeter, zuerst per Fahrrad, dann zu Fuß und am Schluss kletternd. Oben war die Welt wieder in Ordnung. Ich erfreute mich an der prachtvollen Aussicht, ganz allein, fern von der Hölle mexikanischer Städte.

Als erster Fünftausender lockte der Iztacihuatl (5260 m) und dann der Citlaltépetl, unter Bergsteigern Pico de Orizaba: ein Vulkan im Süden Mexikos und mit 5610 Metern der höchste Berg des Landes. Mit Sandro, der gekommen war, um mir in Mexiko Schutz zu bieten, fuhr ich auf die Piedra Grande, einen Pass auf 4250 Metern an der Grenze zwischen den Bundesstaaten Veracruz und Puebla. Eine Hütte ohne Komfort bietet dort den Gipfelstürmern Schutz und Unterschlupf. Während sich der spätere Nachmittag in dicke Wolken, Sturm und Graupel hüllte, funkelten in der folgenden Neumondnacht Tausende von Sternen am Himmel. Morgens zwischen acht Uhr und neun Uhr standen wir auf dem Gipfel. Und da war es wieder, dieses wunderbare Glücksgefühl, das mir von Hunderten von Bergbesteigungen her vertraut ist und mich doch jedes Mal aufs Neue beseelt.

Ich suchte weder die Leistung noch trieb mich der Ehrgeiz. Ein bisschen Herausforderung, das vielleicht schon. Die brauche ich zum Leben wie der Bäcker die Hefe zum Backen. Die Berge sind das Mittel, um mein labiles Gleichgewicht zu halten und es hie und da wieder zuverlässig auf die Glückshormonseite ausschlagen zu lassen. Ich sehnte mich nach dem Rausch der dünnen Luft und nach dem Zauber des UV-Lichts in schwindelnder Höhe, um mich dann wieder gelassener in die Niederungen des irdischen Daseins mit seinen Härten und meinen Schwächen fallen zu lassen. Gelegenheiten gab es genug.

In Costa Rica war ich nach der Überquerung des Col de los Muertos gerade erst richtig in Form. Der Urwald sang bei Sonnenaufgang in tausend Tönen, die Sonne blinzelte hinter dem höchsten Berg des Landes, dem Chirripó (3819 m), hervor und schenkte dem Tag neue Wärme und neues Leben. Bei guter Sicht reicht der Blick vom Gipfel bis zum Pazifik und zum Karibischen Meer. Ich konnte es nicht lassen. In einer fast endlosen Wanderung von insgesamt über vierzig Kilometern zog ich durch tropische Bergregenwälder 2500 Höhenmeter hinauf auf den Gipfel – und gleich wieder zurück über weitere fünf Kilometer zum letzten gemeinsamen Abendessen mit meinen Freunden Irene, Lizbeth und Warner im Bergdorf San Gerardo.

Im Nationalpark Cotopaxi, nur wenige Kilometer südlich von Quito holte mich das Bergfieber vollends ein. Unmöglich, sich mit dem Anblick solcher Gipfel von unten zu begnügen. Ich organisierte mir Steigeisen und Pickel und stieg in der ersten günstigen Nacht über die steilen, verfirnten Flanken und Gletscher auf den 5897 Meter hohen Cotopaxi. Bei Sonnenaufgang stand ich mutterseelenallein auf dem Kraterrand dieses vergletscherten Vulkans. Das Nebelmeer lag mir zu Füßen, und aus dem Schlund dampfte es in den Himmel. Am nächsten Tag regnete und schneite es aus dunklen, tief hängenden Wolken. Regenzeit. Endlich hatte die Hitze ein Ende. Ob mir Gewitter und Regenfälle auf der Weiterfahrt lieber sein würden?

Nächstes Ziel, in zwei, drei Tagen über die Panamericana nach Riobamba. In der alten Marktstadt auf 2750 Meter Höhe, eingebettet in einen Kranz von Fünf- und Sechstausendern, hatte ich als Radfahrerin bereits eine Art Bergpreis erobert. Die kolonialen Gebäude und die Indiofrauen, die in ihren bunten Trachten am Samstag in der ganzen Stadt auf elf Plätzen ihre Waren feilbieten, erschienen mir wie von einer anderen Welt. Noch schöner war es, die Zacken der Steigeisen und Eispickel gleich wieder in die Oberfläche eines stolzen Berges zu ritzen, sich gegen die Kälte zu wappnen und im Lichtstrahl der Stirnlampe die Route zu suchen.

Was wäre Ecuador ohne seinen einzigen Sechstausender, den Chimborazo (6310 m), der hoch über die Dächer von Riobamba glitzert. Die Gipfel des erloschenen Doppelvulkans liegen aufgrund der äquatorialen Wölbung der Erde am weitesten vom Erdmittelpunkt entfernt und bilden den nächsten Punkt der Erde zur Sonne. Ach, was sollen Messwerte. Allein das Erlebnis zählt. Auch den »Chimbo« sollte ich ganz für mich allein haben. Am frühen Nachmittag erreichte ich das Refugio Los Hermanos Carrell auf 4500 Meter, erkundete die Route bis auf 5300 Meter und setzte Steinmänner zur Orientierung für einen Nachtaufstieg. Morgens um halb zwei brach ich auf, und in der Morgendämmerung, ein paar Minuten nach sechs, stand ich bei Sturm und Kälte auf dem Gipfel. Mit klammen Fingern, ein Foto im Kasten und überglücklich stieg ich wieder ab, bevor die üblichen ecuadorianischen Wolken die Szene in Nebel hüllten. Erst unten erfuhr ich, dass Einheimische am Vortag einen abgestürzten Amerikaner schwer verletzt zu Tal gebracht hatten.

Die nächste, mindestens so hinreißende Bergszenerie erwartete mich auf dem peruanischen Hochplateau. Auf dem unendlich grünen Wiesland des Altiplano führen junge und alte Indiofrauen, deren Zöpfe bis zur Hüfte reichen, in traditioneller, bunter Kleidung ihre Schweine und Schafe auf die Weide. Dahinter steht die schneeweiße Kulisse der Cordillera Blanca, des höchsten und gipfelreichsten Gebirges außerhalb des Himalajas. Auf den nur 180 Kilometern Länge und 20 Kilometern Breite der Kette drängen sich über dreißig Sechstausender und ein paar Hundert Fünftausender. Anders als auf den Vulkanen Mexikos und Ecuadors, sind hier die Gletscher von breiten, mit Schnee bedeckten Spalten durchzogen.

Ich war zu früh für den Huascarán (6788 m) und die anderen ganz großen Herausforderungen, die erst nach der Regenzeit im Juni begehbar werden, doch hatte ich das Glück, auf die beiden Schweizer Beat Maurer und Fabian Joos sowie auf ihren englischen Freund Paul Thompson zu stoßen. Sie hatten bereits mögliche Routen erkundet, und weil die Verhältnisse schwierig waren, hatten wir die Cordillera für uns. Wir bildeten zwei Seilschaften und erreichten in abwechselnder, strenger Spurarbeit nach drei Tagen den Gipfel des Nevado de Pisco (5766 m). Die Fernsicht machte uns alle sprachlos. Gipfel aus Eis und Schnee, spitz wie Raketen, ragten rund um uns herum in den tiefblauen Himmel, und an der Nordflanke des Huascarán setzte eine Staublawine der Verlockung, uns an diesem gefürchteten Berg doch noch wenigstens zu versuchen, ein klares Ende.

Beat, Fabian und Paul waren bereits abgereist, als ich es noch mal wissen wollte. Der Nevado Vallunaraju sollte im Alleingang möglich sein. Doch auf 5480 Meter, knappe 200 Meter unter dem Gipfel, klaffte eine breite, mit Neuschnee bedeckte Spalte im Gletscher. Mit dem Pickel stocherte ich nach einer begehbaren Brücke, doch der Schnee brach in sich zusammen und öffnete den Blick in einen schwarzen Abgrund. Der Berg wollte in Ruhe gelassen sein. Ich akzeptierte das, setzte mich in den Schnee und genoss die Ruhe, die Schönheit, den Augenblick der Einsamkeit und stieg wieder ab.

Einsam sein – allein sein. Was heißt das. Allein war ich oft in diesem langen Jahr der langen Fahrt Richtung Süden. Ich bin es gerne und suche es sogar: Allein mit mir, meinen Gedanken und der Natur, die mir manchmal etwas freundlicher, manchmal etwas feindlicher entgegentritt, komme ich mir Schritt für Schritt näher. Einsamkeit ist etwas anderes. Aber manchmal bin ich sogar gerne einsam. Nicht im Sinne der Vereinsamung – des trostlosen Gefühls, verloren und vergessen worden zu sein –, sondern so einsam, dass ich mich in der Natur behaupten muss und mit ihr eins werden kann. Bergführer und andere Teamleader kennen das Gefühl, wenn sie in heiklen Situationen entscheiden müssen. Links oder rechts, rot oder grün. Und kein guter Rat, sei er noch so teuer, hilft weiter. Allein die inneren Stimmen, die gerne wie ein Wald voll Affen durcheinanderschreien, führen zur Klarheit und zum glücklichen Ausgang, an dem sich alle Widersprüche miteinander versöhnen. Nicht jedermann kann diese Art der Einsamkeit erdulden und ertragen. Nie ist man ganz sicher, ob man sich nicht von falschen Stimmen verführen lässt. Der Umgang mit dieser Unsicherheit bleibt die letzte Herausforderung.

Was konnte ich mir zu meinem Geburtstag Schöneres schenken als einen Berg! Am 15. Mai 2007 radelte ich von der südperuanischen Millionenstadt Arequipa über den 4400 Meter hohen Mirador de los Andes in den Cañón de Colca zu einem Trio schneebedeckter Vulkane: zwei Sechstausendern und einem Beinahe-Sechstausender. Freilich wäre ich am liebsten auf den bei den Indios heiligen Ampato (6288 m) gestiegen, um mich vor der präkolumbianischen Kultstätte unterhalb des Gipfels zu verneigen. Doch nur mit einer Straßenkarte Perus ausgerüstet, fehlten mir nähere Informationen. Ich erkannte lediglich, dass der Hualca Hualca (6025 m) der Naheliegendste des Trios war. Mit Rucksack, Kocher, Zelt und Haferflocken für drei Tage wanderte ich auf Kuhpfaden in ein Seitental hinein. Über mir kreiste der Kondor, und da und dort trieb ein Indio seine Herde vor sich her, bis sich die Pfade ins Nichts auflösten.

Auf 4400 Metern schlug ich das Lager auf – und fiel in einen Tiefschlaf, aus dem ich erst am andern Morgen um halb sieben erwachte. Viel zu spät für einen Sechstausender. Aber ich konnte ja auch wieder umkehren. Am Ende des Tales, dessen Bach ich folgte, führte eine steile Firnflanke zu einem Schneegrat, der von einer zwanzig Meter hohen, exponierten Felsbarriere unterbrochen war. Ich erkletterte die luftigen Stufen und folgte dem wunderschönen Grat fünf Stunden bis zum Gipfel. Kein Fußabdruck, kein Überbleibsel, das auf menschliche Gegenwart vor mir hinwies. Welch ein Glücksgefühl, zum Geburtstag in mutterseelenalleiniger Einsamkeit auf einem Berg von über 6000 Metern zu stehen.

Beim Abstieg hatte die Sonne das Firnfeld aufgeweicht, sodass ich wie auf einer Rutschbahn in anderthalb Stunden bis fast vors Zelt gleiten konnte. Die untergehende Sonne färbte den Himmel violett, bis aus dem Dunkel ganz zaghaft, aber klar wie Quellwasser, der erste Stern leuchtete.

Beim Abstieg ins Tal am nächsten Morgen war die Frau, der ich zwei Tage zuvor schon begegnet war, wieder da. Ich fragte sie nach ihrem Namen. »Peregrina«, sagte sie. »Aber Peregrina, die Pilgerin, bist du«, fügte sie an, »du bist es, die wandert.« Peregrina warnte mich vor der Macht dieser Berge, von denen ich kam, und meinte: »Pero si andas con fe, no te pasa nada.« Wenn du mit Vertrauen gehst, wird dir nichts geschehen.

Adiós Perú! Trotz der hinreißenden Cordillera Blanca, der eindrücklichen präkolumbianischen Kultur und der bezaubernden Tradition, werde ich nicht so bald wiederkommen. »Tenemos todo! La sierra, la selva, la costa y el mar. Eso es lo bueno«, hatte mir ein Taxifahrer in Arequipa gesagt. – Wir haben alles! Das Gebirge, den Regenwald, die Küste mit dem Meer. Das ist das Gute. Aber das Schlechte ist, dass es viel Kriminalität gibt: »Pero lo malo es, que hay mucha delincuencia.« Überall in diesem Land kann die Gewalt wie aus dem Nichts aufblitzen. Angesichts der Korruption in den Palästen herrscht auf der Straße Selbstjustiz, und nie ist man sicher, nicht selbst ihr Opfer zu werden. Verlässt du deine Unterkunft, musst du sehr genau wissen, wohin du gehst und was du willst. Ein Augenblick Unaufmerksamkeit, und du wirst gelinkt. Aber ich habe Glück gehabt. Ich bin heil durch Peru gekommen, doch als ich dieses vierzehnte Land auf meiner Reise nach Chile verließ, machte sich nach der Grenze eine so tiefe Erleichterung breit, dass ich mir kurz ein paar Tränen aus den Augen wischen musste.

DURCH SÜDAMERIKAS SÜDEN

Von Chile durch Argentinien nach Punta Arenas
25. Mai bis 15. September 2007
7000 Kilometer

Auf Chiles Altiplano

In Chile fühlte ich mich schon fast wie angekommen – und wusste, dass das noch nicht so war. Das Land, das an Peru lang und dürr wie eine Stangenbohne Richtung Süden hängt, stellte noch einige Anforderungen. Gewiss, Chile gilt als sicherstes Land in Südamerika, doch ich hatte einen harten Winter – und 4500 Kilometer Luftlinie vor mir. Bis Punta Arenas war es noch so weit wie von meinem Haus auf dem Hubel von Innertkirchen bis nach Kasachstan oder bis zur Elfenbeinküste. Und erst dann beginnt das letzte Stück zum Südpol, das sich dagegen wie ein Anhängsel ausnimmt – und mehr Kräfte kosten dürfte als alles zuvor. Doch erst mal hatte ich mich von Arica am Pazifik auf 4500 Meter hochzutreten.

Zum Empfang bescherte mir der chilenische Altiplano den Anblick des schönsten Vulkans, der sich je in einem See spiegelte. Der Parinacota (6365 m) liegt im Dreiländereck von Chile, Peru und Bolivien, trägt eine blendend weiße Gletscherhaube, und seine Flanken sind rundum so symmetrisch wie in einem Kinderbuch. Konnte ich widerstehen? Ich musste mir wieder Steigeisen und Pickel beschaffen, egal, was sie kosteten. Auf der Anfahrt versanken die schmalen Räder in hügeligen, sandweichen Pisten. Ich ließ das Rad hinter Steinblöcken zurück und packte einmal mehr meinen Rucksack für drei Tage mit Zelt, Schlafsack, Wasser … und Haferflocken. Doch was hatte ich Parinacota bloß angetan? Er versuchte mich mit immer noch stürmischeren Winden von seinen Flanken zu fegen. Die aufgepeitschten Altschneekörner wirkten wie Sandstrahlen auf der

Haut. Parinacota versagte mir seine Gunst. Bis fünfzig Meter unter den Gipfel war ich ihm nahe gekommen. Da sagte er Nein, und ich überließ ihm den Erfolg. Der Berg siegt, und der Mensch verliert. Schade. Aber auch nicht so schlimm. Mein Ziel blieb schließlich der Südpol.

Trockene Liebeserklärung

Wenn ich vor einer Strecke Respekt hatte, dann vor der Atacama im Norden Chiles: der trockensten Wüste der Erde im Regenschatten der Anden. Manche Wetterstation dort hat in ihrer Geschichte noch nicht einen Wassertropfen registriert. Dafür können die Temperaturen innerhalb eines Tages zwischen plus dreißig und minus fünfzehn Grad schwanken. 1800 ungewisse Kilometer hatte ich in diesem Raum der großen Fragezeichen zwischen Peru und Argentinien zu überwinden – und war doch voller Zuversicht. Ist die Wüste nicht auch ein uralter Lebensraum? Über siebentausend Jahre alte Mumien wurden hier ausgegraben. Hier ist man den Sternen näher als anderswo. Die Sternwarten von Silla und Las Campanas und das Very Large Telescope auf dem Cerro Paranal nutzen den klaren Himmel, durch den man fast bis zum Big Bang zurückschauen kann.

Unterwegs durch Sand, Steine und Felsen, die der Wind zu Kunstwerken schleift, verfiel ich immer wieder in einsames Hoffen, einsames Fluchen und einsame Zweifel. Das Fahrrad, das ich mit Wasser für mehrere Tage beladen hatte, wog nun mehr als siebzig Kilo. Ob ich dem Gewicht und der Entfernung gewachsen war? Jeder Kilometer, um den ich mein Nachtlager früher aufschlug, bedeutete einen kleineren Wasservorrat für die folgenden. Aber ich gönnte mir die nötige Zeit. Wenn ich müde war, setzte ich mich auf einen Stein und ruhte mich aus. Einmal hob ich ein Sandkorn auf und ließ es zwischen die Füße fallen. Es war so still, dass der Aufprall am Boden zu hören war.

Bei aller Unwirtlichkeit der Atacama sind wir doch Freunde geworden. Mir wurde bewusst, wie gut mir diese Wüste gesinnt war. In manchen Augenblicken hätte ich ihr mein Herz schenken können. Es sind jene mystischen Augenblicke, in denen sich alles rundum so unbeschreiblich prächtig präsentiert, dass man tief im Herzen eine allumfassende Liebe spürt. Es sind jene Augenblicke, in denen man wie angewurzelt stehen bleibt und fasziniert die Zeit anhalten möchte. In diesen Augenblicken, die keinen Raum für gestern und morgen übrig lassen, spürte ich mich als Teil eines Ganzen, wie ich es zuvor nur in den Bergen erfahren hatte und wie ich es bisher allein auf einem Gipfel zu finden glaubte. Ein Indio in Peru hatte mir gesagt: »Wenn du die Natur liebst, dann liebst du Gott.« Die Atacama musste auch ein Herz für mich haben.

In der gnadenlosen Trockenheit eines sirrend heißen Nachmittags, als sich die Straße vor mir mit dem Horizont zu vereinen schien und der Horizont zum Himmel umschlug, befürchtete ich schon, von Sand und Steinen aufgefressen zu werden. Unversehens hörte ich ein Gluckern. War das nicht Wasser? Ich stieg vom Rad und folgte dem perlenden Klang zu einem kleinen, aus Steinen gebauten Kanal. Er führte Wasser von den weit entfernten Bergen zu einer längst zur Ruine zerfallenen Estancia, in der ich nun mein Nachtlager aufschlug. Eine Armlänge neben fließendem, frischem, sauberem Wasser. Das schönste Geschenk, das einem eine Wüste darreichen kann. Welch eine Großzügigkeit. Als es dunkelte, schaute ich empor in einen Sternenhimmel, der in der vom Pazifik gereinigten Luft ausschaute wie ein strahlendes Sommersprossengesicht.

Sternwarten

Als Indios im Valle de Elqui südlich der Atacama über ihre Sichtungen von UFOs erzählten, ging ich dem vorurteilslos auf den Grund. En passant fragte ich Bauarbeiter, Hoteliers, Tourenführer, Verkäufer und Bauern, und ich bekam immer etwa die gleiche Antwort: »Ja, die UFOs, es klingt vielleicht komisch, aber hier fliegen die ab und zu vorbei!« Die Leute sagten das so selbstverständlich, als handle es sich um Steinadler. Sollte ich zweifeln? Wo könnten sie besser zu sehen sein als dort, wo der Sternenhimmel angeblich am klarsten ist: auf diesem fast menschenleeren Hochplateau, wo wir den anderen Welten schon etwas näher sind als im Smog und der Lichtverschmutzung der großen Agglomerationen, wo selbst die hellsten Sterne nur noch diffus und schwach leuchten.

Kaum zufällig befinden sich in der Atacama eine ganze Reihe der international bedeutendsten Observatorien. Die Dimensionen ihrer Weitsicht ziehen mich magisch an. Sie öffnen Fenster in andere Welten und frühere Zeiten, in denen wir uns in einer fernen Zukunft wahrnehmen. Wenn ich Umwege fuhr, war das nicht selten für astronomische Zentren. Fasziniert war ich den kilometerlangen präkolumbianischen Nazca-Linien gefolgt, die in Peru auf einer Fläche von 500 Quadratkilometern Dreiecke, Trapeze, Menschen, Affen oder Vögel darstellen und als astronomischer Kalender gedient haben sollen. Unter meinen Schätzen trug ich eine versteinerte Muschel auf mir, die mir der nahe Berg auf meinen Streifzügen geschenkt hatte und die ich dann jener Indiofrau weitergab, die mich Peregrina nannte. Auch die Muschel soll pilgern.

Chäpi

In der Einsamkeit der Wüste scheinen sich Traum und Wirklichkeit, der Augenblick und die Unendlichkeit so nahe zu kommen, dass sie sich sachte berühren wie der Flaum eines Federchens, das hochgehoben wird, wenn ein Lufthauch es streift. Vergessene Bilder werden lebendig und erfüllen den Geist mit glücklichem Erstaunen, da sie sich in feinsten Details offenbaren. Das Singen des Windes in den Felsen, die Flüchtigkeit einer Wolkengestalt oder das Auftauchen eines Adlers aus dem Nichts. So unerwartet diese Erinnerungen erscheinen, so vergänglich sind sie. Wie Morgentau, wenn die Sonne aufgeht.

Die Freude über diese Bilder brennt in der Brust, und selbst wenn sie verschwinden wie die Sterne in der beginnenden Morgenröte, kennt das Herz keine Trauer. Zurück bleibt ein unbeschreibliches Glück. Doch auch das Glück lässt sich nicht halten. Es gleicht einem süß verströmenden Duft – und ehe man sich daran erinnert, löst sich alles in nichts auf.

Solche Gedanken hielt ich fest, als ich vom Tod meines Bergkameraden Chäpi erfuhr. Noch bei meinem Abstecher von Portugal in die Schweiz hatte ich mit ihm und seiner Frau Ruth zusammengesessen. Dankbar denke ich an die Stunden zurück, in denen wir zusammen kochten, kletterten, lachten und philosophierten.

Winter

Auf dem langen Weg in Südamerikas Süden wich die Wüste allmählich einer fruchtbareren Erde. Vorsichtig zeigte sich die erste Vegetation: eigenwillig struppiges Gras, das wie große, umgekehrte Rasierpinsel aussah, und Blumen in Farben, an denen sich das ausgehungerte Auge kaum sattsehen konnte. Ich staunte einmal mehr, wo und unter welch schwierigen Umständen sich Leben entwickeln kann. Die Vegetation zeigt eine Entschlossenheit, von der ich als Mensch lernen kann.

Beunruhigend rasch begannen beim Vorstoß Richtung Süden die Temperaturen zu fallen. Eines Morgens lag auf dem Zelt ein Hauch Raureif, und in den PET-Flaschen war das Wasser gefroren. Bei Frost aus der »Tüte« zu schlüpfen, ist mit ähnlichen Gefühlen verbunden wie ein Zahnarztbesuch. Unausweichlich unangenehm. Das Aufkochen von Wasser für den Minzentee, den ich frisch in der Thermoskanne aufgoss, gehörte bald zum Morgenritual. Später, wenn die Sonne höher kletterte, schien sie mir warm auf den Rücken und ließ mich wie ein Reptil neue Lebensenergien auftanken. Aber nur wenige Tage.

Bald zehrte das Wetter wie ein Jahr zuvor in Europa an den körperlichen und seelischen Kräften. Der astrale Winter begann aus dem Hinterhalt in La Serena, überfallmäßig, mitten im Juli, keine zwei Breitengrade südlich des tropischen Wendekreises. Noch 25 Breitengrade durch den patagonischen Winter zum Südzipfel Südamerikas standen bevor – mir graute. Fünf Tage später, in Los Andes, begann es in die Honigpalmenwälder zu schneien. Ich wollte hinüber nach Argentinien, wo die Bergketten Schutz vor den unablässigen, stürmischen Westwinden boten, welche die schwere Feuchtigkeit des Pazifiks in ihren fetten Wolken mit sich trugen und über dem chilenischen Streifen als Schnee und Regen ausgossen.

Der 3200 Meter hohe Paso Cristo Redentor, der Chiles Hauptstadt Santiago mit der argentinischen Weinbaustadt Mendoza verbindet, ist eine von Südamerikas raren West-Ost-Verbindungen. Wegen Schneefall blieb der Übergang zwei Tage gesperrt. Polizisten überwachten die Straßensperre beim letzten Dorf in Río Blanco. Über zweitausend Sattelschlepper wurden aufgehalten und warteten geparkt in den Schneehaufen am Straßenrand auf die Erlaubnis zur Weiterfahrt.

War ich im falschen Film? Warum saß ich auf einem Fahrrad? Wer würde schon im bittersten Winter über den Gotthard oder das Stilfser Joch radeln! Ich hatte rund vierzig Haarnadelkurven und rund 1700 Höhenmeter vor mir, und die Meteorologen am Radio sagten eine ausgewachsene Kaltfront mit einem entsprechenden Tief im Schlepptau voraus. Wenn ich nicht schleunigst aufbrach, würde ich länger blockiert bleiben. Aufs Schneeradfahren hatte ich mich nicht vorbereitet, aber was sollte ich tun? Ich umfuhr die Sperre unerlaubt durch ein Industriegelände und kämpfte mich verkehrsfrei zwischen Schneewänden die vereiste Passstraße hoch. Die Männer, die mit schweren Maschinen am Pflügen waren, schauten mich unverwandt an, lächelten mir dann aber beeindruckt und mitleidig zu. Auf der Passhöhe durchstößt ein sieben Kilometer langer Tunnel den Fels, der Chile von Argentinien trennt. Dort befand sich ein weiterer Überwachungsposten. Der Polizist bot mir an, mich und mein Fahrrad auf seinem Pick-up durch den Tunnel zu fahren. Der Weiterfahrt nach Mendoza lagen nun nur noch ein paar Schneeverwehungen im Weg. Auf der Passage von Puente del Inca begrüßte mich der Aconcagua (6959 m) hinter Wolkenfetzen in seinem jungfräulichen Winterkleid. Da oben hatte ich vor elf Jahren gestanden, mit einer Ausrüstung, die mit meinem Antarktis-tauglichen Zelt von Transa und meinem Mammut-Schlafsack nicht zu vergleichen war. Die Erinnerung ließ die Fantasie gleich wieder Purzelbäume schlagen. Aber ich nahm es gelassen, dass ich den höchsten Gipfel außerhalb des Himalajas zur falschen Jahreszeit ansteuerte. War es nicht auch einmal schön, diese mächtig ausladende Pyramide ohne Gipfelgelüste von unten zu würdigen?

Tiger im Bauch

Welch frustrierende Tage! In Uspallata, einer Station der heute ausrangierten Eisenbahn über die Anden, wurden mir meine frisch gewaschene Fleece-Jacke und die Windstopper-Handschuhe von der Wäscheleine geklaut. Pünktlich auf einen weiteren polaren Kälteeinbruch hin. Nun fror ich wie ein Schlosshund. Und eins gibt das andere. Als ich in Mendoza, der argentinischen Weinmetropole, Geld für Ersatzkleider aus dem Bankomaten holte, wurde ich am helllichten Tag überfallen. Klassischer Entreißdiebstahl. Ich war so perplex, als die drei Kerle, die mir scheinbar unbeteiligt zugeschaut hatten, mich zu Boden warfen, meine Tasche mit allen Wertsachen packten und sich aus dem Staub machten. Die Kerle in ihren Fußballerleibchen! Wehe, die würde ich fairen Sport lehren. Hätte ich nicht diese Veloschuhe mit ihren Stahlklicks an den Füßen gehabt, hätte ich mir nebst meinen Kreditkarten und meinem Pass vielleicht auch mein Geld, mein Mobiltelefon und meine Adressen zurückerobert. So aber rannte ich vorerst mal hinter dem Langsamsten her. Er räumte flüchtig die Tasche aus und warf sie weg, damit sie ihn nicht beim Laufen behinderte. Aber er hatte sie zu früh weggeworfen. Der Pass war noch drin. Abschütteln ließ ich mich deswegen nicht. Weiter, dem Zweiten hinterher, und als er sich dünn machte, schnappte ich mir den Dritten: den mit der Beute. Es kam zu einem Zweikampf, und schließlich gab ich mich mit Pass, Kreditkarten und Schmerzen zwischen Zwerchfell und Oberschenkeln geschlagen.

Die Reaktion kann man nicht üben. Entweder man hat die Energie, oder man hat sie nicht. Ja, ich war stolz auf mich und meine Jagd, auf meine fraglose Entschlossenheit, im Dickicht der Städte allein für mich selber zu kämpfen. Kompromisslos. Das ist der Tiger in mir. Wehe, jemand missachtet den Respekt, den er ihm schuldet. Schon am frühen Morgen liegt er auf der Lauer und treibt mich hinaus zur Bewegung. Stets ist er auf dem Sprung. Ich muss ihn fordern, damit er kämpfen und seinen Mut kühlen kann. Sonst werde ich ungeduldig, widerspenstig und untragbar für die gute Gesellschaft. Das ist die Wildheit in mir. Ich glaube, auf meinem Weg bin ich verwildert, nicht nur im Sinne der Selbsterhaltung, sondern auch im Sinne einer Sensibilität für die Natur von Tieren und Pflanzen.

In der Pampa

Auf den 900 Kilometern zwischen Mendoza bis Neuquén fand ich die Einsamkeit, um vom Überfall zur Normalität zurückzufinden. Die argentinische Pampa an der Ostflanke der Anden ist eine flache Unendlichkeit aus hartem Gras und struppigen Büscheln. Da und dort mäandriert ein Bach um sanfte Hügel herum in die Ebene, um zu versickern oder, vereint mit anderen Flüssen, im Río Negro südlich von Buenos Aires in den Atlantik zu fließen.

Mir brachte die Pampa mehr Regen und noch mehr Schnee. Was hatte ich hier bloß zu suchen? Unwille und Bitternis sind schlechte Freunde. Besser, während die Beine bei ihrem immer gleichen Rundum den Geist in Trance versetzen, die Gedanken schweifen zu lassen, hundert Millionen Jahre zurück vielleicht, als sich der Argentinosaurus huinculensis, der mich im Museo Municipal in Neuquén erwartete, durch diese Landschaft fraß. Ein Farmer hatte 1989 auf seinem Grundstück einen Riesenknochen gefunden, der sofort Horden von Paläontologen anlockte. Zahllose weitere Knochenfunde belegten, dass sie alle zum größten je gefundenen Dinosaurier gehören. Man muss sich das Tier in seiner vollen Größe vorstellen. Ein Pflanzen fressender, vierzig Meter langer und achtzehn Meter hoher Koloss wird von den kargen Büscheln in der Pampa von heute nicht satt. Nicht einmal ein frisch aus dem Ei geschlüpftes Dinosaurierbaby könnte lang überleben. Die Pampa – ein üppig grünes, dicht besiedeltes Tier- und Pflanzenreich?! Vier Jahre später fand ein arbeitsloser Mechaniker in der gleichen Gegend Überreste eines vierzehn Meter großen Fleischfressers namens Gigantosaurus carolinii. Um zu seinen Kalorien zu kommen, musste er täglich gut und gern sechzig Kilo erjagen. Da wäre ich ihm ein kleines Portiönchen und eine leichte Beute geworden … Das sind halt so Gedanken, wie sie einem den Tag vertreiben und einen ungemütlichen Zustand mit einer unmöglichmöglichen Katastrophe kontrastieren. Es könnte ja alles noch schlimmer sein.

Hypothermie

Südlich von Neuquén beginnt Patagonien – und eine andere Welt. Dazu gehört am Rande der Anden die sogenannte argentinische Schweiz mit ihren Bergen, Wäldern und Seen, bloß größer, weiter, einsamer. Heimwehgebiet für jeden, der seine Kindheit auch nur mit einem Fuß in den Alpen verbracht hat. Mindestens so paradiesisch ist die Gegend im Winter. Tief verschneit – und zu kalt auf dem Fahrrad. Seit einem Monat kämpfte ich mich nun im Süden Südamerikas schon durch den Winter. In den Serpentinen der verschneiten Berglandschaft kam ich aufwärts ins Schwitzen, und abwärts schlotterte ich unter Gänsehaut. Morgens bei minus fünfzehn Grad schaufelte ich den Raureif vom Zelt, um es abends nicht nass wieder auspacken zu müssen. Ob das Wetter bis zur nächsten Ortschaft hielt, oder musste ich mehrere Tage bei Schneefall oder Regen im Zelt aussitzen? In dieser trostlosen Weite?

Deswegen traute ich zuerst meinen Augen nicht. War da wirklich noch so ein Verrückter wie ich unterwegs, rundum mit Taschen behängt? Einer, der sich ebenfalls über diese achtzig Kilometer lange Schotterstraße von San Martín de los Andes nach Villa La Angostura südwärts quälte? Das konnte nur Thomas sein, ein deutscher Medizinstudent und ehemaliger Radrennfahrer, der sich seinen panamerikanischen Albtraum erfüllte. Ich wusste von ihm, und er wusste von mir, und nun führte uns der Zufall im Niemandsland von Patagonien zusammen. Wir umarmten einander wie alte Freunde und teilten unser Leiden für die nächsten Kilometer.

Wir übernachteten in der Hütte eines alten Gaucho und starteten am nächsten Morgen gemeinsam. Auf etwa halber Strecke taute die Sonne den Boden auf, und ein Gemisch von Matsch und Schlamm ließ die Räder klemmen. Bald sammelte sich so viel Material zwischen Kette und Schutzrädern, dass sich Treten wie Zementanrühren anfühlte. Weiterkommen unmöglich. Wir trugen die Räder bis zum nächsten Bach, um sie zu waschen, als sich ein Gaucho mit einem Viermalvier durch den Schlamm pflügte. Der Gute. Er bot uns an, die fehlenden zwanzig Kilometer auf dem Rücken seines Pick-ups zu überwinden.

In Villa La Angostura tauchten wir ein in die Welt deutscher Einwanderer, die sich hier in dieser so europäisch anmutenden Bergwelt mit Kuchen, Apfelstrudel und selbst gemachter Marmelade das Leben versüßten. Aber ohne Thomas und mich. Wir verkrochen uns schnurstracks in eine Jugendherberge, wo uns die Guys und Dolls als Sklaven ihrer hohen Hormonspiegel bis gegen Morgen schreiend, kichernd und brüllend wach hielten. Ich hätte auch ohne sie schlecht geschlafen.

Im Laufe meiner alpinistischen Erfahrungen habe ich die Eigernordwand im Winter bei minus siebzehn Grad Celsius durchstiegen; viermal war ich im Himalaja bis auf 8850 Meter, und in der Arktis übernachtete ich bei minus vierzig Grad Celsius in Zelt und Schlafsack. Doch um mit einer Hypothermie Bekanntschaft zu schließen, musste ich bis nach Patagonien radeln. Die letzten sechs Tage im eisigen Fahrtwind hatten gereicht. Ich kühlte aus. Was ich aß oder trank, verließ den Körper schubweise und dünn wie Wasser. Innerhalb von Tagen fühlte ich mich doppelt so alt, als ich war. Milan, mein Heilmittel in allen Fällen, wusste, warum: Wenn der Körper zu lange friert, kann er die Wärme, die er verliert, nicht wieder erzeugen. Und was tut dieser Körper? Er befreit sich von allen »Energiefressern«. Das heißt, er schickt Mageninhalt und Darminhalt so fließend wie möglich auf dem kürzesten Weg Richtung Ausgang. Danach stieg das Fieber in beängstigende Höhen. Die drei folgenden Tage verbrachte ich in der Daunenjacke im Bett.

War ich mit den Gesetzen der Natur in meinem Körper noch immer nicht genügend vertraut, sodass ich die Signale für eine so schwere Erkrankung missachtet hatte? Besser hier als in der Antarktis. Ich würde achtsam dafür sorgen, meine Wärme unter den Kleidern isoliert beisammenzuhalten. – Als ich mich erholt hatte, wünschten Thomas und ich einander viel Glück und zogen in verschiedenen Richtungen von dannen.

Patagonische Fantasien

Patagonien zieht Abenteurer an wie Zuckerwasser die Wespen. Großherzig bietet sich dieser südlichste Teil Südamerikas den Wildesten, Mutigsten und Härtesten als Schaubühne an. Schon der Wortlaut Patagonien beschwört die Welt der sonnengegerbten Kerle, denen der ewige Wind die Haare zerzaust und die Frauenherzen zufliegen lässt. Es ist das Land, das Jünglinge zu Kerlen, Träumer zu Abenteurern und Idealisten zu Realisten härtet. Hier erzählen sie ihre haarsträubenden Abenteuergeschichten, und niemand widerspricht. In diesen Weiten der satt riechenden Tannen und stämmigen Buchen, an kristallklaren Seen, Bächen und Flüssen, auf den endlosen Weiden zahlloser Schafe, Rinder und Pferde schwingen die Gauchos ihr Lasso mit ihren urmännlichen Pranken. Und in der Ferne begrenzt eine Kulisse ewiger Gletscher und mächtiger Felsentürme den Horizont.

Patagonien ist aber auch das Land, das einst den Mapuche gehörte. In Tranchen, so groß wie die halbe Schweiz, wurden die Jagdgründe zur Ausbeutung an die meistbietenden Herren aus allen möglichen Ländern verkauft, die Indianer vertrieben und getötet, wenn sie sich wehrten. Ein Goldrausch brauste über Patagonien hinweg, und wer im Rausch handelt, kümmert sich nicht um die Folgen: Landverwüstung und Gewässervergiftung. Als ich Mirta, eine pensionierte Lehrerin, darauf ansprach, meinte sie: »Als Gott die Welt erschuf, schenkte er Argentinien Meer, Gletscher, Wälder, Seen, Dschungel, Öl, Gas, Gold, Silber und andere Schätze. Ein Engel fragte Gott: ›Diesem Land schenkst du so viel, während andere Länder fast leer ausgehen? Ist das nicht ungerecht?‹ Gott sagte dem Engel: ›Sei unbesorgt, ich werde dem Land die Argentinier schicken.‹«

Leicht macht es ihnen Patagonien nicht. Es scheint, als pfeife der Landstrich auf seine Bewohner. Vom kalten Pazifik her weht über die Berge ein bissiger Wind fast unablässig hinüber Richtung Atlantik. Der Temperaturunterschied entfesselt Stürme, die mich am Fitz Roy das Fürchten lehrten: heftiger als der Föhn in meiner Heimat, wenn er von der Grimsel und vom Susten her gleichzeitig über den Kirchet heult.

Doch gerade die Härte, diese nackte, polarisierende Ehrlichkeit der Natur ist der Grund, sich diesem wunderbaren, erbarmungslosen Stück Land auszusetzen. Wo, wenn nicht auf den exponiertesten Stellen dieses Planeten können wir sonst noch dem Kern unseres Charakters begegnen? Hier erfahren wir Angst und Wut auf uns selber, hier liefern wir uns der Hoffnungslosigkeit aus, die in jedem von uns lauert, und wir finden den Mut und die Kraft, uns daraus zu befreien. Ich erfuhr es fast täglich auf meinem Rad: Die Natur macht aus Gewinnern Verlierer und aus Verlierern Gewinner. Sie ist schnörkellos und völlig korruptionsuntauglich. Und wir alle gehen zu ihr in die Schule, ein Leben lang.

Schließlich erzählt wohl jede Heldengeschichte nur das Erstaunen über die eigene Fähigkeit, in unwiederholbaren Augenblicken über sich selbst hinausgewachsen zu sein. Das streift nicht selten das Mystische und führt uns ins Unerklärbare. Aber jeder, der es erlebt, wenn auch nur für kurze Zeit, wird still, ehrfürchtig und dankbar. Die wahren Helden im Leben sind die Stillen: jene, die sich mit Herzblut für das Wohl anderer einsetzen und daraus Kraft schöpfen. Ihnen gehört meine uneingeschränkte Anerkennung.

Bariloche

Es ist fast wie Heimkommen. Inmitten einer prächtigen Berg- und Seenlandschaft präsentiert sich San Carlos de Bariloche am Nahuel-Huapi-See dem Touristenstrom in der Kulisse eines Alpendorfs voller Chalets und Geschäfte im Pfefferkuchenstil. Ich wusste schon, hier kommt mich Sandro besuchen. Endlich, erstmals nach sieben Monaten, in einer kurzen Pause von seiner Helikopterfliegerei. Er verwöhnte mich mit einem wärmeren Schlafsack – und nach dem Diebstahl in Upsallata auch mit frischen, winterfesten und wasserdichten Kleidern.

Während ich zuvor in der Kälte zu erstarren befürchtete, konnte ich an den Tagen, in denen mich Sandro im Mietauto begleitete, wie eine Praline an der Sonne zerschmelzen. Die verschneite Landschaft mit ihren Bergen und Flüssen, Seen, Wäldern und Wiesen stärkten unsere bedürftigen Seelen. Wir genossen die herzliche Wärme in den Hotels und Pensionen südlich von Bariloche und vergaßen Raum und Zeit in den Gesprächen abends bei Essen und Wein. Erst die Fotos, die Sandro von mir machte, führten mir mein müdes und abgespanntes Gesicht vor Augen. Es wurde Zeit, anzukommen.

Nur noch tausend Kilometer

Als ich wieder auf mich allein gestellt war, fuhr ich ostwärts dem Schnee und der Kälte davon, diagonal durch die großen argentinischen Erdölfelder in die boomende Ölstadt Comodoro Rivadavia an der Atlantikküste. Ich langweilte mich in der topfebenen Kargheit und ließ mich zerzausen von den patagonischen Winden, die einen vom Rad schmeißen können, aber nun kaum mehr mit Schnee oder Regen drohten.

Die Monotonie der Landschaft zersetzte das Zeitgefühl: Bin ich nun seit einer Woche oder seit Monaten in dieser Pampa? Ich fühlte mich so weit weg von allem, wie es die wenigen Estancias sind, die sich auf dem Weg nach Süden in der Weite verlieren. Einsamkeit und Kälte belasteten mich mit einer eigenartigen Schwerfälligkeit.

Der Willensakt, im Sattel zu bleiben bis abends und dann einen Schlafplatz zu finden, hatte mich unmerklich, aber nachhaltig erschöpft. Diese tägliche Unsicherheit der Unbehaustheit: Wo hat es Wasser, wo ist es flach, wo trocken, und wo ist mein Zelt genügend geschützt vor Wetter und Blicken?

Auch auf den chilenischen und nun argentinischen Straßen wollte mich das Gefühl nicht ganz verlassen, ausgesetzt und frei zum Abschuss zu sein – allein mit mir und mit meinen Zweifeln. Sobald es eindunkelte, floh ich vor meinen Artgenossen und schlich mich davon, um mein Nachtlager unbemerkt in der Wildnis aufzustellen. Stets lief ein hoher Zaun den Straßen entlang. Wo ich mich niederlassen wollte, hievte ich das Rad und seine sechs Packtaschen mit ihren vierzig Kilo portionenweise über meinen Kopf auf die andere Seite und achtete darauf, dass mich niemand entdeckte, bevor ich mich unsichtbar gemacht hatte. Kein Stirnlampenlicht und kein Feuer verrieten je meinen Aufenthaltsort. Ich lernte, mich wie ein Reh, ein Luchs oder ein Puma unkenntlich zu machen, und mindestens nachts vertraue ich wie sie keinem Menschen.

Amerikaner, Mexikaner, Argentinier und Chilenen brausen mit dem Auto herbei. Man hört sie von weitem, man weiß genau, wo sie passieren und worauf sie bei der Geschwindigkeit ihr Augenmerk richten. Für sie spielte ich Hirsch. Der kann das gut. Da sein, ganz in der Nähe, ohne dass ein Jäger ihn sieht. Und wie ein Hirsch blieb ich für alle Fälle sprungbereit.

Den Indios in Ecuador, Peru und Bolivien hatte ich mich gefährlicher ausgeliefert gefühlt. Sie nahen meistens zu Fuß. Lautlos über Trampelpfade, durch die Büsche, und ehe man sie hört oder sieht, stehen sie da. Sie leben in Fußgängerkulturen, in denen sie seit Jahrtausenden das Kapillarnetz ihrer Verbindungen durchs Weglose legen. Ein Knacken im Gehölz, das Rascheln von Laub – das konnte mich bis ins Mark aufschrecken. Das könnte ein Indio mit schlechten Absichten sein. Bis sich das langwierige Ritual der Begrüßungsgespräche entwickelte, sah ich mich in unlesbaren Augen gespiegelt.

Im Namen der Hoffnung

Die ersten Frühlingsboten zeigten sich scheu: Es schien, als wüsste das Eis auf den Seen nicht recht, welche Gestalt es in Zukunft annehmen sollte. Der Tag brachte es zum Schmelzen, und in der Nacht erstarrte es wieder. Die wilden Gänse, die ich oft um ihr Daunenkleid beneidete, watschelten so unbeholfen über die brüchigen Eisreste wie Kinder, die zum ersten Mal auf

Schlittschuhen gehen. Flamingos tauchten ihre krummen Hälse in seichte Tümpel, ohne mit dem Schnabel auf Eis aufzuschlagen. Kühe suchten mit ihren Kälbern vor meinem lautlosen, offensichtlich Angst einflößenden Wesen das Weite. Pferde spitzten neugierig ihre Ohren und blähten ihre Nüstern, wenn ich sie grüßte und ihnen sagte, wie schön und elegant ich sie finde.

So nahm ich diese letzten Distanzen bald gleichmütig hin. Worüber sollte ich mich noch sorgen? Mindestens alle zwei Tage konnte ich frische Lebensmittel einkaufen. Die Nächte verbrachte ich in Scheunen, Hütten oder im Zelt. Die Herbergen reihen sich im »Lonely Planet« wie am Schnürchen aneinander. Ich wurde fast melancholisch. Sollte die Zeit auf dem Fahrrad, die ich in der Erinnerung bereits zu verklären begann, schon so bald enden?

Jetzt, da ich so weit war, durfte ich mir etwas gönnen. Ich schwenkte nach Westen, auf der Suche nach der Nebenstraße zur »Estancia La Esperanza«. Der Wind blies seitlich und böig, manchmal von hinten schiebend, manchmal beschwerlich von vorn, und unablässig ließ er die Gräser, welche die Schafe in unerklärlicher Eile abfraßen, angeregt tanzen. Und da war es wieder! Dieses tief im Herzen verankerte Glück, die Dankbarkeit gegenüber jener Kraft, die mich vor einem Jahr auf diesen Weg geschickt hatte.

Im Niemandsland zwischen El Calafate und Puerto Natales, wo der Wind an jedem Hindernis seine Messer wetzt und sich Schafe und Kühe die spärlichen dürren Grashalme teilen, gibt es keinen schöneren Aufenthalt als »La Esperanza«, die kleine Estancia der Hoffnung. Vor gut zehn Jahren hatten mich die Bewirtschafter schon mit ihren traditionellen Leckereien verwöhnt. Jetzt fand ich im Touristenparadies des Nationalparks von Los Glaciares einen Vorgeschmack auf Antarctica. Inmitten einer atemberaubenden Gletscherlandschaft bricht die sechzig Meter hohe Eiswand des Perito Moreno auf fünf Kilometer Breite Stück für Stück in den Lago Argentino ab, und die Bergwelt dahinter ruft die Erinnerung an vergangene Zeiten wach. Die Granittürme des Cerro Torre und des Fitz Roy flößen auch den erfahrensten Berggängern Respekt ein. Damals hatte ich kein anderes Ziel, als mich an ihnen zu messen. Der Fitz Roy mit seiner zwölfhundert Meter hohen Felswand, in deren Ritzen ewiges Eis steckt, lehrte mich als Erster, Niederlagen einzustecken. Trotzdem, oder gerade deswegen, kann ich nicht lassen von diesem Land und seinen Giganten. Ja, ich hatte sie gegessen, die Calafate-Beere, von der ein mystischer Zauber ausgeht: Die Tehuelche-Indianer sagen, dass jeder, der die süße, rotblaue Beere isst, sich in Patagonien verliebt und immer wieder zurückkehren muss.

Orion

In Cerro Castillo passierte ich die Grenze von Argentinien nach Chile zurück, und weiter gings durch den Parque Nacional Torres del Paine, den vielleicht schönsten Nationalpark Südamerikas. Aber Regen, Schneefall und Nebel verhüllten die berühmten Granittürme Chiles und bescherten mir noch ein paar feuchtkalte Nächte mehr in Zelt und Schlafsack.

In Puerto Natales, einer kleinen Hafenstadt in einem der zahllosen pazifischen Fjorde Chiles, fiel der Höhenmesser an der Uhr innerhalb von 24 Stunden um 300 Meter. Das entspricht einer Zunahme des Luftdrucks um 25 Millibar! Softwarefehler? Nein. Typisch Patagonien – und ein untrüglich gutes Wettersignal. Rasch entschlossen packte ich meine sieben

Sachen und fuhr in den Parque Nacional Torres del Paine zurück, um die mächtigen Granitobelisken im brennenden Licht des Sonnenaufgangs gleißen zu sehen.

145 Kilometer und eine Zeltnacht später setzte ich um drei Uhr morgens die Stirnlampe auf, kochte einen Rest Haferbrei auf – und raus aus dem Schlafsack, hinaus in eine schwarze, sternenklare Nacht. War das Orion? Zu meinem Erstaunen stand das größte und wohl schönste Sternbild unserer Milchstraße auch am fünfzigsten südlichen Breitengrad noch in ganzer Größe am Himmel. Aus dieser ungewohnten Position sah es aus, als ob der mythische Himmelsjäger kopfvoran zum Horizont abtauchen möchte. »Gott ist groß, er weist mir den Weg«, blitzte es mir durch den Kopf, als eine Sternschnuppe quer zwischen den hell leuchtenden Sternen Beteigeuze und Rigel hindurchflitzte. Ich schritt zügig aus, um rechtzeitig den Gletscher am Fuß der Torres del Paine zu erreichen. Die berühmten Türme zeigten sich von einer Pracht, dass ich augenblicklich die erleichternde Gewissheit genoss, einem »Happy End« entgegenzufahren.

Je näher Punta Arenas rückte, umso bewusster wurde mir, wie stark mich die vielen Tausend Kilometer auf dem Fahrrad bereicherten. Das Rad ließ mich die Schönheit der Langsamkeit erfahren. Das Geschrei und die Gesänge der Vögel, der Duft von Heu, von Pferden und Rindern in den Estancias, das alles versöhnte mich mit vielem, was mir noch kurz zuvor die Freude vergällt hatte. Ich sehnte mich zwar danach, wieder zu wissen, wo ich abends entspannt und in Ruhe einschlafen konnte, doch genoss ich auch die allabendlichen Freilichtspiele der untergehenden Sonne. Ich schwelgte in den wärmsten, buntesten Farben, bis mich die knackige Kälte der Nacht in den Schlafsack trieb. Schön zu wissen, in der Wildnis ebenso ausgesetzt wie aufgehoben zu sein.

Südlich von Puerto Natales rastete ich an einem kleinen See. Guanacos, die wild lebenden Vorfahren der Lamas, schauten mir treuherzig zu, wie ich mit den Zeltstangen und mit dem Kocher hantierte. Nandus, Strauße, verfolgten skeptisch das Geschehen, um unversehens im Laufschritt über das Gestrüpp in die Pampa zu enteilen. Ich träumte der Flugbahn der Kondore hinterher, die mit ihren ausladenden Flügeln reglos wie Segelflugzeuge in den Steigwinden kreisen.

Einigen, die auf gefallenen Baumstrünken saßen, näherte ich mich behutsam, setzte mich neben sie und fühlte mich als eine der ihren. Als eines der Männchen mit einem sanften Hüpfer fortschwebte, lag ein Zauber in der Luft, dass ich fast glaubte, mitschweben zu können. Die Erfahrung der Größe dieser Natur um mich herum ließ mich zu einer Art »Homanimal sapiens« werden. Mir schien, die Tiere spürten jene Schwingungen in mir, die nach allem, was ich erfahren hatte, so ganz anders, weniger bedrohlich schwangen als in anderen Menschen.

Je tiefer ich in den tiefen Süden vorstieß, lebte ich im Rhythmus der zeitlosen Ruhe und auch der augenblicklichen Wachsamkeit, mit der Tiere auf Gefahr reagieren. Ich lebte wild, und die Wildnis respektierte mich, weil ich sie respektierte. Ich wurde zum Tier, das lesen kann. Das blieb der Unterschied. An den Straßenrändern standen da und dort Tafeln mit dringenden Warnungen. »Privates Territorium. Betreten bei höchsten Strafen verboten.« Wäre ich tatsächlich ein Tier, hätte mich das weder berührt noch betroffen. Aber als Mensch mit meinem Wissen habe ich die Freiheit verloren, nach den Naturgesetzen zu leben. Verbote beschränken mich in der sogenannten Zivilgesellschaft nach allen Regeln der Zähmung. Und jede neue Regelung, jedes neue Gesetz zur weiteren Zähmung, raubt uns Stück für Stück von dem, was von der Freiheit noch bleibt.

Der höchste Preis, den wir für die Bequemlichkeit unseres

geregelten Lebens bezahlen, ist die Unfähigkeit, in der Wildnis überleben zu können. Sobald mich die Wildheit hier draußen zu fordern beginnt, muss ich mir gestehen: Ich kenne einige Pilze und Beeren und könnte auch einem Fisch das Genick brechen und einem Tier das Fell vom Leib ziehen. Aber ich brauche eine Angel und eine Flinte, um sie zur Strecke zu bringen; und ohne Kenntnis der Heilpflanzen und der essbaren Wurzeln würde ich nicht lange überleben.

Als Tier, das lesen kann, fühle ich mich zerrissen zwischen zwei Welten. Ich habe in der Schule nicht nur lesen gelernt, sondern auch eine Menge anderer wertvoller Dinge. Meine Sehnsucht, von der Natur zu lernen und mich in ihr zu entfalten, blieb unverstanden und unerfüllt. Manchmal beneide ich die wenigen Kinder auf dieser Erde, die noch immer in Stammesgesellschaften leben und deren Reichtum im überlieferten Wissen besteht, im Einklang mit der Natur ein dauerhaftes Gleichgewicht zwischen allem Lebendigen zu erhalten. Für unser System, das nach Fortschritt strebt und ihn mit Geldwert misst, gilt das als Armut. Welch armseliges Wesen bin ich dagegen?! Und warum läuft mir das Wasser im Munde zusammen, wenn ich mir aus der Überfülle im Shoppingcenter die feinsten Stücke auswähle?! Demnächst wieder in Punta Arenas.

Sombra und andere Freunde

Der Hund, der mich im letzten Abschnitt vor Punta Arenas über mehrere Dutzend Kilometer begleitete, fühlte sich wohl genauso zwischen den Welten wie ich. Wir freuten uns über unsere unerwartete Begegnung, wurden Freunde und lasen einander die Gefühle von den Augen ab. Nach fünf Stunden heiterer Zweisamkeit kam uns ein Fahrzeug entgegen. Ich hielt es an und bat den Fahrer, meinen Freund zurück nach Hause zu bringen. Der Mann kannte das Tier mit Namen und wusste, dass »Sombra« für ein paar Tage ohne ihren Halter auf der Estancia zurückbleiben musste. Sombra war jung und verspielt, und in ihren gutmütigen Augen konnte man die Unbekümmertheit einer reinen Seele erkennen.

Ob Sombra wirklich glaubte, dass wir neue, aber unzertrennliche Freundinnen seien – dass sie nun Zeit ihres Lebens mit mir und meinem Fahrrad mitlaufen könne? Jedenfalls sprang sie mit einem Satz von der Ladefläche des Pick-ups an meine Seite zurück. Erst in der Fahrerkabine, mit einem Strick um den Hals, kam sie allmählich zur Ruhe. Obwohl ich mit Hunden in Lateinamerika meine Erfahrungen hatte, wuchs mir Sombra ans Herz. Es schmerzte, ihr Unverständnis mit anzusehen und ihr nicht erklären zu können, was ihr geschah. Ihr munteres, junges Wesen war noch nicht durch die Tücken des Lebens geschult. Sie wusste nicht, dass jedem »Hallo« einmal ein »Au revoir« oder »Adieu« folgen muss, dass sich auch Freunde im Verlauf der Zeit wieder aus den Augen verlieren oder dass das Schicksal sie trennt. Ich fühlte mich, als hätte ich das Tier um unsere Freundschaft betrogen, fand diesen Gedanken kindisch und tröstete mich mit der Freude, die mir Sombra, mein heiterer Schatten, für kurze Zeit in meinem Leben war.

Als ich weiterfuhr, blieben meine Gedanken an Begegnungen, Freundschaften und Abschieden hängen. Ich begann zu verstehen, dass wir niemals besitzen, sondern alle nur Passagiere im Zug der Zeit sind. Es ist ein Ein- und Aussteigen, einige wechseln ein Leben lang von Zug zu Zug, springen von Waggon zu Waggon mit wenig Gepäck wie mein Trainman in Yuma, während andere ganze Züge besetzen, um ihre Fabriken, Ländereien, Laden- und Hotelketten und den ganzen Tand ihres

Reichtums mit sich zu führen. Doch aussteigen müssen wir alle einmal, da hilft kein Botox, kein Workout, kein Reichtum, kein Garnichts. Umso herzlicher danke ich allen, die ein Stück meines Wegs mit mir teilten. Es sind viele mehr, als ich hier nennen kann.

John, ein junger Bursche aus gutem Haus, der in Bountiful, einem Dorf in der Nähe von Salt Lake City, neben seinem 4WD auf einem Campingstuhl saß und mich durch sein beeindruckendes Riesenteleskop mitverfolgen ließ, wie der Merkur eben die Sonne passierte. Ein Ereignis, auf das wir nun wieder hundertsechzig Jahre warten müssen.

Armando, der Supervisor des Observatoriums auf Pedro San Martín, in Baja California, auf 2500 Meter über Meer. Armando ließ mich noch tiefer in den Himmel blicken als John ein paar Wochen zuvor, und er stellte mir einen Schlafplatz und eine Dusche bereit, einfach so, aus Gastfreundschaft.

Dr. Señor Reyes, der die Seifenfabrik seines Großvaters in Mexiko in eine Herberge, eine Rettungsstation und eine Bergführervermittlung umfunktioniert hatte. Er besorgte Sandro und mir Steigeisen und Pickel, um uns die Besteigung des Pico de Orizaba, des höchsten Berges seines Landes, möglich zu machen. Seine Hilfe schenkte uns das Bergsteiger-Glücksgefühl, nach einer sternenfunkelnden Neumondnacht auf dem Gipfel zu stehen.

María Mercedes, die herzensgute Frau im Hotel Don Cenobio in Mitla, südlich von Oaxaca, Mexiko, die mir mit wundersamen Gebeten Kraft für die Weiterreise einflößte.

Der costaricanische Fernsehmoderator, den ich in San José kennen lernte und dessen Namen ich leider nicht mehr mit Bestimmtheit nennen kann. Er organisierte Rennradfreunde, die mir auf der Anfahrt zum Col de los Muertos als Hasen dienten.

Carlos, der mit seiner Familie in einem tropischen Forschungszentrum Costa Ricas auf fast 3000 Meter Höhe eine Lodge und eine Forellenzucht führt und mir samt Irene, Lizbeth und Warner einen herzhaften Empfang bereitete. Die kräftige Umarmung des mächtigen Mannes mit seinem Furcht einflößenden Prachtbart war so einnehmend, dass ich ihn mitsamt seiner Familie gleich ins Herz schloss.

Brigitte und Enrico Escardo in ihrem wunderschönen Viersternehotel Conquistadores in Lima. Sie offerierten mir ein riesiges Zimmer mit heißer Dusche, Frühstücksbuffet und himmlischem Kaffee. Welch ein Kontrast zur peruanischen Wüste, wo Wind und Sand und Staub durch jede Ritze pfeifen.

Die deutschen Reisenden Udo, Guido, Thomas und Jürg, die mich in Putre, einem kleinen Ort auf 3200 Metern nahe von Arica, der nördlichsten Stadt Chiles, aufgabelten, um mich und mein Caballo für einen Abstecher in den Parque Nacional Lauca hinaufzufahren. Das ersparte mir 1300 Höhenmeter strampeln hinauf in den chilenischen Altiplano – und lag doch innerhalb meines Planes, sämtliche Breitengrade so lückenlos wie möglich zu durchfahren.

PUNTA ARENAS UND AUSZEIT

16. September bis 10. November 2007

Glücklich, traurig oder beides

Heute, nachmittags um zwei, erreichte ich nach zwölfeinhalb Monaten Anreise mit dem Fahrrad mein erstes Zwischenziel: Punta Arenas. 381 Tage, 380 Nächte, 16 Länder und rund 25 000 Kilometer liegen nach dem Start auf der Grimsel hinter mir. So weit, beschwerlich, lehrreich und eindrücklich bin ich bisher zu keinem andern Projekt angereist.

Es war stürmisch, nass und kalt, genau wie versprochen, in dieser Stadt der Matrosen, Hirten und Abenteurer, in dieser notorischen Stadt des Regens und der Stürme am südlichsten Ende des amerikanischen Festlandsockels in der Magellanstraße. Das ist der Ort, von dem ich so manche Tage träumte anzukommen. Hier sollte die zweite, mindestens so große Erfahrung beginnen.

Ich hatte so viel gehört, so viel gelesen über diesen Schmelztiegel der Völker aus aller Welt. Schau dir den Friedhof an, sagten alle, den schönsten Friedhof weit und breit. Alleen, Mausoleen und zahllose Gräber mit spanischen, englischen, deutschen und kroatischen Namen. Man sagte, da seien mehr Leute begraben, als je gelebt haben können. Man sagte, da sei noch immer der Hauch des Abenteuers und des schnellen Geldes zu spüren. Das sei ein Ort für Wilde, wie auch ich mich als eine fühlte.

Doch jetzt, als ich zwischen die Häuser hineinfuhr, spürte ich nichts. Keine Freude, keine Enttäuschung, nichts. War ich jetzt glücklicher oder weniger glücklich? Erleichtert vielleicht. Ich wusste es nicht. In einem Zustand taumelnder Leere und erwartungsloser Spannung fuhr ich auf eine Statue zu, dachte, jetzt solltest du deine Ankunft fotografieren. Hier vor diesem Standbild. Ich stellte das Rad an den Sockel, dachte, da sollte ich auch mit drauf sein, doch manchmal bin ich schüchtern. Ich brachte die Energie nicht auf, einen Passanten ums Knipsen zu bitten. So fotografierte ich mein Caballo ganz allein. Es hatte mich um die halbe Welt getragen und war mir immer selbstlos zur Seite gestanden. Es hatte nun auch einmal ein Solo verdient. Schließlich verdanke ich auch meine immer besseren Spanischkenntnisse den Kontakten, die mir das Rad vermittelt hat.

Und jetzt war ich hier und allein. Fern von zu Hause, fern von Freunden und Familie fühlte ich mich an meinem Zwischenziel zum ersten Mal eigenartig einsam. Ließ mich Giuseppe im Stich? Ich dachte an Ernest Shackleton, den Antarktispionier, der hier bei seiner Heimkehr aus dem Packeis, als schon niemand mehr an ihn glaubte, einen Empfang mit Pauken und Trompeten genoss. Für mich hatte natürlich niemand die Straßen beflaggt, nicht einmal ein Hupkonzert wurde gegeben. Unbeachtet und unbegrüßt trottete ich, die Panamericana-Bezwingerin, dem Ende der längsten Etappe meines Lebens entgegen. Niemand hat auch nur eine Frage gestellt. Glücklicherweise. Medienkonferenzen, das weiß ich inzwischen, sind nicht mein Ding.

Ausschlafen

Einsam schob ich mein Rad durch die Straßen und suchte Ruhe in einem Albergo. Ein Albergo mit dem poetischen Namen Carpa Manzana, das Apfelzelt, bot mir ein puppenstubenkleines Zimmerchen an. Ein bisschen schmuddlig, die Matratze ein bisschen durchgelegen, das durfte wohl sein. Dafür war es so ruhig, dass ich nicht einmal einen Hund bellen hörte. Ruhe war das schönste Geschenk, das ich mir zu meiner Ankunft wünschen konnte. Ich fühlte mich zu Hause, bei Freunden, legte mich hin und wundere mich bis heute, wie lange ich schlief.

Und wieder spielte der Zufall um sieben Ecken: Kurz bevor ich Punta Arenas erreichte, hielt mich ein entgegenkommender Lastwagen an. Meine Skepsis wich, als mir der Fahrer einen Zettel mit einer Nachricht entgegenstreckte. Jörg und Andrea! Sie hatten von einem Autofahrer erfahren, dass etwa siebzig Kilometer hinter ihnen noch so eine wie sie unterwegs sei.

Ich hatte Jörg und Andrea ja in Mexiko ein paarmal getroffen und in Guatemala wiedergesehen. Seither fragte ich mich oft, was aus ihnen geworden sein mochte. Und jetzt schenkte uns Meister Zufall fast ein Fotofinish. Auf einen Tag genau waren wir gleichzeitig am Ziel. Die beiden waren länger in wärmeren Zonen geblieben und dem chilenischen und argentinischen Winter mit der Fähre auf den Pazifik ausgewichen. Bye bye loneliness. Wir begrüßten einander, als ob jeder von uns ein Shackleton wäre. An diesem Abend brauchten wir weder am Wein noch am Essen zu sparen.

Das Wiedersehen öffnete Raum für neue Gefühle. Ich gab mich meiner Müdigkeit hin. Sie ließ sich nicht in zwei oder drei Tagen ausschlafen. Sie saß tiefer im Körper, sie hatte sich im Knochenmark breitgemacht und zeigte sich bei jeder Bewegung, kaum dass ich mich zu einer aufraffen mochte. Fast wie ein Känguru hatte ich verkümmerte Ärmchen und Pakete von Oberschenkeln, aber damit zu rennen oder auch nur durch die Stadt zu bummeln, hatte ich trotz meiner Fünf- und Sechstausender beinahe verlernt.

Schlemmen

Ich mochte nicht in Parrillas, den Grill-Kneipen, und in Bars herumsitzen, um mich mit anderen Gestalten, wie ich eine war, um die Wette in Szene zu setzen. Es fehlte an der Lust, von vollbrachten und kommenden Taten zu hören oder selbst zu erzählen. In Punta Arenas gab es anderes, was ich dringender brauchte: einen Supermarkt für den täglichen Einkauf und ein Fitnesszentrum, um die Muskeln von Kopf bis Fuß wieder in ein menschliches Gleichgewicht zu bringen.

Kraft und Gewicht zulegen war die erste Aufgabe. Kraft, um den Schlitten durch die antarktische Kälte zu schleppen, und Körpergewicht, weil es leichter fällt, Energiereserven im eigenen Körper als auf dem Schlitten mitzuführen.

Also, adieu Haferflocken, adieu Milchpulver, adieu Dörrfrüchte. Meine Radler-Diät mochte etwas einseitig gewesen sein, aber sie war ideal, um mit wenig Gewicht auf einem Fahrrad bei Kräften zu bleiben. Nun durfte ich Fleisch, Kartoffeln, Brot und Teigwaren à discrétion in mich hineinschaufeln. Nichts lag mir ferner als die weibliche Angst vor Polstern. Je fetter ich wurde, umso mehr Kalorien konnte ich auf dem Weg zum Südpol verbrennen. Von sechzig Kilo auf fünfundsiebzig zulegen, lautete die Aufgabe. Aber sicher habe ich sie mit Genuss angepackt.

Schon in Patagonien hatte ich umzustellen begonnen. Der Süden Südamerikas ist ja ein Schlemmerparadies. In Argentinien und in Chile gibt es Gutes in rauen Mengen, je nachdem drei- bis viermal am Tag. Ich brauchte nichts auszulassen. Begann schon am Morgen mit Medialunas (Croissants), schmierte dick Butter drauf und Dulce de Leche (Karamellaufstrich) darüber, zur Freude des Zahnarztes. Ich drückte alle Augen zu und verdrückte genüsslich auch die Schinken- und Käsebrötchen und die Facturas (mit Creme gefülltes Hefegebäck), die es zur Merienda, zum Kaffee am Nachmittag, gab.

Im Supermarkt besorgte ich Fleisch und nutzte die Küche im »Carpa Manzana« zum Sieden und Garen, Grillen und Braten. Dass ein südamerikanisches Bife de Chorizo und ein Asado Criollo etwas ganz Besonderes sind, hatte ich bereits auf den letzten paar Hundert Meilen Patagoniens erfahren. Ich liebte die Größe der Rinderstücke, ich liebte die Würzen und Saucen und ließ mich nur allzu gerne in die Geheimnisse der argentinischen und der chilenischen Küche einweihen. Bald lernte ich auch, aus Blätterteig die legendären Empanadas zu backen: halbmondförmige Teigtaschen, die sich mit Rindfleisch, Huhn, Schinken und Käse vollstopfen lassen, sei es zum Asado, dem Grillfest, oder zur vollwertigen Ergänzung zwischen Hamburger, Pizza und Pasta. Hie und da huldigte ich meiner Herkunft mit einer goldgelben Rösti mit Speck und Spiegelei. Schlemmen, das war es, womit ich meine Ankunft in Punta Arenas feierte, Tag für Tag, bis zum Abflug mit 72 Kilo Lebendgewicht. Mindestens drei Kilo zu wenig. Das sollte ich in den letzten Tagen vor dem Südpol zu spüren bekommen.

Fitness, aber kein Material

Wenn ich mich in meinen Schwächen suhlte, spürte ich noch immer den Schmerz in der Knochenhaut an der Hüfte, damals vom Sturz vor der Haustür. Aber Selbstmitleid konnte ich mir nicht leisten. Es blieben gerade noch fünf Wochen, um mich

Antarktis-tauglich zu trainieren. Das Känguru hatte wieder Mensch zu werden. Die Methoden meines ehemaligen Sporttrainers Roland Fuchs konnten es möglich machen. Aber nur, wenn ich auch geistig bereit war dazu. Ich ging Joggen durch die karge Landschaft mit ihren windzerzausten Bäumen und Sträuchern, ich kräftigte die Beine, den Rumpf und den Oberkörper, dehnte und streckte mich, um wieder so beweglich zu werden wie meine Kletterfreundinnen aus dem Hasli im Berner Oberland, die jetzt in den goldenen Tagen des Schweizer Herbstes wohl wieder behände die Alpenwände hochkraxelten und mir als »Mental-Supporter-Team« mit ihren geistigen Kräften unter die Arme griffen. Das konnte ich brauchen. Antarctica verzeiht keine Schwäche. Dies hatte ich mir aus all den Erfahrungen meiner Vorgänger und Vorgängerinnen hinter die Ohren geschrieben.

Vor allem der Rücken würde gefordert sein. An ihm hängt der 115 Kilo schwere Versorgungsschlitten, der während voraussichtlich rund acht Wochen Tag für Tag acht bis zehn Stunden lang ans Ziel geschleppt werden will. Zum Schlittenziehen sind weder Menschen noch Kängurus günstig gebaut. Die ersten Trainings ließen mich deutlich spüren, wie die Lendenwirbel litten. Dagegen fand ich zwei Mittel. Ich korrigierte das Zugsystem des Schlittens, sodass sich die Belastung auf den Oberkörper über einen Karabiner mit einem einfachen Griff zwischen Schultern und Hüften auf und ab verschieben ließ. Und dann beschaffte ich mir abgefahrene Lastwagenpneus. Zum Training schleppte ich sie über den Asphalt hinter mir her. Was sich die Leute wohl dabei dachten? Hauptsache, es wirkte genau auf die Muskeln, die auf dem Eis belastet würden. Ich zog so lange mit diesen Pneus durch die Gegend, dass ich mich ertappte, mit ihnen Gespräche zu führen.

Fehlte nur noch das Material, das ich in Innertkirchen

gepackt hatte. Für den Transport konnte ich mich auf meine Familie und auf meinen Lebenspartner Sandro verlassen. Vor meiner Abreise aus der Schweiz hatte ich alles vorbereitet, und Sandro sorgte dafür, dass es rechtzeitig wegkam. Als meine Mutter, Cousin Markus mit Vreni sowie Cousine Liliane nach Punta Arenas flogen, um mir zum Abschied zu winken, gaben sie die ganzen siebzig Kilo Material im Flughafen Zürich auf zwei Maschinen auf.

Schön, meine Liebsten im Flughafen von Punta Arenas wohlbehalten wiederzusehen. Umarmungen, Küsse. Aber unschön: kein Material. Wo blieb es wohl? Koffer um Koffer rollte über das Band in der Ankunftshalle. Von unseren Säcken keine Spur. Bis das Band ruckelnd und zuckend stehen blieb. Wir warteten einen Tag, zwei Tage, drei Tage, die Gedanken fast ununterbrochen auf dieses Rollband gerichtet. Welch ein Stress. Ohne Skis und Schuhe konnte ich nicht gehen. Ohne Zelt nicht übernachten. Sollte ich noch einmal nach Hause fliegen, um alles noch einmal zu beschaffen? Das eine in Norwegen, das andere in Neuseeland, das Dritte vielleicht in Shambala, der legendären Stadt in den Wolken, in der die Mahatmas – die großen Seelen – für alle Ewigkeit in Eintracht verweilen… Nein, da hatte ich nichts zu bestellen, dafür war ich noch zu wenig auserwählt und noch zu belastet von karmischen Tendenzen. Überdies: Bevor ich zurück sein könnte in Punta Arenas, wäre das Zeitfenster für Antarktisreisen schon wieder geschlossen bis zum nächsten antarktischen Sommer. Es blieb nur die Hoffnung. Die täglich verzweifeltere Hoffnung auf ein Geschenk vom Himmel. Mehrmals täglich schlug ich bei der Airline Alarm. Nachts konnte ich nicht schlafen. Das kannte ich doch. Ein Teil der Ausrüstung für die Himalaja-Expedition von 2005 hat niemals den Weg in die Schweiz zurückgefunden. Vermutlich war sie bereits in Kathmandu zwischen Check-in und Flugzeug in die Hände von

Dieben geraten. Aber das jetzt, vor dem Start, war viel schlimmer. Bis am siebten Tag. Endlich. Alles hier. Alles samt Schlitten. Ich war gerettet. Sogar der Käse war da. Wie hätten wir wissen können, dass es verboten ist, Käse nach Chile zu schicken. Doch zu guter Letzt hat auch mein handverlesener Schweizer Bergkäse mit viel Aufregung den Zoll passiert und den Weg zu mir und in die Antarktis gefunden. Ich dankte meinem Vater und meinen Großeltern im Himmel, Gott und allen Engeln, dass ich nicht barfuß pilgern musste…

Selbstmotivation

»Es ist nicht der Kritiker, der zählt, nicht derjenige, der mit dem Finger auf den stolpernden Starken zeigt oder auf die Augenblicke, in denen der Tatkräftige es noch besser hätte machen können. Die Ehre gehört dem Menschen, der tatsächlich in der Arena steht, der im besten Fall am Ende den Triumph einer großen Errungenschaft kennen lernt und der im schlechtesten Fall zumindest bei dem Versuch versagt, Großes zu tun. Dieser Ort wird nie den kalten, engen Seelen gehören, die weder Sieg noch Verlust kennen.«
Theodore Roosevelt, 26. Präsident der USA

Fast 1200 Kilometer liegen zwischen der antarktischen Küste und dem Südpol. Täglich zwanzig bis dreißig Kilometer zu Fuß auf Skis mit Schlitten. Nicht dass ich zweifelte am Erfolg, aber eine seltsam fiebrige Unruhe zwischen Neugier und Nervosität lag über den Tagen und Nächten. Geduld war noch nie meine Stärke gewesen. Die Antarktis war eine zu große Herausforderung, die Aufgabe zu groß und zu unbekannt, um nun einfach den Tag zu genießen. Meine Nerven waren angespannt, der Körper in Alarmbereitschaft. Der Körper spürte in allen Fasern, dass ihm eine schwere Prüfung bevorstand.

Wie es ist, während sieben Wochen im ewigen Eis bei Temperaturen bis unter minus vierzig Grad Celsius auszuharren, hatte ich noch nicht erfahren. Nur das bekannte Vorspiel am Morgen in den Bergen, in eisiger Kälte den Schlafsack und das schützende Zelt zu verlassen, gab mir eine Ahnung, was etwa bevorstehen könnte. Umso mehr genoss ich die Morgentoilette in der kuscheligen Wärme meiner Puppenstube im »Carpa Manzana« – vorläufig.

Auf die Länge konnte ich es drehen und wenden, wie ich wollte, Antarctica verlangte die Fähigkeit, alles zu geben, was in Geist und Körper an Kräften steckt. Das gab mir bei aller Unsicherheit auch eine Gewissheit: Wie viel auch immer ich zu leisten vermochte, ich würde lernen, ich würde wachsen am Widerstand und Reife gewinnen.

Natürlich hatte ich zur Genüge erfahren, dass es mehr braucht als einen Gedanken, um ein Ziel zu erreichen. Wer glaubt, Motivation sei einfach, ist noch nie richtig motiviert gewesen. Doch es ist wie eine Fahrt auf dem Meer. Wer weiß, wohin ihn sein Kompass weist und wohin er steuern will, wird einmal sein Ziel erreichen. Wer es nicht weiß, darf sich nicht wundern, wenn sein Boot an einer Klippe zerschellt. Während meiner Ausbildung zur Hubschrauberpilotin vor zehn Jahren in den USA hatte es ein alter, erfahrener Fluglehrer noch deutlicher gesagt. Drei goldene Regeln sollst du befolgen, um nicht eine junge Pilotin zu bleiben. Das heißt, um nicht jung zu sterben:

Erstens: »Fly the aircraft!«
Zweitens: »Fly the aircraft!«
Drittens: »Fly the aircraft!«

Unabhängig von allen Umständen und Voraussetzungen: Wenn du Erfolg haben willst, kämpfe darum. Mit deiner ganzen Kraft, unablässig – aber nicht unablässig an der Grenze deiner Möglichkeiten, sondern langfristig, unermüdlich. Manchmal musst du die Geschwindigkeit drosseln, Umwege machen, eine Pause einlegen, auftanken, andern den Vortritt lassen, das Vorgehen ändern, Kompromisse eingehen. Aber verlier das Ziel nicht aus den Augen.

So banal das klingen mag, dahinter steht die Erfahrung alter, erfolgreicher Kämpfer. Immerhin brachte dies auch Winston Churchill, dem britischen Premier im Zweiten Weltkrieg, Erfolg. Bei einem seiner öffentlichen Auftritte soll er für eine Rede die Bühne betreten haben, um nur einen Satz zu sagen: »Never, ever, ever give up.« Ob er es genau so sagte und ob er nur das sagte, ist nicht so wichtig. Der Satz hat es in sich: Der unermüdliche Langstreckenläufer Forrest Gump wurde damit zur Filmlegende, und Charles Schulz hat mit seiner Unermüdlichkeit die »Peanuts« unsterblich gemacht. Lucy nimmt Charlie Brown den Football weg, gerade als er kicken will, grinst ihn an, und eben: »NEVER, EVER, EVER GIVE UP!« Das harmlos bissige Bildchen mit der entsprechenden Sprechblase habe ich mir ins Herz tätowiert. Bis zum Jahresende liest es sich: »Südpol, Südpol, Südpol!«

Vom Solo zum Team

Sicher wäre ich gerne »solo« gegangen: Aber je weiter ich auf dem Fahrrad nach Süden vorstieß, umso klarer wurde mir, dass das Solo außer Reichweite lag. Brauche ich nicht eine längere Erholung in Punta Arenas, als mir das Zeitfenster zugesteht?

Gehe ich nicht sicherer in einem Team? Und nicht zuletzt: Reicht mein Geld für den Weg über die Furious Fifties und die Screaming Sixties hinüber aufs Festland von Antarctica? Aus Kostengründen sah ich mich genötigt, die ganze Zone der Subantarktis gleichsam zu überspringen.

Die Drake-Straße per Schiff von Punta Arenas hinüber aufs antarktische Festland zu überqueren, kam von vornherein nicht in Frage. Bis zur Küste des 79. Breitengrades ist das Meer vereist. Blieb ein Flug. Das Unternehmen Antarctic Logistics & Expeditions (ALE) ermöglicht für private Passagiere praktisch den einzigen zuverlässigen und bezahlbaren Einstieg aufs Inlandeis von Antarctica. Weil die Passagiere bei ALE das ganze Flugzeug chartern und nicht per Sitzplatz bezahlen, kann der Transfer trotzdem teuer werden. Besonders für ein Solo. Ein Spezialflug ist ab 120 000 US-Dollar zu haben. Zudem hätte ich für das Risiko eines allfälligen Rettungsfluges für eine Summe von über 300 000 US-Dollar bürgen müssen. Ich konnte mir das Solo ganz einfach nicht leisten.

Es fiel mir äußerst schwer, mich zu einer Expedition im Team durchzuringen. Ich schob die Entscheidung einige Tage vor mich her – bis ich mich schließlich den Sachzwängen fügte. Das war nicht der Kompromiss, den ich gesucht hatte. Aber ich gab auch nicht auf. Das Ziel hatte ich nicht aus den Augen verloren. »Unsupported and unassisted«, wie das im Expeditionsjargon heißt: ohne Unterstützung von außen und ohne Material- und Lebensmitteldepots auf der Strecke. Das blieb für mich der entscheidende Punkt, nachdem ich mich einem Team anschließen wollte.

Mike Sharp, Operations Manager und Chef des ALE-Basislagers in Patriot Hills, den ich bereits vier Jahre zuvor bei meinen Trainings in der Arktis kennen gelernt hatte, stand mir hilfreich zur Seite. Gleichsam »last minute« führte er mich mit vier

Männern zusammen, die bereits seit einem halben Jahr eine gemeinsame Expedition planten. Gesehen hatte zuvor noch keiner den andern, bevor wir uns eine Woche vor Abflug in Punta Arenas trafen.

Welcome-Party
Sonntag, 4. November, Punta Arenas

Bis jetzt konnte ich etwas fahrlässig in den Tag hinein leben. Einfach täglich im Pflichtenheft ein paar Punkte abhaken. Jetzt, seit der Countdown auf die Antarktis hin lief, begannen die Stunden zu zählen. Der antarktische Sommer ist kurz, das Fenster für eine Begehung eng bemessen. Und noch gab es so viel zu tun. Täglich warteten neue Aufgaben. Ein Tag Vorsprung auf den Terminplan bringt einen Tag mehr Reserve. Es gab keine Zeit zu verschenken.

Devon, Max, Hans und Adrian kamen alle zu verschiedenen Zeiten an. Unsere erste Begegnung in Punta Arenas entwickelte sich zu einem ziemlich wilden Samstagabend, der erst am frühen Sonntagmorgen ein Ende fand. Erster Eindruck: Wir kommen miteinander zurecht. Das ist gar nicht selbstverständlich und Anlass zu großer Erleichterung und Zuversicht.

Zugegeben, es war etwas waghalsig, zu einer so anspruchsvollen Expedition mit Leuten aufzubrechen, von denen ich nicht wusste, wie sie zusammenspielten und ob sie Vertrauen verdienten. Mir blieb nichts anderes übrig, als anzunehmen, dass es schon klappen würde. Es sollte tatsächlich klappen. Wir hatten ähnliche Vorstellungen vom Ziel und von den Schritten dorthin. Jetzt erst, im Nachhinein, komme ich kaum aus dem Staunen heraus, wie gut Devon McDiarmid, Hans Foss und

Adrian Hayes vom ersten Tag weg mit mir zusammenspielten – und wie gut wir auch mit Max Chaya zurechtkamen.

Vielleicht klappte es so gut, weil ich aus früherer Erfahrung in jedem Team mit einem Max rechne. Manchmal gibt sich ein Max schon am ersten Tag zu erkennen, manchmal erst im Lauf der Reise. Wer weiß, vielleicht war auch ich für die andern im Team schon mal der Max gewesen. Oder werde es nächstes Mal sein. Die Überraschung ist lediglich, wie so ein Max das Team aus dem Gleichgewicht bringt. Max war der andere, der stets das Falsche denkt und sagt und tut. So etwas wie der innere Feind in der Gruppe: Als Spiegel, in dem wir uns selber in der Gestalt von Fratzen begegnen, zeigte er uns tausend Möglichkeiten, mit unseren eigenen Schwächen fertig zu werden. Am Ende sind wir alle menschlich gewachsen an Max und Max auch an uns. Der Umgang mit dem Max in uns schmiedet eine Gruppe von Leuten erst recht zusammen und lehrt sie die Kunst der Versöhnung, die den glücklichen Ausgang jeder gemeinsamen Leistung veredelt.

Mit dem jungen Devon verstand ich mich vom ersten Augenblick an. Er war als Leiter vorgesehen, verkehrte mit den amtlichen Stellen, unterschrieb die nötigen Papiere und diente als Ansprechpartner für alle Anfragen von außen. Im Übrigen wünschte er, in Anbetracht der erfahrenen Leute um sich herum als gleichgestelltes Mitglied im Team mitzugehen. Das wussten wir alle zu schätzen. In Devon lernte ich einen pickelharten kanadischen Naturburschen mit einem butterweichen Herzen kennen, der in sich ruhte wie der Mount McKinley, wenig zu reden brauchte, meinte und sagte, was er dachte, und dachte, was er sagte. Sein Witz hat manche Situation gerettet. Wenn er ein Pilz wäre, dann ein Steinpilz, ohne Würmer und Käfer drin.

Hans, der Typ des norwegischen Eisbären, sprach nicht viel mehr als Devon, konnte aber mit seiner ungestümen, aufbrausenden Art auch mal unnötig Schnee aufwirbeln, doch war er mindestens so zuverlässig und männlich wie Devon. Hand aufs Herz, welche Frau hätte einen wie ihn mit seiner Größe, seiner Figur und seinen Gesichtszügen nicht gerne um sich, und sei es nur im Kino. Seine hie und da durchschimmernde Eitelkeit verzieh ich ihm dafür gerne. Hans konnte sich selbst mit dem Bart sehen lassen, den sich die Männer außer Max sprießen ließen. Als Eisbär ist er gleichsam von seiner norwegischen Natur aus vor der Unbill der antarktischen Verhältnisse geschützt.

Und da war Adrian, der Engländer, der stets etwas leiden musste, um Spaß an seiner Leistung zu finden. Für ihn konnte das Abenteuer nicht wild genug sein. So richtig glücklich schien er erst, wenn sich im Gesicht eine Frostbeule zeigte, wenn er seine Füße mit Tape einwickeln musste – und wenn er die Zeichen seines heldenhaften Leidens mit der Kamera für die Nachwelt festhalten konnte. Adrian würde ich nicht mit einer Pflanze oder einem Tier vergleichen, sondern vielleicht mit einem Hürlimann-Traktor. Sein schwerer Gang ließ wenig Körpergefühl erkennen, aber umso mehr unbändige Kraft und das sehr gute Gefühl des »So-und-nochmals-hauruck-jetzt-schaffen-wir-auch-noch-die-nächste-Herausforderung«.

Adrian konnte beim Hinauskriechen aus dem Zelt über die Zeltschnur stolpern und beim Zurückkommen gleich nochmals. Dass er so viel Zeit mit seinen täglichen Internetbotschaften über das Iridium-Satellitentelefon verbrachte, war etwas ätzend für die andern, die notgedrungen einen Teil seiner Pflichten übernahmen. Dafür hielt Adrian den Kontakt mit der Außenwelt aufrecht. Meine Freunde und Verwandten, bis hin ins Kloster Hertenstein, wo meine Cousine Erika ihr Leben verbringt und unser Fortkommen täglich im Internet verfolgte, wurden von Adrian über die Details aktueller auf dem Laufenden gehalten als von meinem Newsletter.

Max aus dem Libanon war eine Herausforderung, die zu bewältigen schon etwas Gewöhnung verlangte. Gewiss spiegelt sein Charakter auch das schwierige, kriegszerrissene Land, aus dem er stammt. Und der Wohlstand einer Familie, die ihn in seinem bisherigen Leben von jeder Arbeit freigestellt hat, ist auch nicht die ideale Voraussetzung, um sich durch die Antarktis zu schlagen. Max war der Einzige, der sich jeden Morgen rasierte, und er war auch der Einzige, der sich die Haare wusch, obschon er wusste, dass wir das Benzin zum Auftauen von Trinkwasser brauchten. Wegen Benzinmangels war schließlich der Südpol-Pionier Robert Scott elf Meilen vor der rettenden Hütte verdurstet. Max brauchte Kissen und Überzüge zum Schlafen, hatte ein Parfüm dabei und musste sich immer wieder beim Zeltaufbauen fotografieren, was nicht ging, ohne dass wir ihm dabei halfen.

Ja, der Max. In guten Augenblicken gab sein unfreiwilliger Slapstick zu lachen. Wenn ich stark genug war, sah ich in ihm das Kind, auf das ich aufpassen musste. Dass er bloß nicht wieder Wasser verschüttete oder einen Kochtopf umschubste. Bis zum letzten Tag blieben ihm die Arbeitsabläufe ein Rätsel, das wir ihm auf Anfrage täglich aufs Neue zu lösen hatten. Allen außer Max war es klar, dass man beim Kochen im Vorzelt bereit sein musste, das kochende Wasser sofort vom Feuer zu nehmen, damit der Dampf nicht im Innenraum kondensierte. Was tat Max? Kurz bevor es so weit war, rief er seine Bank an, um sein Vermögen zu verwalten, bis der letzte Tropfen im Pfännchen verdunstet war. Dafür hatte er bei der Ankunft am Südpol 100 000 Dollar verdient.

Max brachte das Menschliche, Allzumenschliche in diese anorganische Welt – eine Bereicherung, die manchmal fast zu viel des Guten war, die ich aber auch wieder schätzte. Kaum je zuvor ist wohl ein so gebildeter, hochintellektueller Mensch zum Südpol gepilgert. Die guten Gespräche versöhnten mich wieder mit ihm. Den andern drei Männern musste es nur logisch erscheinen, dass ich es war, die das Zelt am häufigsten mit Max teilen sollte. Wer von den andern ließ sich von Max so geduldig am Einschlafen hindern wie eben die Evelyne, die seinen geistigen Höhenflügen so gerne zuhörte und einen Schlitten, vollgepackt mit Bildung, nach Hause brachte.

Wir waren wirklich ein kinoreifes, gemischtes Häufchen von Leuten. Sobald ich Anzeichen unvermeidlicher Spannungen wahrnahm, sagte ich mir: Evelyne, sei anständig mit diesen vier Burschen. Das sind die einzigen Burschen, die du hast für die nächsten acht Wochen.

Weightwatchers
Montag, 5. November, Punta Arenas

»Unsupported and unassisted« heißt, dass uns kein Dritter einen Teil der Arbeit abnimmt. Kein Flugzeug, das von Breitengrad zu Breitengrad den nötigen Nachschub deponiert, und schon gar kein Fahrzeug, das uns Zelt, Schlafsack, Kocher, GPS, Kompass, Iridium-Funkgerät plus das meiste davon als Reserve doppelt nachliefert: Alles haben wir über die gesamte Distanz selber zu schleppen, inklusive Verbrauchsmaterial wie Lebensmittel und Benzin für die Kocher, welche das Hauptgewicht ausmachen. Da beginnt man, jedes Gramm auf die Goldwaage zu legen und sich das Gewicht am Essen abzusparen.

Weightwatchers müssten den Kopf schütteln. Das Wort Diät gewinnt eine völlig neue Bedeutung. Fett, Eiweiß… Nur was dick macht, hatte eine Chance, auf unseren Schlitten Richtung Südpol gezogen zu werden. Die klassischen Kalorienbomben vereinen bei geringstem Gewicht am meisten Nährwert.

Wie ich hatten auch die Männer bereits vor Wochen begonnen, sich Kaloriendepots anzufressen. Nur Max blieb seiner Linie treu. Adrian meinte, er fühle sich wie eine Mastgans kurz vor der Schlachtung. Gar nicht so falsch. Unsere Vorbilder sind die Robben und Pinguine. Je mehr Polster sie sich anfressen, umso besser schützen sie sich vor der Kälte. Aber auch: Je mehr Gewicht wir mitschleppen, umso mehr Kalorien verbrennen wir. Die ersten Ozeandampfer standen vor der gleichen Überlebensfrage: Konnten sie genügend Kohle zuladen, um damit die nächste Küste zu erreichen?

Astronauten-Food heißen im Volksmund die gefriergetrockneten Gerichte, die man bloß noch aus der Packung zu ziehen und mit Wasser anzureichern braucht. Wir hatten sogar gefriergetrocknetes Fleisch – und die Wahl zwischen Chicken, Turkey und Beef. Es sieht aus wie Hundefutter und schmeckt auch so. Der Volksmund rümpft die Nase. Nicht ganz zu Unrecht. Doch die kanadischen Harvest Foodworks leisten mehr, als Gourmets erwarten. Sagen wir es so: Sie sind besser als alle andern, die ich ausprobiert habe. Doch was schließlich zählt, sind die Kalorien.

Während meine Verwandten in die nahen Naturparks ausflogen, schnürten wir von Morgens bis Mitternacht dreihundert Tages-Fresspakete. Sechzig Stück für jeden von uns fünf. Mit Butter angereicherte Getreideflocken und gefriergetrocknete Menüs für Frühstück und Abendessen. Salami, Schokolade, Trockenfrüchte und Nüsse für die Lunches. Dazu meinen Schweizer Bergkäse. Für die Getränke Kakaopulver, Milchpulver, Kaffeepulver, Fruchtpulver, Zucker und Tee. Nach drei Tagen hatten wir 1 600 000 Kalorien verteilt. Tagesportionen zu 5300 Kalorien mussten für die geplanten fünfzig Tage der Expedition genügen. Inklusive zehn Reservetage. So knapp wie möglich und so reichlich wie nötig, lautete die Devise.

Chirurgischer Crashkurs

Weil man in der Antarktis nicht gleich dem Arzt klingeln kann, rüsteten wir in Punta Arenas mit chemischen Kampfstoffen und gröberen Waffen gegen Krankheiten und Unfälle auf. Klammern und Nähzeug für offene Wunden, Spritzen, um stärkere Mittel intramuskulär zu verabreichen. Natürlich hatte ich die Praxis geübt. Zu meiner Überraschung hatte Milan Cermak eine Überseereise mit einem Umweg zu mir verbunden und brachte mir alle – hoffentlich unnötigen – Medikamente mit und lehrte mich, wie man offene Wunden verschließt. Ich lernte Klammern anlegen und mit Nadel und Faden saubere Nähte zu ziehen. Als Versuchsfleisch hielt er mir eine Banane hin. Ich schnitt und stach, um ein Gefühl für die richtige Technik und für die Konsistenz des menschlichen Fleisches zu bekommen. Zu den Medikamenten kamen durchblutungsfördernde Mittel gegen Erfrierungen und für den allerschlimmsten Fall etwas Morphium. Milan hatte wirklich an alles gedacht. Bloß Füllmaterial für die Zähne hatten wir nicht dabei. Und ausgerechnet das würde Adrian brauchen können. So oder so, wir waren bereit.

Jeder von uns hatte am Start insgesamt 115 Kilo auf seinem Schlitten, davon waren 60 Kilogramm Nahrungsmittel, dazu ein Zelt, ein Schlafsack, eine Isolationsmatte, ein Kocher, Weißbenzin, GPS, Satellitentelefon, Computer, Kompass, Solarzellen, Batterien und Reservematerial.

Schon am nächsten Tag konnte es losgehen, wenn das Wetter so blieb, wie es war. Windstill vor allem. Ab Windstärke vier ist nicht an eine Landung in Patriot Hills zu denken. Leider bläst es dort fast immer stärker. Dafür fanden die Leute von ALE

Zeit, uns über die Gefahren der Kälte aufzuklären. Ja, Aufklärung. Gut, alle Körperstellen zu kennen, an denen Frostbeulen besonders gerne auftreten. Also besonders gerne auch dort…

Ein Kuss für Magellans Indianer
Freitag, 9. November, Punta Arenas

Jetzt, im Nachhinein, muss ich mir gestehen, ich habe Punta Arenas verpasst. Es ist, als wäre ich nicht dort gewesen. Ich war nicht offen genug, den Geist des Ortes zur Kenntnis zu nehmen. Ich lebte wie im Exil. Nur mit einem Fuß hier, mit dem andern bereits auf Antarctica oder wieder zu Hause im Chalet. Gewiss, heimkehren kam nicht in Frage, ans Hierbleiben dachte ich nicht, und Antarctica lockte mit einer Verführungskraft, die ich in unberechenbarer Ambivalenz als ebenso göttlich wie teuflisch einstufte. War ich der höllischen Kälte gewachsen? Würde mich die schöne neue Welt der anorganischen Natur wohlwollend empfangen?

Wissbegierig, wie ich bin, hatte ich den »Lonely Planet«-Guide durchgeschnüffelt und mich kundig gemacht über die Besonderheiten dieser Stadt im äußersten Süden des südlichsten Kontinents der bewohnten Erde. Klar, ich hatte die Reiseführer gelesen, hatte mir vorgenommen, mir den Wind der Geschichte in diesen Straßen um die Ohren sausen zu lassen. Da wehte wohl ein besonderer Geist. Gegründet von Chile als Strafkolonie vor etwas über anderthalb Jahrhunderten, dann Versorgungshafen für die Klipper zur Zeit des kalifornischen Goldrushs auf der Fahrt zwischen der Ost- und der Westküste. Aber war das jetzt wichtig? Was war jetzt noch zu sehen von den zahllosen portugiesischen, russischen und jüdischen Einwanderern, die Punta Arenas mit ihrer Schafzucht und dem Handel mit Häuten, Fellen und Fleisch zur Boomtown in der Belle Epoque machten, während der Panamakanal ab 1914 den übrigen Handelsverkehr durch die Magellanstraße einschlafen ließ? Handelskontore und Villen zeugen von jener Zeit, heißt es, doch ich bewahre allenfalls die zahllosen Häuser mit ihren Wellblechdächern in Erinnerung. Nicht einmal diesem Friedhof schenkte ich gebührend Beachtung. Punta Arenas und seine Totenstadt, für die offenbar öfter und schöner zu sterben ist als in jeder anderen Stadt des Kontinents. Aber ich war zu müde, zu erschöpft, hatte zu viel erlebt und noch zu viel anderes vor, als dass mich der Grabstein der »Deutschen Krankenkasse« von 1918 aus dem Haus locken konnte, so berühmt er sein mochte. Die marmornen Familiengruften der legendären Schafsbarone Braun und Menéndez ließ ich achtlos links liegen. Ich wollte nur weg von hier, möglichst bald, und wiederkehren, wenn ich mein Ziel erreicht hätte. Bloß einige Namen rund um Punta Arenas merkte ich mir: Seno Ultima Esperanza, »Bucht der letzten Hoffnung«, und Puerto de Hambre, »Hafen des Hungers«.

Dort hatten im Jahre 1584 die ersten spanischen Siedler ihre Blockhütten aufgebaut, und nur drei überlebten die nächsten Jahre. Das zeigte mir deutlich genug die Unwirtlichkeit dieses Orts und mahnte mich deutlich genug: Vergiss nicht, am Tag vor dem Abflug dem Indianer des großen Magellan-Denkmals auf dem Hauptplatz von Punta Arenas Reverenz zu erweisen. So küsste ich dem übermenschlich großen, nackten Bronze-Patagonier, der unten auf der marmornen Brüstung sitzt, den Fuß, wie es jeder tut, der heil wieder nach Punta Arenas zurückkehren möchte. Nicht ganz so abergläubisch wie die vielen, die an dieser Stelle die Patina von der Bronze weggeküsst haben, hielt ich die Hand zwischen Bronze und Mund, um mir mit seinem Segen nicht gleich eine Krankheit zu holen.

Ob das auch Aberglaube ist, dass ich den Rosenkranz meiner ersten Kommunion vom Bischof hier in Punta Arenas weihen ließ? Ich war so gerührt, als meine Mutter ihn aus der Handtasche zog, als ich sie am Flugplatz abholte. Sie, die mit ihren fast einundachtzig Jahren zum ersten Mal in ihrem Leben über den Atlantik geflogen war, um mir zusammen mit meinem Cousin und meiner Cousine das noch fehlende Material und vor allem ihren Segen zu bringen.

TERRA AUSTRALIS INCOGNITA

Eine kurze Abenteuer- und Entdeckungsgeschichte
rund um den Südpol

Am Berg hast du ein Ziel: Der Gipfel ist ein unübersehbarer, unverfehlbarer Punkt, mehr oder weniger präzise sichtbar am Horizont. Der geografische Südpol ist nur ein geometrischer Ort. Er lässt sich betreten, aber einzig mit rechnerischen Mitteln definieren und mit dem Sextanten oder dem GPS bestimmen, dennoch übt er magische Kräfte aus. Es ist ein besonderer Ort. Einer, der keine Akzente setzt. Rund um dich herum zwölf Millionen Quadratkilometer fast leblose Wüste aus Eis. Nur diese unerbittliche Kälte und viele offene Fragen. Mystisch sei es, diese schräg einfallende Sonne im Verlauf jedes Tages rund um den Horizont wandern zu sehen, mystisch dieses Weiß und der Nebel, der Dunst und der Wind. Das sagen viele, die der Natur mit offenen Sinnen begegnen.

Ob wir tatsächlich den Südpol erreichen? Oder bloß die Vorstellung, die wir uns davon machen, weil wir ein paar Bogensekunden daran vorbeigehen oder gar nicht merken, dass wir ihn überschreiten? Alles, was uns bevorsteht, ist Ungewissheit. Der Südpol und der Kontinent um ihn herum begegnen uns als merkwürdig unfassbare Gebilde.

Wo liegt der Südpol? Da, wo die USA seit 1957 die Forschungsstation Amundsen-Scott betreiben, lautet die Antwort von heute. Doch wo ist das genau? Auf über 2800 Meter über

Meer und auf einer weit über 3000 Meter dicken Eisschicht. Die Station, die einst genau auf den Punkt gebaut wurde, steht wie alles am Pol auf dieser Eisschicht, und die »schwimmt« jedes Jahr ein bisschen davon. So markiert heute in einiger Entfernung der Gebäude ein Pflock den richtigen Punkt. Jedes Silvester vermessen ihn Geometer aufs Neue und versetzen ihn am Neujahr um das nötige Stück. Wer weiß, vielleicht korrigieren sie ja auch nur an der Fehlmessung des letzten Jahres herum.

Doch welcher Südpol darf es denn sein? Es gibt ja auch noch den magnetischen Südpol. Er ist es, der die Richtung der Nadel im Kompass bestimmt, und er liegt zurzeit im Adélie-Land im offenen Meer, rund 2600 Kilometer vom geografischen Südpol entfernt, bei etwa 65 Grad Süd und 135 Grad Ost. Also außerhalb des Polarkreises. Er wandert jedes Jahr zwischen zehn und zwanzig Kilometer. Bevor man ihn erreicht, ist er schon wieder woanders. Doch wo genau? Gewiss, wir wollten zum geografischen Südpol, aber die eigenartigen Eigenschaften des magnetischen machen den Magnetkompass so tief im Süden zu einem trügerischen Partner.

Bis vor etwas mehr als zweihundert Jahren, als der Weltumsegler James Cook erstmals über den Polarkreis vordrang und nachweisen konnte, dass der lange gesuchte, südlich warme Kontinent »Terra Australis Incognita« nicht existiert, lag der gesamte südliche Polarraum außerhalb des menschlichen Blickfelds – und sollte dies noch länger bleiben. Das entdeckte ich bei nächtlichen Abenteuern in Wikipedia auf der Suche nach Daten und Fakten über die Antarktis.

Fantasien einer besseren Welt

Seit Pythagoras (um 530 v. Chr.) wissen wir um die Kugelgestalt der Erde. Aristoteles (384–322 v. Chr.) mutmaßt daraus, dass nach dem Prinzip der Symmetrie auf der anderen Seite der Kugel ähnliche Landmassen wie in Europa vorliegen müssten: eben, die Terra australis incognita. Später mutmaßt der Geograf und Astronom Claudius Ptolemäus (ca. 100–175 n. Chr.), dass alle Meere wie das Mittelmeer von Land umschlossen sein müssten. Also müsste die Terra australis incognita den Indischen Ozean im Süden begrenzen und mit Afrika verbunden sein…

Weshalb namhafte Kartografen wie Piri Riis im Jahr 1513, Oronteus Finaeus 1531, Gerhard Mercator 1569 und Philippe Buache 1739 die entsprechenden Landmassen verblüffend Antarctica-ähnlich zeichnen, bleibt bis heute im Bereich von weiteren Mutmaßungen. Der Rest ist Fantasie: Terra australis incognita, das sagenumwobene, dicht besiedelte Südland irgendwo in antarktischen Regionen, erscheint als Traum einer unbekannten, besseren Welt. Hier sollen menschengerechte Temperaturen herrschen, so um die 76 Grad Fahrenheit herum (ca. 24 Grad Celsius), und die Bewohner in Wohlstand von Gewürzen und von den Gold- und Silberminen König Salomons leben.

Kaum ein Seefahrer nach Christoph Kolumbus, der nicht davon träumt, irgendwo im tiefen Süden auf Terra australis incognita zu stoßen. Wenn man bloß ein bisschen Genaueres wüsste. Mancher Große macht da seine Erfahrung. Fernando Magellan, der erste Erdumsegler, triumphiert 1520: Feuerland, die Südküste der Magellanstraße, das ist das »neu entdeckte, aber noch unbekannte Land«. Francis Drake, der Freibeuter von Königin Elisabeths I. Gnaden, demütigt den Portugiesen in spanischen Diensten. Ein Sturm treibt Drake 1576 weit südlich von der Südspitze Südamerikas ab, doch wohin er auch treibt, er sieht nur Wasser. Vierzig Jahre später umsegeln die Holländer William Schouten und Jacob Le Maire das Südkap Südamerikas. Sie nennen es Kap Hoorn und suchen vergeblich nach Land. 1642 stößt der Holländer Abel Tasman südlich Australiens auf Land. Er wähnt sich am Ziel seiner Träume. Aber es sollte bloß Tasmanien sein… 1697 stachelt der tollkühne Freibeuter und akribische Forscher William Dampier die Fantasien neu an. Sein Bestseller »A New Voyage Round the World« inspiriert Daniel Defoe zu »Robinson Crusoe« und Jonathan Swift zu den ironischen Spielen mit Möglichkeitsformen in »Gullivers Reisen«.

In der Zeit der Aufklärung wird die Terra australis incognita zur fixen Idee in maßgebenden britischen Köpfen. Nicht zuletzt beim schottischen Geografen Alexander Dalrymple, der so besessen davon ist, dass die britische Admiralität schließlich einen der erfolgreichsten Seefahrer der Weltgeschichte mit der Klärung der Frage auf die Reise schickt: James Cook. Cook ist wohl der erste Entdecker, dessen Ruhm auf einer Nichtentdeckung beruht. Auf seiner zweiten Südseereise (1772–1775) umrundet er auf zwei umgebauten Kohlentransportern die Antarktis auf der Höhe des sechzigsten Breitengrades – eine Leistung, die ihm in den nächsten hundertfünfzig Jahren lediglich Fabian Gottlieb von Bellingshausen (1819–1821) und John Biscoe (1831–1833) nachmachen sollen. Als erster Europäer stößt Cook in den südlichen Polarkreis vor, bis Eisberge die Umkehr erzwingen und genügend Erkenntnisse vorliegen, dass er die Möglichkeit einer Terra australis von der Seekarte wischt. »Kein Benefiz für die Schatulle Ihrer Majestät«, bemerkt er nach der

Rückkehr von seiner zweiten Reise durchs Südpolarmeer lakonisch.

Wenn wir die Geschichte der Antarktis als Geschichte der Möglichkeitsform erzählen, gilt es auch, den Augenblick zu betrachten, in dem eine Möglichkeit unmöglich wird und jemand, der länger daran festhält, lächerlich, tragisch oder gleich beides wird. 1772, ein Jahr bevor Cook seine Schlüsse zieht, entdeckt Yves Joseph de Kerguelen de Trémarec weit südlich von der Südspitze Indiens eine zerklüftete Küste, die er »La France australe« nennt, aber nicht betritt, weil Stürme ihn hindern. Zurück in Paris, schildert er seinen Blick auf die Insel, als sei er im Paradies gewesen, von dem die Menschheit nun schon seit zweitausend Jahren träumt. Terra australis incognita: fruchtbar, dicht besiedelt und angenehm warm. Ludwig XV. ist so begeistert, dass er Kerguelen gleich nochmals losschickt. Doch nun bringt Kerguelen neben Lügengeschichten auch noch eine vom Skorbut dezimierte Mannschaft nach Hause. Wegen unterlassener Hilfeleistung und unrentabler Expeditionsergebnisse wird er 1776 ins Gefängnis gesteckt. (Gegenüber Kolumbus, der von König Ferdinand und Isabella mit hohlen Versprechen von Gold und Silber noch und noch eine Reise in die Karibik ergaunerte und insgesamt neun Schiffe verlor, war Kerguelen aber bloß ein Hochstaplerchen.) James Cook, der »La France australe« im gleichen Jahr 1776 auf seiner dritten Reise tatsächlich betritt, fasst seinen Berufskollegen sanfter an als die französische Justiz: *»I could have very properly called the island Desolation Island to signalise its sterility, but in order not to deprive M. de Kerguelen of the glory of having discovered it, I have called it Kerguelen Land.«* (Logbuch von James Cook, 1776)

Cook weiß, was es heißt, in hohen südlichen Breiten zu segeln. The Roaring Forties, die Stürme der »Brüllenden Vierziger«, toben in der südlichen Hemisphäre, unermüdlich und ungehindert von Landmassen, rund um den Globus. Der südliche Polarkreis reicht bis 66 Grad 33 Minuten südlicher Breite. Doch bereits auf etwa fünfzig Grad südlicher Breite, in der sogenannten antarktischen Konvergenzzone, wo das kalte antarktische Wasser unter das wärmere subtropische Oberflächenwasser absinkt, wird es ungemütlich. Die Furious Fifties und noch mehr die Screaming Sixties im Süden bieten dem Entdecken und Betreten, dem Erobern und Bewohnen eine Schranke. Ein Kreis des »no trespassing« für Weicheier und Unbemittelte.

Das Klima ist die Waffe des Angriffs und zugleich der Verteidigung der Antarktis. Expeditionen sind bis heute ein kostspieliges Abenteuer. Das hatte mir auch bei meinen Vorbereitungen zu schaffen gemacht – und es hält die Antarktis am Rande menschlicher Besitz- und Eroberungsgier. Nach James Cook bleibt der Polarkreis noch für ein knappes halbes Jahrhundert fast unberührt, Antarctica, eine Landmasse, fast so hypothetisch wie einst die Terra australis incognita.

Auf der Antarktiskarte des »Andrees Handatlas« von 1890 in meiner Bibliothek steht noch in großen Lettern quer über den südlichen Polarkreis: »Unerforschtes Gebiet. Südliches Eismeer. Von 23. Dezember bis 20. März beständiger Tag«.

Viel mehr weiß man da noch nicht. Auf dem Schulglobus, den ich zur Orientierung vom Estrich holte, als ich mich erstmals mit der Antarktis befasste, ist die gesamte Zone innerhalb des Polarkreises unter einem Aluminiumdeckel verborgen, sodass sich bloß noch ein schmaler Rand und wenige Kaps von Antarctica zu erkennen geben.

Bis noch weit ins zwanzigste Jahrhundert schrieb jeder, der sich dem Südpol näherte, Geschichte. Man kann nicht anders als Respekt empfinden für alle, die es so weit brachten.

1820 erreicht Edward Bransfield die Trinity-Halbinsel, den

nördlichsten Teil Antarcticas, und betritt von einem Beiboot aus das Schelfeis. Er bleibt nicht der Einzige, der für sich beansprucht, diesen für ihn kleinen, aber für die Menschheit großen Schritt getan zu haben. Nach James Cook umsegelt Fabian Gottlieb von Bellingshausen 1821 Antarctica im Auftrag des Zaren. Der englische Robbenjäger James Weddell dringt 1823 bis über 74 Grad südlicher Breite vor und verleiht »seinem« Meer seinen Namen. Jules-Sébastien Dumont d'Urville sucht vergeblich nach dem magnetischen Südpol, nennt das Land, das er entdeckte, seiner Gattin zu Ehren »Adélie-Land« und seine Bevölkerung »Adélie-Pinguine«. Am erfolgreichsten ist in jenen Jahren wohl der Brite James Clark Ross, der mit zwei Schiffen bis 78 Grad südlicher Breite vorstößt und das Ross-Meer und den aktiven Vulkan Erebus entdeckt.

Es sind viele, die im Lauf des Jahrhunderts ihren Teil zur Erkundung beitragen. Doch was wusste man damit vom Kontinent rund um den Südpol? Was jenseits des Schelfeisrandes, südlich des achtzigsten Breitengrades liegt, blieb Terra incognita, wie schon für Ptolemäus vor zweitausend Jahren. Unberührt und unbetreten wie die dunkle Seite des Mondes.

Aber politische Optionen, Wal- und Robbenfang kreisen das Unbekannte je länger, je enger ein. Kein Staat hätte seine politischen Gelüste praktisch durchsetzen können. Umso gnadenloser lassen sich die tierreichen kalten Gewässer zwischen der Konvergenzzone am fünfzigsten Breitengrad und dem Schelfeis ausbeuten – als wären sie ein Selbstbedienungsladen für Biomasse. Hunderttausende von Walen, Robben und Pinguinen wandern in die Tran-Kochereien auf den Schiffen und den unwirtlichen Inseln des Südens, um als Lampenöl die Stuben der wachsenden Metropolen in den USA und in Europa zu erhellen. Doch auf dem Festland, dem Kontinent Antarctica, geht die Epoche der Kolonisierung spurlos vorbei.

Der »Andrees Handatlas« von 1890 dokumentiert diese Epoche: Die Welt ist umrundet, der Planet vermessen, die Karten gemacht. Einzig die Eiskappe rund um den Pol stellt noch kartografische Rätsel. Doch je weiter Europas Großmächte die Welt unter sich aufteilen, umso mehr reizt die Durchdringung auch dieses wirklich weißen Flecks der Erde.

Mehr, schneller, besser, lautet die Devise der nationalistisch aufgeladenen Entdeckungs- und Eroberungssucht. Eine Resolution am Sechsten Internationalen Geografischen Kongress in London 1895 gibt das Signal: *»The exploration of the Antarctic regions is the greatest piece of geographical exploration still to be undertaken…«*

Noch im gleichen Jahr erkundet der Norweger Carsten Borchgrevink neue Walfanggründe und betritt als erster Mensch den Kontinent Antarctica. Drei Jahre später wird der Belgier Adrien de Gerlache mit Schiff und Mannschaft nahe der antarktischen Halbinsel im Packeis eingeschlossen und übersteht einen antarktischen Winter. Ein Jahr später, 1899, überwintert Borchgrevink mit neun Mann bei Cap Adare auf dem antarktischen Festland. Kaum ein Jahr vergeht ohne neue Bestleistungen. 1901 bis 1903 bleibt die erste deutsche Expedition unter Erich von Drygalski ein ganzes Jahr in der Region und bringt mit deutscher Gründlichkeit 22 Bände voll wissenschaftlicher Erkenntnisse nach Hause.

Aber noch immer entzieht sich der von der Zivilisation entfernteste Punkt dieser Erde dem menschlichen Zugriff. Nicht mehr lange. Gleich startet der imperialistische Wettlauf zu diesem magischen Punkt.

Norwegen gegen England

Roald Amundsen (1872–1928) gegen Robert Falcon Scott (1868–1912). Wer gewinnt den Zweikampf um den Pol? Der Engländer oder der Norweger, der heimlich aufbricht, um zwischen der Weltmacht England und dem jungen Norwegen keine diplomatische Krise heraufzubeschwören? Amundsen hat das Glück, 35 Tage vor seinem Rivalen aus dem Vereinigten Königreich aufzubrechen, und den Mut, eine kürzere, aber unsicherere Route vom Ross-Schelfeis an der Bay of Whales auszuwählen. Amundsen schwärmt von der Weite des Eises: »Wild wie kein anderes Land unserer Erde liegt es da, ungesehen und unbetreten.« Über 2600 Kilometer und den Axel-Heiberg-Gletscher hin und zurück, auf Skis mit Schlitten, Hunden und Futter für die Hunde, schwerer Ausrüstung und sperriger Kleidung durch das Transantarktische Gebirge. 45 Tage sind Amundsen und seine vier Begleiter unterwegs. Am 14. Dezember 1911 markieren sie den Südpol mit der norwegischen Flagge. Ob sie wirklich dort sind? Das Foto »Taking an observation at the Pole« zeigt Amundsen neben der Flagge, wie er mit dem Sextanten die Höhe der Sonne über dem Horizont bestimmt, um die geografische Breite, das heißt die Entfernung zum Pol, abzulesen. Später zeigt die Überprüfung der Daten aus den Tagebüchern, dass er nicht weiter als 180 Meter vom Ziel entfernt war.

Scott, der vom entfernteren McMurdo-Sund aufbricht, hat weniger Glück. Seine Ponys und Motorschlitten bewähren sich nicht in der Kälte, und die Hunde sind nicht seine Freunde – oder umgekehrt. Während Amundsen täglich fünfzehn bis zwanzig Meilen zurücklegt – auf dem Rückweg gar dreißig –, bringt es Scott auf knapp dreizehn. Immerhin erreicht er sein Ziel, einen guten Monat nach Amundsen, gerade noch rechtzeitig, um im verwehten Schnee das Zelt des Siegers erkennen zu können. Welch eine Enttäuschung, wie werden sie bloß nach ihrer Heimkehr in England empfangen? Die Frage wird sich nicht stellen. Keiner der fünf Männer überlebt den Rückweg. Lawrence Oates, der die Gruppe mit seiner schwachen Verfassung schon länger belastet hatte, wurde berühmt mit seinen letzten Worten: »*I am just going outside and may be some time.*« Er verließ das Zelt und wurde nicht mehr gesehen. Scott selbst hinterließ nur seine Tagebücher mit dem berühmten Eintrag: »Hätten wir überlebt, ich könnte eine Geschichte der Kühnheit, der Ausdauer und des Muts meiner Kameraden erzählen und damit das Herz jedes Briten bewegen.«

Die letzten Worten lauten: »*For God's sake look after our people. R. Scott.*«

Shackleton

Noch intensiver als Amundsens Perfektion und Scotts Tragik ist Ernest Shackletons triumphales Scheitern ein Thema geblieben, das uns Antarktisfahrer schon in der ersten Stunde unserer Vorbereitungen beschäftigen muss. Während andere mit sich allein und ihrem Überlebenskampf an die Leistungsgrenze gelangen, ist Sir Ernest zu noch einem zusätzlichen Effort bereit, um seine Kameraden aus einer aussichtslos scheinenden Lage zu retten. Gewiss, kaum einer von uns bringt Shackletons Erfahrung in den ganz tiefen Süden mit, doch bis er zum Helden wird, hat auch er eine Menge zu lernen.

Bereits als Seekadett erlebt er einen antarktischen Winter rund um Kap Hoorn. 1898, mit vierundzwanzig, hat er die Berechtigung, Schiffe zu kommandieren.

1901 ist er auf Robert Scotts »Discovery« erstmals in der Antarktis mit dem inoffiziellen Auftrag, den Südpol zu erreichen, um ihn für die britische Krone zu beanspruchen. An der Kante des Ross-Schelfeises schreibt er: »Es ist ein einzigartiges Gefühl, Land zu erblicken, das noch kein menschliches Auge zuvor gesehen hat.« Den Südpol erreicht die Expedition bei weitem nicht, doch stößt sie als erste auf einen Süßwassersee, und Scott und Shackleton teilen sich die Ehre, als Erste mit einem Ballon über Antarctica zu schweben. »Wenn einige dieser Experten da oben nicht verunglücken, so nur deswegen, weil Gott Mitleid hat mit den Verrückten«, schrieb ein Kamerad vom Eis aus mit Blick nach oben. Halb behält er recht. Nach der unsanften Landung steigt der Ballon kein zweites Mal auf. Und verrückt ist im Grunde das ganze Unternehmen. Shackleton hat noch nie zuvor ein Zelt aufgeschlagen oder in einem Schlafsack geschlafen, er kann nicht mit Hunden umgehen, und mit Skis hat keiner in der Mannschaft Erfahrung. Shackleton erkrankt so schwer an Skorbut, dass er Blut spuckt und sich über einige Etappen auf dem Schlitten ziehen lassen muss.

Für die Leistung seiner zweiten Expedition, mit der »Nimrod«, wird Shackleton zum Sir geadelt. Die »Nimrod« erreicht 1909 den magnetischen Südpol, und Mannschaftskameraden um Edgeworth David besteigen mit fahrlässiger Ausrüstung den 3794 Meter hohen Gipfel des Mount Erebus. In der Blockhütte des Lagers am Ross-Meer wird über den Winter »Aurora Australis«, das erste Buch auf der Antarktis, gedruckt. Schließlich überquert Shackleton als Erster das Transantarktische Gebirge über den schwierigen Beardmore-Gletscher. Ziel: geografischer Südpol. Doch nicht alles verläuft wie gewünscht. Mit den Skis geht es noch nicht viel besser. Anstelle der Hunde sind jetzt Ponys dabei. Sie kommen mit Schnee und Eis nicht zurecht und werden eins ums andere erschossen und gegessen. Das heißt, die vier Männer müssen ihre schweren Schlitten selber ziehen. Trotzdem nähern sich Shackleton und seine drei Männer dem Pol auf 97 Meilen – und kehren um mit der Erklärung: »*Better a live donkey than a dead lion.*«

Dass auf dem Rückweg zwei Männer Shackletons auf dem Eis zurückbleiben müssen, ist das eine, das es dazu noch zu sagen gibt. Das andere, dass Shackleton von seiner »Nimrod« wieder zurückgeht und die zwei Männer holt. Lebendig.

Doch zur Legende wird Shackleton erst mit der »Endurance« 1914 bis 1916. Er wird es nicht für eine bedeutende Entdeckung oder Eroberung, sondern er wird es für das, was er aus einem völligen Misserfolg machte. Shackleton plant, vom Weddell-Meer aus über 2880 Kilometer zu Fuß über den Südpol auf die andere Seite des Kontinents, zur einstigen Basis der »Nimrod« am Ross-Meer, zu gehen.

Warum hört er nicht auf die Warnungen eines erfahrenen Walfängers, der ihn auf die außergewöhnlichen Verhältnisse in diesem Jahr hinweist? Warum sagt er die Weiterfahrt von Südgeorgien aus nicht ab, als ihm der gleiche Walfänger erklärt, warum der Rumpf der »Endurance« dem Packeis nicht standhalten kann – anders als Amundsens »Fram«, mit der sich Fridtjof Nansen 1893 bis 1896 im Packeis Richtung Nordpol driften ließ? Im Nachhinein sind wir immer klüger. Aber wie entscheidet man – wie fähig ist man zu einer unabhängigen Entscheidung, bevor man ihre Konsequenzen am eigenen Leib erfährt?

Eine Durchquerung des Kontinents hätte sich mit Amundsens Leistung messen können. Doch das sollten erst der Everest-Erstbesteiger Edmund Hillary und Vivian Fuchs in den Jahren 1957/1958 auf umgebauten Traktoren schaffen, und beeindruckender: den beiden Extremsportlern Reinhold Messner und Arved Fuchs 1989 in 92 Tagen zu Fuß. 2001 folgen ihnen Ann Bancroft und Liv Arnesen unter Segeln auf Skis.

Shackleton bringt es nicht einmal bis zum Ausgangspunkt. Bevor auch nur einer der 27 Mann das Schelfeis betritt, läuft die »Endurance« im Packeis des Weddell-Meers fest und bleibt den ganzen Winter 1915 eingefroren. Die Mannschaft muss zuschauen, wie sich in den ersten Frühlingstagen mächtige Eisblöcke langsam erheben, »bis sie wie Kirschkerne emporschnellten, die man zwischen Daumen und Finger presst. Der Druck von Millionen Tonnen sich bewegenden Eises zermalmte und vernichtete alles unerbittlich.« Shackleton hat es berichtet. Die Bilder des Expeditionsfotografen Frank Hurley sind Ikonen der Fotokunst. Gestochen scharf zeugen sie bis heute von der Agonie eines Schiffes im Packeis und vom Überlebenskampf in fast unmöglicher Lage. Hier baut die Mannschaft ihr Zeltlager auf, dort schleppt sie drei schwere Rettungsboote mit minimalem Gepäck – und mit Hurleys Kameras und Fotoplatten – über das Eis zum Wasser, und dann ist Hurley auf einem dieser drei Boote dabei, die sich während sieben Tagen durch ein Meer von Eisbrocken zur nahen Elephant Island durchschlagen.

Jetzt, in Elephant Island schlägt Shackletons Stunde. Mit fünf Freiwilligen in einem Sieben-Meter-Boot kämpft er sich während siebzehn Tagen über 800 Meilen durch eines der berüchtigtsten Meere nach Südgeorgien durch. Ich bin nicht Seefrau, ich kann nur lesen, wie schwer die See und die eisigen Stürme sind, die über das Boot hinwegfegen, wie die Leute durchnässt und vereist Kurs zu halten versuchen und wie in diesen Tagen ein großer Dampfer ganz in der Nähe mit Mann und Maus untergeht. Weil die sechs auf der näheren, »falschen« Seite von Südgeorgien landen, haben sie nun noch einen Marsch über die

Berge hinüber zu den Walfängerstationen auf der anderen Seite vor sich. Sechsundzwanzig zerklüftete Meilen zu Fuß und ohne Karte über Eis und Fels. Ein Seil dient zur Sicherung, ein Zimmermannsbeil als Eispickel, Bootsschrauben als Steigeisen. Mehr haben sie nicht dabei, als sie wieder unter Leute kommen.

Für die Kameraden auf Elephant Island wird unterdessen die Nahrung so knapp, dass die Fische im Magen gejagter Seeleoparden zum Frühstück aufgedeckt werden. Zu ihrer Rettung versucht Shackleton einen Dampfer zu chartern, doch das Wetter bleibt schwierig. Erst der vierte Versuch einer Überfahrt gelingt. 128 Tage halten die wartenden Männer auf Elephant Island durch. Alle. Auf seinen drei Expeditionen verliert Shackleton nicht einen einzigen Mann. »Der Name Sir Ernest Shackleton wird in der Geschichte der Erforschung der Antarktis für immer in feurigen Lettern gemeißelt bleiben«, schreibt Roald Amundsen nach Shackletons Heimkehr. Musikkapellen spielen, und Tausende von Neugierigen drängen sich auf den Piers, als der chilenische Schlepper »Yelcho« hier in Punta Arenas einläuft. Die siebenundzwanzig zerlumpten Gestalten in tranigen Kleidern werden als Helden gefeiert.

Ein Denkmal für drei

Der Festlandsockel von Antarctica wirkt wie ein Denkmalsockel. Jeder, der sich seiner Größe aussetzt, wird darauf zum Helden erhoben. Allen voran Amundsen, Scott und Shackleton. Das große Dreigestirn der Antarktisfahrer. Alle drei leben die Möglichkeit aus, ein Projekt anzupacken, es zum Erfolg zu treiben oder heroisch zu scheitern. In seinem Buch »Die schlimmste Reise der Welt« schreibt Apsley Cherry-Garrard, ein Mann aus Scotts rückwärtigem Dienst: »Gebt mir Scott als wissenschaftlich-geografischen Expeditionsleiter (…), gebt mir Amundsen für eine rasche und effiziente Polar-Expedition, aber gebt mir Shackleton, wenn sich das Schicksal gegen mich verschworen zu haben scheint und ich einen Ausweg suche.«

Wen wünsche ich mir als Begleiter auf meiner Reise? Welche Eigenschaften werden mir dienen? Der Respekt vor Amundsen, Scott und Shackleton und ihren Begleitern wächst, je näher der Tag meines Abflugs ins Ungewisse heranrückt. Alle drei hatten wie wir nur ein einziges Ziel: den Südpol. Alle drei waren nicht zum ersten Mal im südlichen Polarkreis, doch alle drei begaben sich auf Neuland, nicht nur was ihre eigene Erfahrung betraf, sondern auf wirkliches, unbetretenes Neuland. Kein Satellit und kein Flugzeug hatte zuvor ein Bild der engsten Kreise rund um den Pol nach Hause vermittelt. Sie schlugen sich mit einer Ausrüstung durch, die wir heute als unverantwortlich unzulänglich verurteilen müssten. Die Teerjacken und Wollpullover trockneten schlecht, die Leder und Felle schützten zwar gegen die Kälte, waren aber zu schwer für eine leichte Fortbewegung. Zwischen den Knöpfen pfiff der Wind durch bis auf die Knochen. Ob die Schuhe je trocken wurden, wage ich zu bezweifeln. Alle drei erwarteten eine Erfahrung auf Leben und Tod, jenseits jeder Hoffnung auf Rettung durch Dritte, ausgesetzt auf eine so existenzielle Weise, wie wir das heute angesichts der Möglichkeiten der Kommunikation nicht mehr kennen.

Jede Grenzsituation ist einmalig und im Nachhinein nicht mehr nachvollziehbar. Schon gar nicht von Dritten. Doch kann ich von den Beispielen unseres Dreigestirns lernen. Alle drei geben mir wichtige Botschaften mit auf den Weg:

Amundsens unwiederholbarer Erfolg beweist, dass es möglich ist, alles richtig zu machen. Allein mithilfe des Sextanten erreicht er sein Ziel – und kommt rascher und leichter voran als sein britischer Rivale. Amundsen schätzt die Chancen und die Risiken richtig ein, riskiert mehr für seinen Erfolg – und er hat Glück. Damit bestätigt er meine Überzeugung, dass Giuseppe den Tüchtigen und den Mutigen hilft. Amundsen ist der Seiltänzer, der mit dem Blick in die Ferne jeden Schritt genügend sorgfältig setzt und das schwankende Seil des Erfolgs mit sicherem Tritt im richtigen Tempo abschreitet. Und er ist Norweger. Er agiert nicht wie der Löwe im Zirkuszelt. Er ist der Eisbär in seiner angestammten Eiswüste, der nichts anderes zu befürchten hat als das, was er kennt. Das ist ein Vorteil, den andere mit nichts wettmachen können.

Von Scott wissen wir, dass es nicht reicht, ein Ziel zu erreichen. Er begleitet mich als warnendes Beispiel. Sicher ist es enttäuschend, nicht Erster zu sein. Für mich heißt das: Suche nicht den äußeren Triumph. Die Sucht nach Siegen hat ihren Preis. Erfahrung und Selbsterkenntnis haben höheren Wert. Ich werde auf meine Stimme hören und jedes Detail beachten, das mir hier und jetzt bedeutend erscheint. Es gibt keine Abkürzung. Der Weg ist die Lehre, wenn du nicht ins Leere vorstoßen willst.

Shackleton schließlich geht als unumstrittener Held der Antarktis aus seinem Abenteuer hervor. Makellos beendet er seine Mission, über alle Hindernisse hinweg. Seine Botschaft macht das Prinzip Hoffnung zur Maxime des Handelns in verzweifelter Lage. »Never, ever, ever give up«, längst bevor die »Peanuts« die Welt eroberten.

Als bereits Gescheiterter spielt er die Eigenschaften aus, für die ihm moderne Coachs und Erlebnispädagogen bis heute Seminare widmen. Frank Wild, Shackletons Stellvertreter auf der »Endurance« und Teilnehmer aller bedeutenden britischen Expeditionen seit der »Discovery«, bringt Shackletons Qualitäten auf eine Reihe: »Für seine Führungsqualitäten, sein Organisationstalent, seinen Mut im Angesicht der Gefahr und seine Ressourcen in der Überwindung von Schwierigkeiten verdient Shackleton den ersten Rang unter den Pionieren seiner Epoche.«

Er ist es, der nicht nur als Leiter, sondern als Mensch zu motivieren versteht. Er weiß, dass in extremen Situationen die Balance von Körper und Geist Erfolg verspricht. Er weiß um die Kraft des Humors, wenn er auf dem Packeis Fußballspiele und Poker-Patience um imaginäre Theatertickets organisiert, und er weiß auch, wie Rituale in ihrer immer gleichen Abfolge dem Team das Gefühl für gemeinsame Ziele und Zusammenhalt geben.

Ach ja, und noch eine Lehre von Shackleton, die man nicht genug beherzigen kann. Prüfe dein Material bei Wind und Wetter in allen Situationen, bevor du ihm dein Leben anvertraust. Du siehst einem Schuh nicht an, wo er drückt. Spürst nicht, wie sich ein Material bei Kälte verhält. Bevor du teure Experimente eingehst, höre auf erfahrene Leute. Der Walfänger wäre mit der »Endurance« nicht ausgefahren.

Apropos

Es liegt mir fern, einen Katechismus der einzig richtigen Haltung zu schreiben. Der Ehrgeiz nach »schneller, höher, weiter« ist eine unverzichtbare Kraft, um neuen Herausforderungen gewachsen zu bleiben, auch wenn wir uns daran mehr als nur die Finger verbrennen. Gesellschaften können nicht nur am Ehrgeiz nach Größe zugrunde gehen, sondern auch an der Bescheidung aufs Mittelmaß. Deshalb reizt uns immer wieder die Herausforderung, über die Grenzen des Natürlichen, Menschlichen, vernünftig Scheinenden hinauszugehen. Damit werden wir neue Maßstäbe setzen – und riskieren, aus Selbstüberschätzung der eigenen wie der gesellschaftlichen Kräfte vernichtet zu werden. Vielleicht ist es ein erstes Zeichen meines Alterns, dass ich mich je länger, je mehr als ein kleines Teilchen in einem harmonischen, sich selbst erhaltenden Ganzen verstehe.

Start auf der Grimsel: Vor mir liegen 25 000 Kilometer Ungewissheit.

Durch die USA: Der Grand Canyon in Arizona lässt mich auf
meine Art jauchzen.

Zu meinem Vierzigsten schenke ich mir einen Berg: Unterwegs zum Hualca Hualca (6025 m).

Ecuador: Mit dem Fahrrad durch die indianische Fußgängerkultur.

SOS-Kinderdorf in León, Nicaragua: Ein liebevolles Zuhause für elternlose Kinder.

Altiplano, Peru: Das Zelt, für lange Zeit mein Zuhause.

Südlich von Quito: Durch den Nationalpark von Cotopaxi.

Am Vulkansee des Cotopaxi: Das Bergfieber hat mich wieder gepackt.

Solo zum Gipfel Cotopaxi (5897 m): Berge sind meine unerschöpfliche Glückshormon-Quelle.

Im höchsten und gipfelreichsten Gebirge außerhalb des Himalajas: Auf dem Gipfel des Nevado Pisco (5752 m) in der Cordillera Blanca.

Atacamawüste, Chile: Wenn ich Respekt vor einer Strecke habe, dann vor dieser.

Socaire, Atacamawüste: Über 1800 Kilometer stehen mir in diesem Raum der großen Fragezeichen bevor.

Cerro Castillo, Chile: Das Gebet nützt, ich bleibe von eisigen Schauern verschont.

Chilenische Pampa: Bin ich nun schon Monate oder erst Tage in dieser Einsamkeit?

Paso Cristo Redentor, Argentinien: Auf der Flucht vor den pazifischen Schneestürmen auf die Ostseite der Anden.

Neuquén, Argentinien: Zwei kräftezehrende Monate durch den australen Winter Patagoniens.

Hercules Inlet, Antarctica: Los geht's. Evelyne, Devon, Hans, Max und Adrian (v. l.) mit Twin Otter.

Devon McDiarmid

Max Chaya

Adrian Hayes

Hans Foss

Antarctica, minus 20 Grad: Antarktischer Sommernachtstraum.

Mit 115 Kilo schweren Schlitten im Schlepptau: Der Windchill lässt die Kälte doppelt spüren.

Im katabatischen Gegenwind: Zum Schlittenziehen sind weder
Menschen noch Kängurus günstig gebaut.

Schnee, so weit das Auge reicht: Tag und Nacht dasselbe Bild.

Ruhetag bei Sturm und Whiteout: Wenn bloß das Zelt stehen bleibt.

Man hat keine Wahl: Blauer Himmel mit Sturm oder weniger Sturm,
dafür Whiteout.

An der Markierung des Südpols: Freude vermischt sich mit Traurigkeit – wo ein Ziel erreicht ist, geht ein Traum verloren.

Geschafft: Glücklichsein ist eine Disziplin, darüber weiß ich nun Bescheid.

ANTARCTICA

Von Patriot Hills über Hercules Inlet bis zum Südpol
10. November bis 31. Dezember 2007
1180 Kilometer, 3000 Höhenmeter

Mit Illushin in Schnee und Eis

Samstag, 10. November
Patriot Hills, 80.0567 S, 080.1985 W *

Die Antarktis sieht – wenn du die Karte vor dir hast – wie ein Elefantenkopf aus. Die Halbinsel Richtung Südamerika bildet den Rüssel. Das Ronne-Schelfeis verbindet Rüssel und Kopf – dem die Stoßzähne fehlen. McMurdo, die größte »Siedlung« auf Antarctica, steckt dem Elefanten im Maul. Unser Ausgangspunkt, Hercules Inlet, liegt am Ansatz des Rüssels im Ronne-Schelfeis. Das Flugfeld von Patriot Hills liegt nur wenige Meilen davon entfernt. Schon gestern hätte das große Abenteuer starten sollen. Das Flugzeug, eine mächtige russische Illushin 76, rollte auf dem Taxiway Richtung Startbahn, als plötzlich dichter Rauch aufstieg. Wir schauten zu, wie die Feuerwehr ausrückte und Löschschaum in den Brandherd sprühte. Der Start wurde abgebrochen, die Illushin rollte zurück in den Hangar. Der Defekt war rasch geortet und behoben. Am Landegestell hatte sich eine blockierte Bremse erhitzt.

Heute ist die Maschine wieder bereit und fliegt mit Gütern und der Crew einer Forschungsstation über eine stürmisch bewegte See hinüber nach Süden. Heute Abend kommt sie wieder zurück. Morgen, wenn es das Wetter erlaubt, werden Devon, Adrian, Max, Hans und ich in der Maschine sitzen und

---

* Die kursiv gesetzten Daten stammen aus meinem Tagebuch. Sollte etwas nicht stimmen, hat das mit meinen klammen Fingern und der daraus entstandenen Unleserlichkeit meiner Schrift zu tun.

das zivilisierte Leben für rund zwei Monate gegen ein Leben auf dem wildesten, unwirtlichsten und kältesten Kontinent dieser Erde eintauschen. Ich bin unruhig, ungeduldig und voller Neugier und trage eine riesige Portion Respekt in mir.

Endlich ist es so weit. Adieu bewohnte, lebendige Erde. Wir sind die Spione, die in die Kälte gehen. Die Illushin 76 ist das richtige Vehikel, um über die Furious Fifties und die Screaming Sixties aufs antarktische Festland zu gelangen. Mit ihren vier Triebwerken ist die sowjetische Transportmaschine schwer und solide genug, um Panzer und Geschütze für die Rote Armee an jeden Brandherd auf dieser Erde zu schicken. Klar, ist sie auch den Abenteurern und deren Material in Eis und Kälte gewachsen. Ihre Heckklappe schluckt einfach alles, was ihr die Passagiere hinten hineinstopfen, einschließlich des Kerosins für den Rückflug, das alle Antarktisflüge so teuflisch verteuert.

Zugegeben, ich bin schon luxuriöser geflogen, aber diese innen bis auf die Rippen ausgehöhlte Maschine gibt den passenden Vorgeschmack auf unsere Zukunft. Was nicht dringend gebraucht wird, hat auf Antarctica keinen Platz. Wir fliegen »reduced to the max«. Die Verschalung ist weg. Stecker und Kabelbäume, Röhren und Isolationsmatten, alles liegt offen wie die Eingeweide in der Bauchhöhle eines geschlachteten Tiers. Viereinhalb Stunden Rütteln und Schütteln über den Stürmen der Drake-Straße unter uns, noch ein letztes entspanntes Sitzen in kuscheliger Wärme, bis die fette Türe aufgeht und das antarktische Klima wie ein Messer zusticht, tief hinein in die Maschine bis zur hintersten Reihe.

Die Wirklichkeit übertrifft jede Erwartung. Anders als alles, was wir bisher erlebt haben. Drei Uhr morgens nach unserer Uhr. Heller Sonnenschein. Reiner als der reinste Kristall. Beim Drehen um die eigene Achse ist rundum die Erdkrümmung zu sehen. Erdkrümmung? Ist das die Erde? Hat uns ein Raumschiff auf einen andern Stern entführt? Adieu Zivilisation. Antarctica hat uns im Griff, kaum haben wir uns die Augen gerieben und am Fuß der Treppe das Eis geküsst.

Wo sich unsere Augen eben noch an tausend Dingen erfreuten, gibt es in Antarctica nur eins: Eis. Eis in unterschiedlichster Gestalt. Eis umhüllt die Dinge. Eis kriecht in jede Ritze, Eis, das kristallene Licht, und dann dieses Heulen und Pfeifen, diese überfallartigen eisigen Zugriffe von allen Seiten durch die Kleider bis auf die Knochen. Das also ist der katabatische Wind, der rund um Antarctica an den Kleidern und an den Nerven zerrt: Ein Fallwind, der, von der Gravitation angetrieben, vom Pol-Plateau her in weitem Bogen zur Küste herunterfällt und beim Fallen zusehends an Stärke zulegt. Innert Sekunden lernen wir, was Windchill bedeutet. Das Kältegefühl, das Wind auf der Haut bei kaltem Wetter erzeugt. Wir haben damit für die nächsten vier bis fünf Wochen gerechnet, ehe man das Hochplateau erreicht. Aber nicht mit der Gewalt, die Wind auf die Dauer ausüben kann: bei durchschnittlich minus vierzig Grad im Winter und minus fünfzehn Grad im Sommer, den wir gerade genießen.

Eile mit Weile
11. November, Patriot Hills

Das also ist Patriot Hills, die einzige private Station auf dem ganzen Kontinent und Landeplatz für fast alle Expeditionen, sei es zum Pol, sei es in die nahen Ellsworth Mountains, zum Mount Vinson, dem höchsten Gipfel auf Antarctica. Er zählt zu den »Seven Summits«, mit denen sich Höhenbergsteiger die höheren Weihen verleihen. Ein paar Dutzend winzige rote Zelte liegen verstreut und verloren im Weiß der Landschaft unter einem stahlblauen Himmel. 1076 Kilometer vom Pol entfernt, rund tausend Meter über dem Meeresspiegel. Sicher einer der exklusiveren der »thousand places to see before you die«.

Wir wandeln zwischen den flatternden Zeltplanen im südlichsten Hotel dieser Erde, dem einzigen des Kontinents. Während wir zum ersten Mal unsere Zelte aufbauen und Schnee zum Kochen auftauen, lassen sich anspruchsvollere Gäste als wir nochmals nach allen Regeln der Gastronomie von einer professionellen Küchenmannschaft im milden Klima eines Restaurantzelts verwöhnen. Immerhin profitieren wir nach unserer ersten gemeinsamen Mahlzeit von der luxuriösen Infrastruktur:

Im Toilettenzelt ist es minus fünfzehn Grad, aber immerhin windstill, sodass wir uns Zeit lassen, uns bei den Geschäften Gedanken machen über Werden, Sein und Vergehen in Antarctica. Die Ergebnisse unserer Geschäfte werden in getrennten Kübeln für Festes und Flüssiges gesammelt und fast augenblicklich im umgebenden Eis tiefgefroren. Umgeladen in größere Kübel, wird alles zurück nach Punta Arenas geflogen. Vom Kontinent, auf dem der Mensch bis heute nur eine vorübergehende, flüchtige Erscheinung sein kann, soll er auch wieder spurlos verschwinden. Es gibt keine Verrottung oder Verwesung organischer Stoffe bei dieser Kälte. Jedes unentfernte Exkrement wird ebenso ewig im Eis konserviert wie Teebeutelchen, Salamihäute und Kaugummipapierchen, und wir sind offensichtlich nicht die Einzigen, die den Anspruch an ökologische Reinheit ernst nehmen – niemand scheint bereit, sich der Eisverschmutzung schuldig zu machen.

Schon in Patriot Hills gilt es, von Waschzwängen Abschied zu nehmen. Schluss mit Duschen, Schluss sogar mit Händewaschen. So komfortabel uns das Camp als Hotel bereits nach wenigen Stunden erscheint: Fließendes Wasser hätten wir vergeblich verlangt. Wer ins Innere der Antarktis aufbricht, hat anstelle von Wasser ein kleines Döschen mit einer desinfizierenden Creme dabei, mit der man die Hände einreibt, um sich und das Team keimfrei zu halten. Der Defroster in der Creme riecht etwa wie der Enteiser im Autoscheibenputzmittel.

Wir sind nicht die einzigen Gäste in Patriot Hills. Und alle streben wir nach ehrgeizigen Zielen. Pro Saison dringen rund zweihundert Leute tiefer aufs Festlandeis vor. Wie viele von ihnen den Pol erreichen, hängt nicht zuletzt auch von den Wetterverhältnissen ab. In den zwanzig Jahren, seit ALE fliegt, waren es alles in allem höchstens fünfhundert. »Unsupported and unassisted« sind wir bei ALE das erste Team.

Für Pol-Expeditionen dient Patriot Hills lediglich als Zwischenstation, weil die Illushin nur hier landen kann. Wir wollen noch etwas weiter oder, genauer: zurück. Mit der nächstbesten Twin Otter nach Hercules Inlet, um dort zu starten, wo alle Pol-Expeditionen der jüngeren Zeit losgehen. Aber noch nicht heute. Die Umstände verlangen die erste Umstellung unserer Planung.

Kaum haben wir das Material ausgeladen und die Zelte aufgebaut, bricht es vom Pol her los. Das Geheul unseres ersten antarktischen Sturms. Was wir gestern an Wind erlebt hatten, war offensichtlich erst ein katabatisches Säuseln gewesen. Unmöglich, gegen diesen Druck anzukommen, unmöglich, den Böen zu widerstehen. Wir streichen den Tag aus unserer Rechnung und nutzen die Stunden für erste Materialtests in gebührendem Klima und verkriechen uns alsbald ins Zelt. Wohl oder übel. Denn jeder verschlafene Tag ist ein verlorener Tag. Doch wie schläft man in einem Zelt bei Windstärke zwölf? Das nennt sich Orkan. Wenn bloß das Camp stehen bleibt. Aber nur eine meiner Zeltstangen bricht – ein Schaden, mit dem wir gerechnet haben. Ein anderes Team hat es böser erwischt. Eines ihrer Zelte ist schon nach dieser ersten Nacht zu Lumpen zerfetzt.

Schneller, leichter, besser

Freilich entwickelt man ein gemischtes Verhältnis zu den Mitbewerbern anderer Teams. Warum sind wir nicht unumstritten allein unterwegs? Warum dürfen wir uns nicht den Ruhm der Ersten und Einzigen an den Hut stecken? Die Antwort liegt auf der Hand: Weil wir zu spät geboren sind. Doch wer von uns wird das Ziel als Erster erreichen? Das Rennen ist eröffnet, doch was für ein Rennen? Auch ich lasse mich gerne anstecken von Siegeseifer und Geschwindigkeitsrausch – und verstehe mich selbst nicht dabei. Als ob es noch Neuland zu entdecken gäbe. Im besten Fall entdecken wir »nur« noch uns selber.

Die Rekord-Schnellläufer kommen mir vor wie jene Touristen, die sich brüsten, den Louvre in siebenunddreißig Minuten zu durchkämmen. Was haben sie davon? Vergleichbar sind Zeiten in der Antarktis ohnehin nicht. Dafür sind die Eis- und Wetterverhältnisse von Jahr zu Jahr, ja von Monat zu Monat zu unterschiedlich. Muss die Leistung nicht eher darin liegen, die Geschwindigkeit und den Kraftaufwand in ein möglichst ökonomisches Verhältnis zu bringen? Wer der Eile zuliebe zu wenig Lebensmittel mitnimmt oder zu viele Kalorien verbrennt, ist weder mutig noch tapfer oder sonst was, sondern schlicht fahrlässig ehrgeizig. Er spekuliert mit einer Rettung durch das Flugzeug und verschenkt das Wichtigste: sich so einzurichten, dass es aus eigener Kraft reicht. Giuseppe hilft den Tüchtigeren. »Never, ever, ever give up.«

Unter dem Namen »The Last Degree« ist seit ein paar Jahren an beiden Polen eine Art »pole expedition light« im Angebot. Am Südpol fliegt ALE die Gäste und das Material auf die

»Startlinie« am 89. Breitengrad, und los gehts. Von unseren zehn Breitengraden bleibt ein einziger übrig. Von über tausend Kilometern bleiben gerade noch gute hundert. Und vom großen Antarktisgefühl nur ein Rest. Was bringt die Abkürzung? Was bleibt von der Erfahrung, ohne Sastrugis und ohne den katabatischen Wind, der seine Kraft erst in einiger Entfernung vom Pol gewinnt? Und was bleibt ohne die Herausforderung, Lebensmittel, Kleider und Brennstoff für sieben Wochen mit sich zu ziehen? Der Schlitten wiegt auf dem letzten Breitengrad nur noch einen Bruchteil des Anfangsgewichts.

Doch für uns Langstreckenläufer mit unseren fast zwölfhundert Kilometern in den Knochen bleiben die letzten hundertelf bei aller Leichtigkeit die schwersten. Dieser letzte, kleine Kreis um den Pol ist es, der die Opfer einfordert. Aus Schwäche, aus Hunger, aus Durst. Wie beim Mount Everest, der seine Opfer wegen Erschöpfung erst auf dem Abstieg einfordert, sind es bei einer Pol-Expedition die letzten hundert Kilometer vor dem Ziel. Ob alle von uns ankommen werden?

Patriot Hills – Hercules Inlet
Montag, 12. November, 1. Tag
Hercules Inlet, 79.9500 S, 080.0000 W

Seit ALE vor rund zwanzig Jahren mit privaten Flügen nach Patriot Hills begann, bildeten sich fast feste Regeln für Pol-Expeditionen heraus. Zum Beispiel: Start für jede Südpol-Expedition nördlich des achtzigsten Breitengrades bei Hercules Inlet, auf einer bedeutungslosen Koordinate, die per Zufall genau auf der imaginären Küstenlinie liegt, wo das Ronne-Schelfeis in den Kontinent Antarctica übergeht. Klar, dass auch wir uns für eine makellose Performance an die Regel halten, besonders, wenn wir uns in der Königsdisziplin »unsupported and unassisted« profilieren wollen. Das verlangt, nochmals ein Stücklein nach Norden zu fliegen. Hercules Inlet unterscheidet sich in nichts vom Eis rundum. Keine Piste, nichts. Der Name geht auf die Landung eines amerikanischen Hercules-Transportflugzeuges zurück und wird heute von Twin Otters angeflogen – mit Platz für sieben Personen plus Gepäck. Sie suchen sich je nach Eisverhältnissen hier oder dort eine kurze, ebene Landebahn.

Sobald die Stürme nachlassen, schwirren die kleinen, robusten Maschinen zwischen Patriot Hills und Hercules Inlet hin und her. Also packen wir unsere Zelte zusammen, verstauen die Ausrüstung und fliegen rund zwanzig Minuten zurück. Mit uns ist Julio, ein Brasilianer, der es solo versucht und schon am zweiten Tag aufgibt, weil er erfahren muss, dass seine Idee eines »Wohnschlittens« den Anforderungen nicht standhalten kann. Julio hat das Ding kaum ernsthaft getestet, sonst hätte er festgestellt, dass ein so hoher Schlitten zu oft kippt und dem Wind zu viel Angriffsfläche bietet.

Ebenfalls vor uns fand eine fünf- oder sechsköpfige norwegische Expedition in der Twin Otter Platz. Die Norweger schlagen einen kleinen Umweg ein, zurück nach Patriot Hills, was ihnen Gelegenheit zu einem Retablierungshalt bietet und die depotlose Strecke verkürzt. Ihr Lebensmittelvorrat ist auf nur 47 Etappen angelegt, doch sollten sie ihr Ziel erst am fünfzigsten Tag erreichen. Eine weitere, südafrikanische Zwei-Mann-Expedition wird den Pol gar erst am sechzigsten Tag erreichen.

Als Letzte fliegen am gleichen Tag auch vier oder fünf Iren nach Hercules Inlet. Sie sind »supplied«. Sie lassen je ein Nahrungs- und Kleiderdepot zum 82. und zum 87. Breitengrad sowie zum Südpol fliegen. Ein Depot verringert das Gewicht auf den Schlitten beträchtlich und bietet Gelegenheit, Material auszutauschen und den mitgeführten Abfall nach Hause zu schicken. Doch die Iren haben ein weiter entferntes Ziel: 97 Meilen jenseits des Südpols, die Stelle, wo Ernest Shackleton auf seiner »Nimrod«-Expedition 1909 kehrtgemacht hatte. Später werden wir hören, dass die Expedition nur sehr langsam vorankommt. Ob sie den Pol oder gar ihr weiter gestecktes Ziel erreicht hat, findet auch der elektronisch am besten vernetzte Adrian nicht heraus.

1111 Kilometer Luftlinie auf Skis bis zum Pol, immer dem achtzigsten Längengrad entlang. Bereits der erste Kilometer lässt mich spüren: Das ist Antarctica. Wie ein Ochse vor dem Pflug stemme ich mich in die Zuggurte und schlucke die Zweifel runter. Noch am ersten Tag kommen wir fünf Stunden voran. Immer sanft bergauf, bei fast frühlingshaften Temperaturen. Wenn das so bleibt … Aber es bleibt nicht so.

Bereits am nächsten Tag zeigt sich die Antarktis von ihrer grausamen Seite. Nicht gut für die Moral. Was steht uns noch alles bevor? Sind wir dem allem gewachsen?

Sastrugis
Mittwoch, 14. November, 3. Tag
80.4018 S, 080.1667 W

Wir haben mit vielem gerechnet, und doch fällt uns die Gewöhnung an die Verhältnisse schwer. Nach drei Tagen sind wir 24 Seemeilen weiter. Und mit uns die Schlitten. Jeder von uns schleppt 115 Kilo hinter sich her. Mit minus fünfzehn Grad ist es immer noch antarktisch mild. Wenn bloß der Wind nicht so pfiffe. Und der Windchill nicht alles doppelt so schlimm machen würde. Dazu die stetige Steigung. Und die Sastrugis. Diese Eisteufelchen, wie Wölfe im Schafspelz.

Der exotische Name steht für die oft meterhohen Grate und Schrunden, die der Wind aus dem Eis fräst. Die Sastrugis beginnen schon am ersten Tag an den Kräften zu zehren. Auf den ersten Blick könnte man sich verlieben in die visuellen Reize dieser bizarren Windgangeln, die das Eis von Horizont zu Horizont in stromlinienförmige Hebungen und Senkungen gliedern. Betritt man sie, erweisen sie sich als zickig. Sie sind pickelhart und erschweren die Fortbewegung mit Skis und Schlitten. Ihre Form gleicht der von Wechten, doch sind sie eher deren Umkehrform. Der Wind häuft sie nicht auf, sondern er fräst sie aus der unterschiedlich verfestigten Schneedecke heraus. Und anders als bei der Wechte, ist die steilere Seite im Luv. Auf dem Weg zum Südpol bedeutet das, dass man nicht nur stets den Drag (Windwiderstand) der katabatischen Winde von schräg vorne gegen sich hat, sondern auch noch diese Sastrugis in einem unglücklichen Winkel überqueren muss. Doch wir spüren, wir kommen voran. Nach drei, vier Tagen versinken The Three Sails und die Ellsworth Mountains, die wir seit Hercules Inlet zu unserer Rechten hatten, hinter uns als feine Zäcklein am Horizont jenseits der Erdkrümmung.

Geschenke

Donnerstag, 15. November, 4. Tag
80.5682 S, 080.5679 W

Antarctica gleicht einem Buckel. Von allen Seiten aufsteigend bis auf über 2900 Meter über Meer am Pol. Diese fast stetige Steigung, so sanft sie erscheinen mag, baut mehr Widerstand auf als manche senkrechte Wand in den Bergen – doch abwärts wäre die Neigung entschieden zu gering, um die Skis gleiten zu lassen. Alles kostet Kraft. Die Antarktis macht keine Geschenke. Oder doch? Die Sicht rundum, auch wenn sie stets dieselbe bleibt, lässt mir jedes Mal den Atem stocken, wenn ich den Blick zum Horizont erhebe.

Wenn wir uns am Anfang bloß nicht übernehmen. Wer vermag denn einen Schlitten mit 115 Kilo Last leichtfüßig zu ziehen? Noch suchen wir unseren Rhythmus. Aufbruch um neun Uhr morgens und Tageshalt gegen fünf Uhr abends scheint sich zur Akklimatisation zu bewähren. Mit zehn Minuten Rast jede Stunde. So schaffen wir bis zu zehn Meilen im Tag. Hintereinander, jeder für sich, mehr oder weniger im Gleichschritt mit allen anderen. Mit den Arbeiten im und ums Camp bedeutet das täglich dreizehn Stunden Arbeit.

Männer, Frauen und Friends

Dem Berg ist es egal, ob ihn eine Frau oder ein Mann besteigt. Er zwingt beiden Geschlechtern die gleichen Schwierigkeiten auf. Dass ich den Gipfel des Mount Everest als erste Schweizer Frau erreichte, hatte etwas Befreiendes an sich: Ich hatte für einmal eine messbare »Frauenleistung« erbracht. Weil die Männer die gleichen Schwierigkeiten anders meistern, starten sie in praktisch allen sportlichen Disziplinen unter sich. Bloß am Berg nicht.

Jetzt, auf Antarctica, holt mich das Thema wieder ein. Starke Frauen und muskulöse Männer. In extremen Situationen bekomme ich immer wieder das Handicap der geringeren Muskelmasse zu spüren, die der liebe Gott uns Frauen beschert hat. So richtig bewusst wurde mir das schon vor Jahren am Mount Fitz Roy in Patagonien. Steil wie ein Zahn beißt dieser Berg in den Himmel. Wenn ich da hinaufwill, wiegt mein Rucksack, den ich da hochhieven muss, nicht weniger als ein Männerrucksack: Das heißt, er ist im Verhältnis zu schwer. Das lässt sich nicht ändern. Klettern am Limit, wie eben am Fitz Roy, bedingt einen schweren Rucksack. Ich kann trainieren, so viel ich will, und die letzte Kraft, die letzte Fokussierung einsetzen, es fehlen vielleicht nur zwei Zentimeter, doch genau diese zwei Zentimeter bis zum nächsten Griff schaffe ich nicht, weil ich ein kleines bisschen mehr Maximalkraft bräuchte, auch wenn ich über eine ausgefeiltere und präzisere Feinmechanik verfüge. Das Defizit der geringeren Kraft kann eine Frau mit keinem Mehraufwand wettmachen. Wenn ich an den letzten Kraftreserven klettern muss, kann mich das zum Aufschreien bringen. Schließlich hilft nur ein Tricklein: Man braucht einen »Friend«, ein Klemmgerät, das man in Felsrissen anbringen kann, um sich zu sichern – und sich wenn nötig mitsamt dem Rucksack am Buckel daran hochzuziehen. Es sind vor allem diese Extralasten, welche uns Frauen unsere geringere Muskelmasse und geringere Maximalkraft spüren lassen.

Hier, in der Antarktis, bringt mich der Schlitten an diesen verflixten Sastrugis ans Limit. Von den Jungs legt jeder gut und gern zwanzig Kilo mehr Körpermasse auf die Waage. Sie machen hauruck und ziehen den Schlitten über die Kante. Mein Hauruck reicht nicht immer. Ich stemme mich in die Zuggurten, und wenn ich mich eine Spur zu wenig stemmen kann, zieht mich der Schlitten im Gefälle rücklings weg, sodass ich taumele wie ein Hund, den das Herrchen an der Leine von einem Angriff zurückzerrt.

Schön, sind die Jungs meine »Friends«. Sie nehmen mir je zwei bis drei Kilo Gepäck vom Schlitten. Als Gegenleistung für diese gut zehn Kilo Erleichterung übernehme ich zwei Drittel der Navigation und alles in allem gute zwei Drittel des Kochens. Bei den Jungs fällt nun ein Kochtag auf etwa drei Ruhetage. Ich habe nur einen Ruhetag auf drei Kochtage. Fünf Stunden Kochen nach acht bis zehn Stunden unterwegs ist eine Mehrleistung, deren kräftezehrende Wirkung ich je länger, je mehr zu spüren bekomme. Schnee schaufeln, Schnee schmelzen und wieder und wieder Schnee schmelzen. Fünf ermüdende Stunden lang. Jede Handreichung an den Kochern geht an der Ruhezeit ab. Wie lange ich auf meine Ausdauer zählen kann?

Die Ausdauer kommt mir auch an den Steigungen zugute. Wirklich steil sind sie nie. Sie kündigen sich durch ein sanftes Gefälle an, um dann ebenso sanft um hundert oder zweihundert Höhenmeter auf einen etwas höheren, näheren Horizont anzusteigen. In unseren Breiten steckt selbst ein untrainierter Skiwanderer solche Strecken mit einem Lächeln weg. In den extremen Luftdruckverhältnissen der Antarktis als Zugesel unterwegs, reagiert der Körper mit rasendem Atem und Herz, als ob wir irgendwo in die Gipfel der Anden hochstiegen. Zweihundert Höhenmeter geben uns zu schaffen, als wären es tausend. Wenn ich regelmäßig vorangehen kann, bleiben die Beschwerden meist auf der erträglichen Seite.

Ein erstes Zwischenziel
Sonntag, 18. November, 7. Tag
81.0723 S, 080.0510 W

Heute gibt es gleich drei Erfolge für eine Feier: Wir sind seit einer Woche unterwegs, wir haben den ersten Breitengrad hinter uns, und wir sind rascher unterwegs als unsere Referenzgruppen. Nicht, dass wir uns auf einer Rennstrecke fühlen – aber zu wissen, dass es anderen schwerer fällt, wirkt doch aufmunternd. Aus Patriot Hills erfahren wir, dass Julio, der brasilianische Einzelgänger mit dem Wohnschlitten, aufgegeben hat und dass das norwegische und das südafrikanische Team, die am selben Tag wie wir gestartet sind, einiges hinter uns liegen.

Was wirklich zählt, sind die Breitengrade. In unsichtbaren, konzentrischen Kreisen liegen sie rund um den Südpol. Mit jedem, den wir überschreiten, sind wir unserem Ziel um eine Etappe näher. Nun stehen wir bereits auf dem 82. Der Countdown läuft. Ein Breitengrad ist ein Zehntel der Strecke. Und auf jedem weiteren Zehntel soll es etwas weniger beschwerlich werden, gemäß Praxis und Theorie. Der Schlitten wird täglich um 5300 Kalorien und etwas Brennstoff leichter, und die Winde lassen Richtung Pol etwas nach. Wir werden sehen.

Wie oft jongliert jeder für sich im Kopf mit Breitengraden, Meilen und Kilometern herum! Ein Breitengrad misst 60 Seemeilen. Eine Seemeile entspricht 1852 Metern. Macht etwas über 111 Kilometer. Bis jetzt haben wir pro Tag 15 Kilometer 800 Meter zurückgelegt… Also stehen uns jetzt noch fast genau tausend Kilometer bevor. Wenn die Endorphine ihre Drogenwirkung entfalten, kann man Zahlen schieben, bis einem schwindlig wird: Man findet kein Resultat. Um meine geistige Stressresistenz zu trainieren, gehe ich beim Ausdauertraining auf dem Laufband manchmal den Helipilot-Security-Check durch. Wenn ich alle Punkte auch bei Puls 180 wie am Schnürchen in der richtigen Reihenfolge hinkriege, kann ichs auch, wenn der Flugexperte zwei Meter über dem Boden den Kraftstoffhahn zudreht. Mal schauen, ob ich im Helikopterfliegen besser bin als im Rechnen.

Die Basisstation in Patriot Hills sagt noch schärfere Winde voraus. Aber wenn ich hier noch etwas an den Kleidern verbessere, dort die Gurten für den Schlitten noch etwas anders ziehe, kann ich mich doch noch an die Antarktis gewöhnen. Manches ist uns schon vertraut. Die Natur in ihrer lebensfeindlichen Reinheit überwältigt uns in ihrer Schönheit und Härte.

Saubermänner und -frauen

Ach ja, auch damit habe ich nach einer Woche Erfahrung gesammelt – und bin jedes Mal überrascht, welch unausweichliche Herausforderung die körperliche Hygiene werden kann.

Wie wir uns waschen? Die Frage lautet noch mehr als auf dem Fahrrad, wie ich mich ungewaschen frisch halte. Seife und Brennsprit für etwas so Luxuriöses wie Körperpflege wäre Energieverschwendung auf einer Reise, bei der wir alles selber mitschleppen müssen. Lediglich Zähneputzen gönnen wir uns alle. Zur Abtötung ansteckender Keime muss diese Desinfektionsflüssigkeit mit dem Autoscheibenwaschmittelaroma genügen. Im Übrigen hat jeder seine eigenen Präferenzen. Adrian, Hans und Devon säubern sich etwa alle zehn Tage und kultivieren ihre Bärte wie einst Käptn Haddock. Nur Max rasiert sich regelmäßig. Wäre ich ein Mann, wäre ich dankbar für meinen Bart. Kaum zufällig, leiden Max und ich stärker an Hautschrunden und Rissen in den Lippen als die anderen drei.

Noch eine Frage zum Thema? Klar, die Toilette. Am besten, wir bringen das so rasch wie möglich hinter uns. Pipi unterwegs ist kaum der Rede wert, aber in den eisigsten Stürmen beneide ich die Männer um den Vorteil ihres Werkzeugs.

Im Zelt haben wir eine Flasche. Eine Pee-Bottle. Sie vor dem Zeltgenossen volllaufen zu lassen, ist die kleine Zugabe der Abend- und Morgenzeremonie, die auf Expeditionen mit Teilnehmern beiderlei Geschlechts keiner Frau erspart bleibt. Bloß nicht rausgehen müssen. Für größere Geschäfte greifen wir nach einer Schaufel, graben ein Loch und schaufeln es wieder zu. Anstelle von Papier tuts auch Schnee. Aber schnell. Bloß keine Frostbeulen an der Stelle, vor der uns ALE am ersten Tag so gewarnt hat. Unsere organischen Reste sind das Einzige, was von uns liegen bleibt, wenn wir weiterziehen. Deshalb haben wir alle Verpackungen schon in Punta Arenas auf ein Minimum abgebaut. Das bisschen Abfall, der übrig bleibt, packen wir auf die Schlitten. Gewiss, es ist unwahrscheinlich, dass je wieder eine Expedition auf unsere Spuren stößt. Doch die Antarktis soll ihre Reinheit bewahren. Die geringste Verunreinigung bleibt der Nachwelt für Jahrmillionen erhalten.

Vom Wind

Montag, 19. November, 8. Tag
81.2596 S, 079.9580 W
Tagesetappe 11,33 NM (21 km), total 75 NM (139 km);
wolkenlos, sehr stark windig, –20 Grad Celsius

Keine Flaute in Sicht. Die Basisstation in Patriot Hills verspricht uns viel Sonne – und ein zunehmendes Toben der Stürme im Lauf der Woche. Wenn auf dem Everest die Höhe zu schaffen macht, ist es in der Antarktis der Wind. Er fegt übers Eis wie ein Flugzeug über die Piste, sagt Adrian. Unerbittlich, gnadenlos vom Pol Richtung Küste. Egal, aus welcher Richtung man sich diesem Pol nähert: Er nadelt, schneidet und beißt ins Gesicht, im Tandem mit der Kälte. Windchill. Seine ätzende, lähmende Kraft spüren Körper und Geist erst so richtig, wenn man ihm Tage und Wochen ausgesetzt ist.

Bei der jetzigen Windstärke fühlen sich minus zwanzig Grad Celsius an wie minus vierzig Grad. Im Ross-Meer und ausgerechnet im Weddell-Meer, an dessen Rand wir uns befinden, sind die katabatischen Winde besonders ausgeprägt. Es gibt kein Entweichen und keinen Schutz. Selbst im Zelt lässt er keine Ruh. Zerrt hin und her. Ein nerviges Flattern tagein, tagaus, wer weiß, wann die Nähte reißen, die Schneeheringe ausbrechen. Und bloß nichts loslassen. Lass einen Handschuh fallen, sagt Devon, und du musst ihn in Argentinien suchen. Im Übrigen gibt es nicht viel zu reden, wenn der Wind vom Mund verweht, was der andere sagt. Auch am Mittwoch. Am zehnten Tag. Bei minus siebzehn Grad Celsius. Nach hundert Meilen. 185 Kilometern. Schon? Erst? Wie lange so ein Wind noch zunehmen kann? Nun ist selbst im Zelt das eigene Wort nicht mehr zu hören.

Die ersten Tage hatte ich wie eine Hündin gelitten, weil ich bereit war zu leiden. Jetzt ist mir klar, dass die Hoffnung auf windstille Tage vergebliche Hoffnung bleibt. Unterdessen frage ich nicht mehr, wie lange der Wind noch an meinen Nerven sägt. Es bleibt nichts anderes, als zu akzeptieren, dass wir alle noch rund sieben Wochen durchhalten müssen, wenn wir ans Ziel kommen wollen.

Der Wind ist dein Freund, sagen die Segler, die Windsurfer, die Deltaflieger – und richten sich nach ihm. Von wegen. Auf Antarctica ist der Wind jedermanns Feind. Ich kann ihn beschimpfen, verfluchen, verdammen, ich kann auch gegen ihn kämpfen; doch komme ich damit einen Schritt weiter? Er bleibt, was er ist. Permanent, penetrant, fordernd, die Kräfte verschleißend. Er raubt den Mut, die Zuversicht und den Schlaf. Von allem, was nicht niet- und nagelfest ist, ergreift er Besitz. Widerstand ist zwecklos. Wut Zeitverschwendung. Hass kostet sinnlos Energie. Selbstmitleid führt zu keinem Ziel. Dieses Raubtier der Antarktis kann einen mit Herz und Seele, von Kopf bis Fuß lebendigen Leibes verzehren. Bloß nicht schwach werden deswegen. An starken Feinden schärft man den Geist und lernt Fantasie, um mit ihnen zu leben. Schiffbruch mit Tiger gleichsam. Es gilt, die Bestie, von der man nicht loskommen kann, zu füttern und bei Laune zu halten.

Abends im Zelt, und während der Schnee in den Kochern schmilzt, schneide ich die Enden der Kunststoffmatratze weg, um die isolierenden Stücke an die Knie meiner Hose zu nähen. Mit weiteren Stücken kann ich die Gesichtsmaske rund um die Sturmbrille abdichten. Und wo ich spüre, dass die Kälte durch die Kleidernähte zubeißt, stopfe ich mit Matratzenresten die Ritzen. Es darf nicht sein, dass ich bei einer kurzen Rast von zehn Minuten auskühle. Anderseits darf ich beim Gehen und Ziehen des Schlittens nicht zu schwitzen beginnen. Schwitzen in der Antarktis ist verboten. Wer schwitzt, ist bald unterkühlt: »If you get wet, you will die«, hatte ich bei meinen Trainings in der Arktis gelernt.

Seltsame Gedanken gehen einem unterwegs durch den Kopf. Wo geht der Wind hin, wenn er schläft? Woher holt man sich die Kraft, wenn keine mehr da ist?

Routine und positives Denken
Donnerstag, 22. November, 11. Tag
81.8591 S, 079.9601 W
Tagesetappe 12,26 NM (23 km), total 112 NM (207 km);
wolkenlos, stark windig, –17 Grad Celsius

Die Winde bleiben stürmisch, zwischen fünf und acht Beaufort (29 bis 74 km/h). Eines unserer Referenzteams ist deswegen an zwei Tagen nicht ausgerückt. Immerhin hat sich meine jahrelang genährte Angst vor der Kälte etwas gelegt. Nun weiß ich, dass ich mich während des Schlafs im Zelt aufwärmen kann. Angenehmer werden die Bedingungen deswegen nicht.

Allmählich machen sich verschiedene kleine Materialschäden und Blessuren bemerkbar. Schrunden in der Haut, Blasen an den Füßen, geplatzte Lippen.

Nichts Schlimmes. Doch was heißt »nicht schlimm« in der Antarktis? Unter diesen Bedingungen wird eine kleine wunde Stelle zur Folter. Wer die Schmerzen nicht mental zu bändigen versteht, wird ihnen erliegen. Was wir zu Hause mit einem Lächeln wegstecken, gefährdet hier den Erfolg.

Man sollte mich nicht fragen, wo wir Schmerzen haben, sondern, wo es noch nicht wehtut – oder schlimmer: wo es gefühllos wird. Wenn wir so hintereinander hergehen, hängen wir wie eine Kette zusammen. Was einen Einzigen behindert, wirft uns alle zurück. Eine Blase am Zeh reicht dazu aus. Was kommt noch auf uns zu, und was kommt danach?

Warum tun wir uns das an? Auf was haben wir uns da eingelassen? Was haben wir davon? Da nagen schon manchmal Zweifel. Die Schmerzen bringen einen dazu, dieses und jenes zu hinterfragen. Doch Schmerzen sind anders als Wind. Sie kommen von innen und legen sich nicht einfach so. Wir können sie bekämpfen, ja sie besiegen: Ich reise im Kopf an idyllische Orte, an den sommerlichen Vierwaldstättersee meiner Kindheit, zum Beispiel, in eine Sauna, wo warmes Wasser Wunder tut … Mentaltrainer haben Erfahrung in diesen Dingen. Es stimmt schon, positive Gedanken können den Geist und die Lebensgeister beflügeln. Ich denke an meine Familie und an die Freunde, dich ich liebe oder mag. Ich erlaube mir schlicht keine schlechten Gedanken – der Energieverlust wäre zu groß und rückte das Ziel in unerreichbare Ferne.

Antarktischer Alltag

Auch die Strukturierung des Alltags schont die Kräfte und verleiht inneren Halt.

Das Abenteuer hat sich ein Stück weit zur Routine entwickelt. Um halb sechs, während die andern noch schlafen, stehe ich auf, renne hinaus in die Kälte, weil mein Schließmuskel Entspannung sucht. Danach schaufle ich flink frisch gehackte Schneebrocken ins Vorzelt, flüchte zurück in den Schlafsack, versuche, meinen Körper und die Hände erneut warm zu kriegen, desinfiziere meine Hände mit Scheibenwischeraromasalbe und koche für alle Schneewasser für das Frühstück und die Flaschen unterwegs auf. Damit bin ich gut und gerne zwei Stunden beschäftigt. Zum Essen bleiben wir in den Zelten. Zum Frühstück gibt es immer dasselbe: Müesli. Um sich Antarktistauglich anzuziehen, verstreichen weitere zwanzig Minuten. Ist es so weit, wünsche ich meinem Zeltgenossen viel Glück für den bevorstehenden, harten Tag, denn…

Um Viertel nach acht heißt es dann für alle: Raus in die Kälte, Zelt abbauen und Schlitten laden. Das dauert knapp eine Stunde. Jede kleinste Arbeit, und sei es nur einen Knoten binden oder einen Reißverschluss hochziehen, ist in Handschuhen, mit klammen Fingern und unter dem Rütteln des Windes eine Zeit und Kraft verschleißende Arbeit.

So wird es bis zum Start oft Viertel nach neun. Alle eineinviertel Stunden rasten wir fünf bis zehn Minuten. Stehen bleiben, sofort Daunenjacke anziehen, um nicht auszukühlen. Und jedes Mal schieben wir uns mit Heißhunger etwas Käse, Salami, Schokolade, Nüsse, getrocknete Früchte oder Kalorienriegel ein. Kaum haben wir mit heißem Wasser nachgespült und die Daunenjacke wieder ausgezogen, geht es weiter im Trott.

Nach einem harten Tag wie heute gibt es nur eins. Ratsch, die Klettverschlüsse am Verdeck des Schlittens aufziehen, Zelte aufstellen, kochen, essen und möglichst bald in den Schlafsack. Doch welcher Tag bis heute ist nicht hart gewesen? Gegen sechs Uhr abends suchen wir einen Platz für das Camp. Bei aller Einförmigkeit von Antarctica werden wir nicht immer gleich fündig: Wo ist eine Stelle frei von Sastrugis, damit wir unsere Zelte flach aufstellen und auf flachem Gelände von einem zum andern gelangen können?

Schneeheringe in den Firn schlagen, schaufelweise Schnee auf die Flaps an den Gewebekanten laden, um die Zelte sturm- und treibschneesicher zu machen – das kann gut und gerne eine Stunde dauern. Manchmal braucht es die vereinten Kräfte von dreien und vieren, damit es das Biwak nicht gleich mit seinem Erbauer davonweht.

Das Schönste, sobald das Zelt einmal steht: Raus aus der Daunenjacke. Endlich die kalten Schuhe ausziehen, endlich warme Socken anziehen, die nassen Accessoires wie Sturmbrille, Stirnband, Balaklava und Halskrause an einer Leine im Zelt zum Trocknen aufhängen und den Schlafsack ausbreiten, damit sich die Restflüssigkeit vom Vortag verflüchtigt.

Küchenfreuden

Sobald das Camp steht, gehts wieder ans Kochen. Noch mehr als am Morgen ist die Kocharbeit abends Knochenarbeit. Mit einem der Jungs zusammen Schneeblöcke ausstechen und im Vorzelt bereitlegen, den MSR-Kocher vorglühen und die Flamme entzünden. Wir behalten stets einen Rest Wasser vom Vortag in den Thermosflaschen, um ihn zur Schneeschmelze in die Pfanne zu gießen. Das beschleunigt den Vorgang. Fast nicht zu glauben, dass so große Blöcke Schnee mir nichts, dir nichts in den Töpfen verschwinden und nur so wenig Wasser hergeben. Immer wieder muss man nachfüttern. Und dann in Volllautstärke gegen den Wind: »Jungs, das Wasser für die Thermosflaschen ist heiß…«, und: »Jungs, die Suppe ist fertig!« Zeit für Devon, uns die Koordinaten gemäß GPS zu nennen. Je nach Breite steigt oder fällt die Stimmung um ein paar Grad Celsius.

So oder so geht es jetzt nochmals ans Schneeschaufeln und -schmelzen, damit zwischen neun und halb zehn Uhr der gefriergetrocknete Hauptgang fertig aufgekocht ist. Schön. Die Auswahl der Menüs reicht vom Rindsfilet Stroganoff über indischen Curry bis zu mexikanischen Paprikagerichten. Ach, wir würden alles essen. Wenn man bei diesen Tiefkühltemperaturen Schwerarbeit leistet, kriegt man von nichts genug. Wir haben alle schon mehr Gewicht verloren, als uns lieb ist.

Immerhin erspart uns der neue Strecken- und Diätplan, den wir in Patriot Hills gemeinsam beschlossen haben, noch schmalere Kost. Statt wie ursprünglich vorgesehen, teilen wir die Kalorien nicht auf sechzig, sondern auf zweiundfünfzig Tage auf. Wir fühlen uns gesund und erfahren genug, um den Pol in fünfzig Tagen zu erreichen. Genau zu Silvester. Bei zwei Rationen Reserve. Alle fünf Tage einen Breitengrad sollten wir schaffen. Was mit zehn Kilometern pro Tag begonnen hat, endet mit bis zu zweiunddreißig Kilometern im Tag. Je länger, desto leichter. Die schwindende Last auf den Schlitten ist schon erfreulich deutlich zu spüren. Doch immer mehr macht sich bei mir auch die Ermüdung von der Radlerei ans Ende der Welt bemerkbar.

Der zweite Breitengrad

Freitag, 23. November, 12. Tag
82.0738 S, 079.9824 W
Tagesetappe 12,96 NM (24 km), total 124 NM (230 km);
wolkenlos, mäßig windig, –17 Grad Celsius

Eine laute Nacht. Mein Zeltgenosse Max hat die ganze Nacht Eis gesägt. Er zählt zu den schnarchenden Zeitgenossen. Fast die Antarktis hat er entzweigesägt. Was sollte ich tun? An Schlaf war nicht zu denken. Die Ruhezeiten sind mit fünf bis sechs Stunden täglich ohnehin kurz bemessen. Nun fühle ich mich noch müder als sonst. Überdies behindert ein seltsam diffuses Licht die Sicht. Die Schneeverwehungen und Sastrugis sind schlecht oder gar nicht zu erkennen. Das ist mehr ein Taumeln als ein Gehen. Kein guter Tag.

Höhenflüge

Am Navigationsgerät den Kurs bestimmen und weitergehen, auf weißem Grund dem weißen Horizont entgegen. Heute wie gestern und vorgestern. Und versuchen, die Gedanken abheben zu lassen. Wie vorgestern und vorvorgestern. Geist und Seele ins Schweben bringen. Höhenflüge eben. Wie damals, als wir Sturmholz aus den Bergwäldern holten. Ferdi und ich. Das war ein Leben.

Im Heli konnte ich alles um mich herum vergessen. Bereits der Gedanke an den Heli versetzt mich in eine andere Welt.

»Ready for take-off?« Sachte beginnen die Turbinen zu rotieren und beschleunigen sich bis an die Schmerzgrenze des Pfeifens und Heulens, die Maschine, die das alles in ihrem Innern aushalten muss, vibriert. Kerosin liegt in der Luft. Ein startender Helikopter ist ein explosives Gemisch, und du bist mitten drin, Schnee wirbelt auf, Staub wirbelt auf, wo bist du überhaupt – und wenn du zum ersten Mal da rausfliegst, herrscht Hochspannung im Hirn, das Herz klopft zum Zerspringen. Später, mit mehr Erfahrung, fliegst du immer wieder ganz knapp dieser ersten Erfahrung hinterher.

Ein Heli verlangt bedingungslose Aufmerksamkeit. Ein Heli verzeiht keinen Fehler. Ein Augenblick Nachlässigkeit kann einen hohen Preis fordern. Im täglichen Leben wünsche ich mir nicht einen so hochsensiblen Partner mit nonstop so hohen Ansprüchen. Aber in auserwählten Stunden einer wunderbar entspannten Hochkonzentration kann es nicht viel Schöneres geben. Der Heli ist ein Geschenk für den Geist unterwegs.

Freilich geht mir bis heute die Zeit am Berg über alles. Der Geruch nach Thymian in einer Wand, ein Lufthauch, der einem den Duft des Wildheus von der Grasflanke unten emporträgt, das sind Augenblicke unvergleichlichen Glücks. Doch Fliegen kann selbst die Schönheit der Berge ausblenden. Die Berge lassen immer wieder Zeit. Ruhepunkte in einem Couloir, auf einem Absatz in der Wand. Die Berge fordern nicht nur Zeit. Sie schenken sie auch. Im Heli ist das anders. Als ob keine Zeit ist. Eine Art Zeitlosigkeit, weil keine Zeit bleibt, sich über die Zeit Gedanken zu machen. Beim Helifliegen ist es immer jetzt. Sofort. Lufträume beachten, Checklisten durchgehen, das Controlpanel überwachen, auf Starkstromleitungen und Heuseile achten, Straßen und Plätze auf Notlandemöglichkeiten abfragen und für den Fall eines Falles einen Ersatzplan in der Hinterhand halten.

Wie oft war ich geflogen, um in Übung zu kommen und in Übung zu bleiben. Tausend Flugstunden und mehr gehen mir durch den Kopf, während ich meinen Schlitten über das Eis ziehe und versuche, die antarktische Wehleidigkeit zu vergessen, die einen ergreift, sobald man sie nicht mit geistigen Mitteln bekämpft. In Spanien war das, gute drei Jahre ists her, im andalusischen Sommer, es war so heiß, dass der Downwash (Abwind) der Rotorblätter die Haut fiebrig peitschte. Wir warteten Hochspannungsleitungen, Sandro und ich, und standen selbst stets unter der Hochspannung, mit dem Hauptrotor in einer Sekunde der Unachtsamkeit in die Drähte zu schlagen. Geruch von verdorrtem Gras, von Eukalyptus und von Poleo, einem Kraut, das wie Minze riecht, stieg von den glühenden Ebenen hoch und liegt jetzt gleich wieder in der Luft, hier, wo die Kälte auch starke Gerüche erstickt.

Ich durchlebe das wieder und wieder, dieses Abheben ins flüchtige Element der Luft, die sich bewegt wie ein Strom und reißen kann wie ein Strom, mit unbändiger Gewalt. Aufwinde, Abwinde, Böen und Flauten bestimmen den Flug dieser metallenen Insekten, die in der Luft stillstehen, aber auch vorwärts-, seitwärts- und rückwärtsfliegen und ohne eigene Kraft, in Autorotation zu Boden gleiten, wenn man es geistesgegenwärtig richtig anstellt. Am schönsten ist es, wie die Dohlen an den Bergkanten zu starten und zu steigen, zu schweben, zu kreisen und zu landen. Unwillkürliche Veränderungen der Flügelstellung halten die Dohlen im Gleichgewicht, und ebenso rasche Veränderungen der Rotorblätter bestimmen den Kurs einer Alouette, einer Ecureuil oder eines Jet Ranger in der Luft, und jeder hat seinen Charakter mit seinen Stärken und Schwächen. Jeder verlangt, ihn als Wesen zu nehmen und sich von ihm nehmen zu lassen.

»On every action there is an equal and opposite reaction.« Das dritte Newton'sche Gesetz wirkt zwischen dem Heli und seinem

Element, der Luft, und der Pilot nutzt es mit Nuancen an der Stellung des Steuerknüppels, des kollektiven Rotorblattverstellhebels und den Fußpedalen zu den entscheidenden Kursveränderungen. Die Gesetze wirken so fein und unerbittlich, dass es von der Temperatur und der Feuchtigkeit der Luftmassen abhängt, ob ich mit dem kleinen Jet Ranger auf 3200 Meter oder nur auf 1800 Meter landen und auch wieder abheben kann.

Wo bin ich? Wohin bin ich in meinen Gedanken geflogen? Hier ist Antarctica. Was gäbe ich jetzt, aus dieser unwirtlichen Weite aufzusteigen, mich zu erheben über die arme, sich selbst bestrafende Kreatur, die sich da in den Niederungen Schritt für Schritt durch den ätzenden Gegenwind kämpft. Aber bleib dabei, Evelyne. Du weißt genau: Die Antarktis ist auch Helikoptern feindlich gesinnt.

Die Strecken von Versorgungsstation zu Versorgungsstation sind für einen Heli zu weit, die Kosten zu hoch. Kein einziger ist je hier gelandet.

Aber das ist nicht der Punkt jetzt. Geh weiter, Evelyne. Schritt für Schritt für Schritt. Welche drei Regeln hat Bob Spencer, der alte Fluglehrer in Los Angeles, seinen Schülern auf die Seele gebunden: »Fly the aircraft. Fly the aircraft. Fly the aircraft.« Oder nach der goldenen Regeln der »Peanuts«: »Never, ever, ever give up.«

»Never, ever, ever…« Bereits sind 124 Meilen geschafft. Der zweite Breitengrad. Und wieder beginnt das Rechnen. Ist das schon ein Fünftel? Oder fast? Bleiben noch… Moment mal. Acht Breitengrade. Acht mal 111 Kilometer. Gleich 888 Kilometer. Das sind bei täglich zwölf bis dreizehn Meilen noch wie viele Tage? Hm… Ist es möglich, dass ich vor Anstrengung 888 nicht mehr durch zwölf und dreizehn teilen kann? Kilometer oder Meilen? Egal. Hauptsache, der Wind lässt etwas nach und die Sastrugis zeigen sich allmählich von einer sanfteren Seite.

Genügend Gründe für ein Festmahl. Curry-Geschnetzeltes mit Reis und in Wasser aufgelöstes Orangensaftpulver. Zu fünft in einem unserer drei Zelte. Prosit. Auf gutes Weiterkommen.

Whiteout und Ruhetag

Samstag, 24. November, 13. Tag
82.2726 S, 080.2322 W
Tagesetappe 12,2 NM (23 km), total 137 NM (254 km);
Whiteout, −17 Grad Celsius

Wetterwechsel. Whiteout. Whiteout verunsichert so stark, wie der Wind bisher genervt hat. Trotzdem haben wir zwölf Meilen geschafft. So weiß, wie es jetzt aussieht, kommen wir nicht mehr weiter. Also Ruhetag. Zum ersten Mal nach fast zwei Wochen. Ob wir uns das »leisten« können? Der Plan sagt Ja. Wir werden sehen.

Im Grunde bietet Antarctica zwei Wetter an. Entweder Sonne bis zur Schneeblindheit, verbunden mit den katabatischen Winden, deren »Drag« jeden Schritt voran zum Kampfsport werden lässt. Oder dann, meist bei leichteren Winden oder gar Flaute, den Whiteout.

Im Whiteout, wenn Bewölkung, Nebel oder Schneefall das Sonnenlicht diffus reflektiert, verschwimmt der Horizont. Die Konturen und Schatten verwischen. Es zieht einem den Boden unter den Füßen weg. Wer in einem Whiteout drinsteckt, hat das Gefühl, durch unbegrenzte, graue oder weiß gleißende Räume zu gleiten. Es ist, als feiere man mystische Stunden in der Aura einer anderen Realität – oder als kämpfe man gegen einen unfassbaren, unangreifbaren Feind. Der Gleichgewichtssinn ist gestört. Das kann fast wie Seekrankheit wirken. Der Mangel an

Haltepunkten fürs Auge kann Helikopter zum Absturz bringen, weil der Pilot die Orientierung verliert. So ist Ferdi ums Leben gekommen.

Was uns zum Vorwärtskommen lieber ist? Sturm oder Whiteout? Wir sollten beides zur Genüge erleben. In den ersten Wochen viel Wind, in den letzten Wochen viel Whiteout. Gelegentlich auch beides. Oder, um die Dinge von der Sonnenseite zu sehen: In den ersten Wochen viel Himmelblau, später etwas weniger Wind. Ja, und an ganz gesegneten Tagen ebenfalls beides: windstilles Kaiserwetter.

Soll heute bloß keiner schnarchen. Ich brauche die Ruhe zum Schlafen. Und um mir, so wie jeder für sich, Fragen zu stellen. Wie spielt unser kanadisch-britisch-norwegisch-libanesisch-schweizerisch gemischtes Quintett zusammen? »The answer is very well, indeed«, verkündet Adrian dem Rest der Welt über das Iridium-Satellitentelefon, als Stimme für uns alle. So verschieden wir sind: Devon, Hans, Max, Adrian und ich bringen sehr viel Know-how und Erfahrung zusammen. Fachlich und menschlich. Damit erfüllen wir die Grundbedingung für jede erfolgreiche Expedition. Überdies hat Devon die Größe, seine Führungsaufgabe nicht auszuspielen. Nochmals Adrian: »Devon besteht als Erster darauf, dass wir uns als Team von fünf Gleichen verstehen. Deshalb teilen wir uns alle Aufgaben, von der Navigation über die Küche bis zur Entwicklung von Strategien, nach unseren Neigungen und Fähigkeiten. Das schafft die richtige Atmosphäre zur Entwicklung eines dynamischen Teamgeists. Der hilft uns auch über die unvermeidlichen Spannungen hinweg.«

Die Bedingungen einer solchen Expedition können ja schon mal an die Nieren und an die Nerven gehen. Manchmal ist man halt einfach grantig. Da reicht eine Kleinigkeit, um kleine Explosionen zu zünden. Damit sie klein bleiben, sind wir übereingekommen, Reibereien direkt anzugehen. Rasch, offen und freundlich geben wir zu erkennen, was uns nicht passt. Je offener wir miteinander umgehen, desto leichter lässt sich Ärger bereits auf niedriger Stufe abbauen. Auch wenn es nicht immer einfach ist, klappt es bis jetzt prima.

Fragt sich an diesem Tag nur noch, ob die Sonnenenergie auch bei Whiteout zum Laden aller Geräte ausreicht. Nein. Sie reicht nicht.

Meilenfressen

Montag, 26. November, 15. Tag
82.4970 S, 080.2814 W
Tagesetappe 13,54 NM (25 km), total 150 NM (278 km);
dunstig, schwach windig, −12 Grad Celsius

Am 26. November sind wir wieder flott unterwegs. Die Batterien sind wieder geladen. Auf zwei Tage Whiteout folgen zwei Tage antarktisches Kaiserwetter. Endlich. Sonnig und windstill wie selten. Die Temperatur fühlt sich höher an als an den vorangegangenen Tagen. Bloß die Luftfeuchtigkeit ist etwas unangenehm. Die Bilanz fällt erfreulich aus. Wir kommen so weit wie nie zuvor. 13,5 Meilen. Noch gegen 900 Kilometer liegen vor uns. Endlich einmal werden Antarktisträume wahr. Eine noch nie so erlebte Atmosphäre von Ruhe, Friede und Einsamkeit erfüllt uns mit schier unendlichem Glück.

Wenn bloß die Blessuren nicht wären. Abgesehen von den Frostbeulen im Gesicht, die Devon, Adrian und Max mit Salben behandeln, leidet Adrian unter der gleichen offenen Ferse, die auch mich beim Gehen quält. Max klagt vor allem über die Achillessehne. Wir sind am Dökterlen. Doch kaum ist eine

Wunde vernarbt, zwickt es woanders. Selbsthilfe ist gefragt. Bei aller Sparsamkeit an Gewicht haben wir eine gut gefüllte Notapotheke dabei. Offene Wunden abklemmen, Antibiotika spritzen, Zähne ziehen ... Fast alles ist möglich. Bis jetzt ist einzig Verbandstoff gefragt. Adrian und ich schmieren uns bei der ersten Rötung Zinksalbe auf die verkrusteten Lippen. Die Füße pflegen wir mit Merfensalbe und umwickeln sie einander vorsichtshalber mit Bandagen. Vielschichtiger als Mumien, sagt Adrian.

Was immer Schaden leidet an Leib und Seele und Material, haben wir mit eigenen Mitteln zu flicken. Der nächste Laden ist ziemlich weit um die Ecke.

Heute zum Beispiel ist Devons Kufenschutz abgeschärt. Kleine Erfindungen bringen oft das beste Ergebnis. Devon bohrt mit dem Leatherman Löcher und befestigt das Teilchen mit Schrauben an seinem Schlitten. Adrian montiert kleine Plastikbügel unter seine Schuhe. Sie dienen wie bei Schneeschuhen und Tourenskis als Steighilfe – sollten uns aber Tage später mehr schaden als nützen.

Ich schneide weitere Stücke von meiner Matratze weg, um die Fersen zu polstern. Der Schaumgummi, den ich auch großzügig an Max und Adrian verteile, geht an meiner Isolation der Schlafmatte verloren. Rücken, Hüften, Schultern und Beine zeigen bei uns allen Zeichen der Erschöpfung. Lediglich Hans, der Norweger, scheint aus anderem Holz geschnitzt. Als ob er biologisch nicht abbaubar wäre. Wer weiß, ob ihn sein wuchernder Bart bis ins Ziel gegen jede Unbill der Witterung und der Anstrengung panzert.

Weiß und Königsblau

Dienstag, 27. November, 16. Tag
82.7302 S, 080.3749 W
Tagesetappe 14,09 NM (26 km), total 164 NM (304 km);
wolkenlos, schwach windig, −12 Grad Celsius

Sonnenschein rund um die Uhr. Daran hat man sich erst zu gewöhnen. Man mag noch so müde sein – es ist schwierig, den Schlaf zu finden. Die grelle Helligkeit elektrisiert die Sinne. Aber heute wollen wir nicht jammern. Der Hauch einer seligen Wärme rieselt wie Baldrian durch den Leib. Dazu diese Totenstille in Weiß. Nein, wo kein Leben ist, ist auch kein Sterben. Nur eine einzige, endlose Ruhe. Leider währt die Freude über das Kaiserwetter nur kurz. Bald versorgt uns der Himmel wieder mit dem Gewohnten. Der Wind gewinnt seine Wucht zurück, die Kälte beißt wieder zu. Und das Eis mit seinen Verwehungen legt sich auch wieder quer. Umso stolzer sind wir, gerade noch rechtzeitig vor dem Wetterumschlag sage und schreibe erstmals 26 Kilometer bewältigt zu haben.

Ob der Wind dieses Jahr noch stärker ist als in anderen Jahren? Seit unserer Ankunft in Patriot Hills ist keine Maschine mehr in die Antarktis geflogen. Die schwierigen Wetterbedingungen strapazieren die Haut und nagen an der Moral.

Navigation

Unterwegs wechseln wir uns an der Spitze unserer Kolonne ab. Immer der Vorderste übernimmt die Navigation durch die Weglosigkeit. Weil ich mich vormittags besser fühle als nachmittags, beginnt der Reigen für die ersten drei Stunden meistens mit mir. Anders als meine Teamkollegen, die gerne mit Kompass und GPS navigieren, gehe ich mit der Sonne. Das geht nicht nur am schnellsten, es spart auch eine Menge Batterien – und Kraft, weil ich ihr Gewicht nicht zum Südpol schleppen muss. Nachteile? Keine. Heute Morgen habe ich mit den Jungs gewettet, mit Sonnen-Navigation genauer anzukommen als sie mit Kompass und GPS. Und siehe da, die Nachmessung am Abend ergibt: Ich habe nicht zu viel versprochen. Schön irgendwie, dass einen die einfachsten Mittel der Natur so zuverlässig führen. Denn worauf können wir mehr vertrauen als auf die Sonne?

Das GPS brauche ich lediglich, um mit der Bestimmung des Längengrades am Vorabend unsere lokale Zeit auszurechnen. Das ist in der südlichen Hemisphäre die Zeit, an der die Sonne, von unserer Position aus betrachtet, um Punkt zwölf Uhr im Norden steht und unsere Schatten präzis zum Südpol wirft. Auf dem Weg nach Süden brauche ich dann bloß meinem Schatten zu folgen. Weil sich die Erde täglich einmal um ihre Achse dreht, bewegt sie sich in jeder der 24 Stunden des Tages um fünfzehn Längengrade weiter. Um zwei Uhr sind das zweimal fünfzehn Längengrade, um sechs Uhr abends sechsmal fünfzehn Längengrade: gleich neunzig Längengrade. Das heißt, um sechs Uhr abends muss ich im rechten Winkel zum Schatten der Sonne südwärts gehen. Etwas ungewohnt ist dabei, dass die Sonne südlich des Äquators im Gegenuhrzeigersinn wandert, also links herum, sodass ich um sechs Uhr abends den Schatten zu meiner Linken habe. Um die entsprechenden Gradwinkel vor mir zu sehen, halte ich mich ans Zifferblatt meiner Uhr. Dabei stelle ich mir nicht ein 12-Stunden-Zifferblatt, sondern ein 24-Stunden-Zifferblatt vor. Drei Uhr liegt dann auf der Halb-zwei-Uhr-Stellung des Stundenzeigers, sechs Uhr auf der Drei-Uhr-Stellung, und mein Schatten in der Mitternachtssonne weist genau nach Norden hinter meinem Rücken.

Dreimal habe ich nun angesetzt, das Prozedere so zu erklären, dass ich es als Leserin begreifen würde, wenn ich eine Leserin wäre. Vergeblich. Ich kann nur sagen, nach einem wolkenlosen Tag wirds in der Praxis sonnenklar. Bleibt nur noch, unsere lokale Zeit auf unserem achtzigsten Längengrad zu berechnen. Auch nicht schwierig: Achtzig Längengrade, geteilt durch fünfzehn Grad, gleich fünfeindrittel Stunden. Also UTC (»universal coordinated time« / koordinierte Weltzeit) plus fünf Stunden und zwanzig Minuten, da wir uns achtzig Grad westlich des Nullmeridians befinden. Würden wir achtzig Grad östlich des Nullmeridians südwärts gehen, müsste ich die fünf Stunden zwanzig Minuten der koordinierten Weltzeit wegzählen, um die lokale Uhrzeit zu wissen…

An sonnen- und schattenlosen Tagen bleibt auch mir nicht viel anderes übrig, als nach dem Kompass zu navigieren. So nahe am Pol muss er allerdings regelmäßig korrigiert werden. Die sogenannte Deklination (Missweisung des Kompasses) erweist sich hier als tückisch. Weil der magnetische Südpol, auf den die Nadel weist, sich nicht am geografischen Südpol befindet, sondern weit außerhalb im Antarktischen Ozean, weicht die Nadel je nach Breitengrad 46 bis 52 Grad vom wahren Kurs ab. Überdies verändert sich der Winkel, den wir zur Nadel einzuschlagen haben, mit jedem Schritt ein wenig. Um an trüben Tagen nicht dauernd auf die Nadel achten zu müssen, orientieren wir uns an der Zugrichtung der Schneekristalle über dem Eis. Der Wind weht meistens so stur aus der gleichen Richtung, dass uns zusätzlich ein Streifen Segeltuch, das wir am Skistock festbinden, hinreichend die Richtung weist.

Zeit und Schmerz

Mit der Zeit geht das Zeitgefühl verloren. Man glaubt, es werde immer alles so bleiben. Das gleiche Leben nach dem immer gleichen Ablauf. Endlos. Der ewige Schnee und der endlose Tag unter einer Sonne, die rund um den Zenit torkelt, ohne je hinter dem Horizont zu verschwinden. Aber das ist es nicht. Ich habe das auch am Everest und in der Eigernordwand erlebt, obwohl da ja die Sonne jeden Tag untergeht. Was ist es denn? Vielleicht lässt es sich mit dem Laufen auf einem Laufband erklären. Je näher am Limit ich laufe, umso mehr dehnt sich die Zeit. Das Ende rückt unabsehbar weit weg: vor Anstrengung, aus Leiden. Leiden kann die Zeit stillstehen lassen. Bei einer Krankheit, bei Liebeskummer, bei jeder Art Schmerz. Lust und Glück lassen die Zeit hingegen im Fluge vergehen. Mit anderen Worten: Schmerz und Leiden hängen mit der Seelenlage und der geistigen Verfassung zusammen. Das ist in Bezug auf Antarctica eine neue Erfahrung. Wenn es mir gelingt, mich in angenehme Gedanken zu vertiefen, oder eher: ein Thema mit angenehmen, positiven Gedanken zu besetzen, sind Achillessehnen, Lenden und Schultern vergessen.

Bei negativen Gedanken schaue ich alle paar Minuten auf die Uhr – und je öfter ich auf die Uhr schaue, desto fester scheinen die Zeiger auf ihrem Zifferblatt eingefroren zu sein. Der erste Gedanke an einen Blick auf die Uhr enthält die Aufforderung, sich für andere Gedanken zu öffnen. Wenn ich nicht weiß, was mich in der Leere der Antarktis zu anderen Gedanken anregen könnte, beginne ich zu beten. Vielleicht ist das ein Geheimnis des Betens. Eine Art Notruf. Die schlichte Harmonie eines Mantras überbrückt die endlosen Augenblicke, hinüber in eine Zone jenseits von Leiden und Schmerz.

Auch Navigieren führt in die Richtung. Es verlangt höchste Konzentration. Zehn bis fünfzehn Grad Abweichung sehen nach wenig aus auf dem Kompass. Doch bis am Abend steht man an einem ziemlich falschen Ort. Nein, weg mit dem Gedanken. Es ist ein negativer Gedanke. In der Navigation stecken ähnliche Kräfte wie im Gebet. Beides ordnet den Geist und führt den Körper zum Ziel. Das bringt Harmonie. Doch danach, wenn einer der Jungs die Navigation übernimmt und meine Gedanken sich ungezügelt ihren Bedürfnissen ergeben, bin ich gefordert, Harmonie herzustellen. Harmonische Gedanken befreien den Körper von Leiden und Schmerzen. Wie die hübschen gelben, blau-weißen und rot-weißen Wanderwegweiser, die uns in den Schweizer Bergen auf Schritt und Tritt begleiten und ins nächste Restaurant führen.

Der dritte Breitengrad

Donnerstag, 29. November, 18. Tag
83.1922 S, 080.4858 W
Tagesetappe 14,07 NM (26 km), total 192 NM (356 km);
wolkenlos, stark windig, –18 Grad Celsius

Den 83. Breitengrad haben wir im Gegenwind erstürmt. Wie viel der Sturm wohl noch zulegen kann? Wir wollen es nicht wissen und spüren es doch. Seine Gewalt nimmt im Quadrat seiner Geschwindigkeit zu. Und unsere Energie entsprechend ab. Neun Stunden täglich halten wir dagegen. Vorlage geben, als rasten wir eine Piste hinunter, doch kommen wir nur mühsam voran. Stillzustehen kostet schon Anstrengung. Pausenlos. Zermürbung ist die Strategie dieses Feindes. Die Taktik dagegen: den Kopf einziehen, ein Loch ins Weiße starren und hindurch – in eine Fantasiewelt, die sich aus der Ziellosigkeit der Gedanken wie im Traum entwickelt.

Gondwana

Mitten in der Eiswüste von Antarctica sehe ich den alten Indio in Oaxaca wieder vor mir. »La patata y las flores ya no quieren darse.« Auch hier, wo jetzt Eis ist, hatte es einst gegrünt und geblüht. Versteinerungen zeugen bis heute davon. Vielleicht werden auch mal versteinerte wilde Kartoffeln gefunden. Ich stemme mich gegen den Wind und gebe mich erdgeschichtlichen Betrachtungen hin. Bevor sich Antarctica vor siebzig oder

vielleicht auch vor hundertsiebzig Millionen Jahren vom Groß-
kontinent Gondwana löste, der Südamerika, Europa, Afrika,
Indien und Australien umfasste, war der ganze Felssockel von
üppigem Leben bedeckt. Die Kontinentaldrift trieb ein Bruch-
stück von Gondwana Richtung Südpol, um ihn wie eine Kappe
zu bedecken. Seit etwa fünf Millionen Jahren ist diese Kappe
nahezu vollständig mit Eis überzogen.

Ob das organische Leben auf der ganzen Erde einmal abstirbt
wie einst auf Antarctica oder wie heute, aus ganz anderen Grün-
den, in diesem Bergdorf in Oaxaca? Fantasien können einen
stundenlang in Trab halten, wenn einen der steigende Endor-
phinspiegel in einen Taumel versetzt und das Weiß in Weiß den
Raum für eigene Bilder entgrenzt. Wozu braucht die Erde den
Menschen? Wozu? Fest steht das andere: Der Mensch braucht
Gaia, die belebte Erde. Hier, jenseits der belebten Natur haben
wir wie jede andere Art keine Zukunft. Ist das so schlimm?
Schade vielleicht, an dieser schaurigen Schönheit der eisigen
Wüste nicht länger teilzuhaben. Gaia wird sich weiterdrehen.
Vorläufig. Astrophysiker haben längst berechnet, wie lange es
dauert, bis unser Sonnensystem in einer Supernova verpufft. In
Millionen Jahren, in Milliarden? Unvorstellbar, selbst im ent-
grenzten Weiß der Antarktis.

Der Tod schickt seine Vorboten auf kleine, ausgewählte Körperstellen voraus. Frostbeulen. Vorerst im Gesicht. Mich hat es
am stärksten erwischt. Ich wünschte, ich hätte einen Bart wie
die Männer. Er bricht den Wind und schützt vor dem Schlimms-
ten. Ein zwei Millimeter dickes Pflaster hilft. Es sondert Feuchtigkeit ab und bleibt drei Wochen drauf.

Weniger heimtückisch, aber schmerzhafter, sind die offenen
Fersen. Gemeinsam mit Adrian doktere ich täglich daran. Allmählich wissen wir auch, warum es ausgerechnet uns beide
erwischt hat. Wir tragen beide die gleichen Schuhe. Ihre harten

Sohlen reiben sich an der Haut – und scheuern die Bandagen durch. Vierzehn Meilen weit heute. Sechsundzwanzig Kilometer weit Dolchstiche durchs Leder ins Fleisch. Aber lieber scheuere ich mir mit meinem harten Schuh die Fersen auf, als dass mir in einem weichen die Zehen abfrieren. Abends schnipsle ich mit einem Taschenmesser bis morgens um ein Uhr »überflüssigen« Gummischutz weg, um das Fußbett weicher zu machen.

Ein Breitengrad alle vier Tage

Samstag, 1. Dezember, 20. Tag
83.6853 S, 080.2509 W
Tagesetappe 15,04 NM (28 km), total 222 NM (411 km);
wolkenlos, windig, –19 Grad Celsius

Aller Mühsal zum Trotz kommen wir immer zügiger voran. Heute, am zwanzigsten Tag, schaffen wir erstmals fünfzehn Meilen. Eine magische Zahl. Wenn wir das Tempo halten – weiterhin fast 28 Kilometer im Tag – sind wir alle vier Tage einen Breitengrad weiter. Breitengrade sind unser Nahziel. Wie die Standplätze beim Klettern in der Vertikalen. Felswände. Klettern. Wie weit weg sind solche Dinge von hier. Und schon rechne ich wieder. Noch sieben Breitengrade. Sieben mal vier Tage. Wie viel sind sieben mal vier? Bei dem Gegenwind wird es schwierig, die Finger einer Hand abzuzählen. Aber ich glaube, ich habs. Achtundzwanzig Tage. Zwanzig Tage sind wir unterwegs. Ist das nicht super? Wir könnten unser Ziel schon am achtundvierzigsten Tag erreichen. Stimmt das? Zwanzig plus … habe ich achtundzwanzig gesagt…? Selbst wenn wir noch Rasttage einschalten. Wie viele? Schon wieder so eine schwierige Rechnung. So oder so. Wir kommen tüchtig voran. Besonders für eine Expedition, die »unsupported and unassisted« ganz auf sich allein gestellt ist.

Advent

Je näher wir Weihnachten kommen, desto sentimentaler werde ich zum Abschluss des Tages im Zelt. Adventszeit an Tagen, denen weder Abende noch Nächte folgen. Gibt es überhaupt Weihnachten im antarktischen Sommer? Sommer ist gut. Bei minus neunzehn Grad Celsius. Okay, die Temperatur hat Weihnachtsqualität. Aber mehr als Eis und Schnee prägen Kerzen und lange Nächte die Weihnachtszeit. Hier, wo die Sonne nicht untergeht, Kerzen anzünden? Was ist eine Welt ohne Kerzen?

Die Gedanken schweifen ab zum einfachen Leben auf dem Altiplano der Anden, wo Indios fern vom Strom in ihrer Hütte bei Kerzenlicht Milchkaffee trinken. Bei Kerzenlicht. Einst hatte ich mich mit ein paar Jungen in einer Tropfsteinhöhle verirrt. Aus Neugierde drangen wir so tief ein, bis wir uns im Labyrinth der Gänge verloren und nach dem Erlöschen des letzten Dochts im Dunkel der Gänge nur noch unsere Herzen pochen hörten. Dann sehe ich mich am Fitz Roy in Patagonien auf 2800 Meter Höhe im Schlafsack in einer Schneehöhle liegen. Eiswasser tropft von der Wärme der Atemluft von der Decke, wie immer, wenn die Wölbung nicht sehr glatt gestrichen ist. Zwischen Stephan Siegrist und mir brennt eine Kerze. Ihr Erlöschen ist der Alarm für Sauerstoffmangel. In ihrem letzten flackernden Licht stochern wir mit der Lawinensonde Löcher nach außen und schaufeln den zugeschneiten Kältesyphon am Ausgang wieder frei. So frieren wir uns in den Morgen, um den

Aufstieg zu wagen. Schließlich schlafe ich über meinem ersten Candlelight-Dinner ein, in rosaroten und himmelblauen Illusionen im zarten Alter von dreiundzwanzig Jahren, in der Hoffnung auf eine schneeweiße Hochzeit und mit Erinnerungen an Schmetterlinge im Bauch. Ob ich je wieder an einem Tisch dinieren würde? Mit einem schneeweißen Tischtuch…

Drei Wochen unterwegs

Montag, 3. Dezember, 22. Tag
84.2030 S, 080.2387 W
Tagesetappe 16,16 NM (30 km), total 253 NM (469 km);
wolkenlos, schwach windig, −17 Grad Celsius

Fast täglich gibt es etwas zu feiern. Gestern schon wieder fünfzehn Meilen. Und drei Wochen unterwegs. Schon drei Wochen? Erst drei Wochen? Beides. Ein Augenblick und eine Ewigkeit in einem. Mit einem Sprung von erstmals 30 Kilometern kreuzten wir heute den nächsten Breitengrad. Schon den vierten. 470 Kilometer von Hercules Inlet entfernt. Und eine Unendlichkeit vom Rest der Welt. So schön kann die Antarktis sein. An windstillen Tagen und auf leichtem Terrain wie heute ist das Paradies weiß. Von Horizont zu Horizont ein gleißendes Leuchten. Der Himmel der Nacht so blau wie der Tag. Genau richtig für unser schon traditionelles Breitengrad-Mahl.

Zum Essen verkriechen wir uns alle fünf in unsere drei Hilleberg-Zelte. Wir haben zwei große Dreier- und ein Einerzelt dabei. Das reicht im Grunde für sieben. Was aber, wenn eins vom Winde verweht wird? Dann können wir uns im ungünstigsten Fall immer noch zu fünft auf vier Plätzen zusammendrängen. Das kleine wie die großen Zelte haben je ihre Vorteile. Im kleinen bleibt man ungestört liegen, in den Großen wird es etwas wärmer.

Wie wir uns aufteilen, ergibt sich abends wie von selbst. Jeder mit jedem, lautet die unausgesprochene Regel. Fest steht nur, dass der Solo-Camper ins Kochzelt essen geht und dass der Koch – oder die Köchin – nicht im Einerzelt übernachtet, sondern sein Dach mit dem Assistenzkoch teilt. Weil ich aus Gender-Gründen für rund zwei von drei Mahlzeiten der Chefkoch geworden bin, steht mir jedes Mal ein Assistenzkoch zur Seite. Meistens dieser Max. Wenn ich mir überlege, wie viele Handreichungen unter Extrembedingungen das erfordert, staune ich, wie ich das bis heute jedes Mal schaffe.

Schneebrocken mit der Schaufel aus dem Firn ausstechen und ins Vorzelt schaufeln, Benzinbrenner vorheizen und entfachen, Schnee in die Kochtöpfe füllen, das Schmelzen und Erhitzen überwachen, Schnee nachfüllen und kochendes Schneewasser in die Thermosflaschen abfüllen, Flaschendeckel zudrehen, zehnmal eine nächste Flasche in die Hände kriegen, dann »delivery service« der Thermosflaschen an die Männer in den anderen Zelten, also raus in den Sturm, Flaschen unter die Vorzelte schieben und den Jungs zuschreien: »Eure Thermosflaschen sind im Vorzelt!« – Das ist bei dem Sturm ja nur zu hören, wenn man schreit. Mit Sturm im Gesicht und beginnender Unterkühlung zurückkeilen ins Kochzelt, sich vom Zeltpartner mit einer Bürste den Sturmschnee von Kleidern und Schuhen wischen lassen, Benzinkocher nachpumpen, für die Suppe weiter Schnee schmelzen, Suppenpulver einrühren und umrühren, damit die Knollen zerbröseln und nichts anbrennt und überläuft, Suppe in die Fressnäpfe abfüllen, erneut aus dem Zelt kriechen, um die Suppe in die anderen Zelte zu verteilen, schreien, damit die Jungs hören, dass man mit den Suppennäpfen im Windchill vor ihren Zelten steht und nichts verschütten will.

Während der Arbeit und wenn die Gedanken beim Gehen auf den Skis spazieren gehen, überlege ich mir oft, ob ich nicht hier oder dort etwas abkürzen oder vereinfachen könnte, aber die Bedingungen hier draußen und die simplen Anläufe sind so zwingend, dass ich immer wieder in die gleichen Muster verfalle. Also weiter im Text: Vor dem Verkriechen ins Kochzelt Schneebrocken ausstechen und ins Vorzelt schaufeln, zurück ins Zelt stolpern, die klammen Finger wecken und den Schmerz des »Kuhnagels« wegstecken, Benzinkocher erneut auf Druck überprüfen, bei Bedarf nachpumpen, Schneeschmelze in den Kochtöpfen für das Abendessen fortsetzen, Schneebrocken nachfüttern, die Znacht-Beutel mit dem guten alten Schweizer Militärtaschenmesser, das sich wie ein kleines Kind versteckt hat und zuerst in einer der vielen Taschen gefunden werden will, aufschneiden, den Inhalt ins kochende Wasser schütten, Trockenfleischbeutel aufschneiden und den Inhalt ebenfalls ins kochende Wasser schütten, mit der Kelle in den Töpfen rühren, damit nichts anbrennt, »delivery service« des Nachtessens durch den Kochassistenten ins Nachbarzelt, zwischen den Happen des Nachtessens die Schneeschmelze fortsetzen und Wassertöpfe mit Schneebrocken füttern, um Getränke zuzubereiten...

Reichts? Hat jeder kapiert, wie es geht? Ach, mir reicht es auch, es reicht mir schon lange, nach einem so langen Tag, aber es geht gleich weiter: Dem zurückkommenden Assistenzkoch mit einer Bürste den Sturmschnee von den Kleidern und den Daunenfüßlingen wischen, die leergesoffenen Thermosflaschen und Trinkflaschen erneut mit kochendem Wasser auffüllen, dann, bevor die Kochreste eingefroren sind, die gebrauchten Töpfe mit Schnee sauber fegen. Und jetzt endlich das Feuer zudrehen, die Kocher abkühlen lassen und ... Nein, noch nicht fertig. Morgen ist auch wieder ein Tag. Also besser jetzt gleich die Brennspritkanister aus dem Schlitten holen und die Brennspritflaschen mit Weißbenzin auffüllen, damit das Feuer am nächsten Morgen sicher zum Zubereiten des Frühstücks und der Marschgetränke reicht. Also nochmals – zum letzten Mal für heute – raus aus dem Zelt und rein in den Sturm, um Schneebrocken zu stechen und für die Frühstücksschneeschmelze in die Vorzelte zu schaufeln. Wenn jetzt der Sturmschnee nochmals mit der Bürste von den Kleidern und den Daunenfüßlingen gewischt ist, kann auch ich mich dorthin verkriechen, wohin sich die Nichtköche schon seit fünf Stunden verkrochen haben: in den Schlafsack. Gute Nacht. Nun habe auch ich sie verdient.

Gewiss haben wir alle von uns viel zu erzählen, alle haben wir ein Bedürfnis nach einer gemeinsamen Stunde. Aber in welchem Raum und zu welcher Zeit? Jeder hat seine Dinge zu tun und genügend mit seinem Körper zu kämpfen. Trotzdem bildet sich eine Art Ritual heraus. Ein mühseliger, sich stets wiederholender Ablauf, auf den sich vor allem die Jungs schon Stunden im Voraus freuen, weil er den Abschluss der Tagesetappe zu einer Art Happy End führt. Endlich Ruhe.

Ich aber kann die Degree-Feiern mit jedem weiteren Grad zunehmender Erschöpfung weniger genießen. Meistens bin ich ja die Köchin – zur Feier unter erschwerten Bedingungen. Die Enge der Zelte bringt es mit sich, dass wir einzig diese Degree-Feiern in einem der Dreierzelte gemeinsam verbringen. Das »Festzelt« ist in Fünferbelegung wirklich sehr eng, und weil es so vertraut und gemütlich ist, wenn eine Frau die Hausarbeit macht, vergessen sich die Jungs in Gesprächen über Gott und die Welt. Ich wäre am liebsten schon vor dem Kochen nur noch rücklings ins Zelt geplumpst und liegen geblieben …! Aber nicht schlappmachen, Evelyne. Wenn alles vielleicht um halb elf vorüber ist: Alle Thermosflaschen mit frischem Wasser auffüllen, nochmals alle Kleider für die Kälte anziehen und raus zur Abendtoilette.

Bloß einen einzigen Luxus leiste ich mir. In einem Plastikbeutelchen bewahre ich ein kaum kreditkartenkleines Waschläppchen auf. Ein halbes Tässchen Wasser muss reichen, damit ich mich von Kopf bis Fuß wieder einen Augenblick lang als Frau fühlen kann. Danach warten jeden Tag noch eine Reihe Kleinarbeiten aus der Abteilung »Shit happens«: Wunden lecken, Löcher stopfen, Reißverschlüsse annähen und zum Schluss die Schuhe und Innenschuhe separat auf die Sonnenseite im Zelt stellen, Socken zum Trocknen in den Schlafsack holen, Stirnband über die Augen ziehen und schlafen – wenns geht. Zu müde zum Schlafen, jawohl, das gibts.

Wenn es zu Gemeinschaft und Verbundenheit reicht, dann in diesen Augenblicken zwischen Tag und Traum, mit einem der Jungs im Zelt, Schlafsack an Schlafsack. Gewiss, ich mag es auch, mich im Einzelzelt auf mich allein zurückgeworfen zu finden. Aber mit Adrian, Hans und Devon bin ich immer gerne im Zelt – weil wir nicht reden müssen. Seltsam. Das Schweigen ist nicht peinlich, nicht öde, nicht nervig. Es ist auch eher Stille als Schweigen (das so oft ein Verschweigen oder gar eine Drohung enthält). Es ist Respekt vor dem andern. Vor seinem Bedürfnis nach Ruhe und vor dem Raum und der Zeit, die ein Körper rund um sich herum beanspruchen darf. Wir haben Augenkontakt; in windstillen Augenblicken gibt jedes Räuspern, das Rascheln des Stoffs, das Zirpen eines Reißverschlusses ein Lebenszeichen des andern. Wir spüren die Nähe und verstehen uns wortlos. Gemeinsam im Zelt wird alles ganz ruhig, ganz leise, behutsam. Jede Bewegung ist bedacht.

Schön, dass jemand da ist aus dieser kleinen Gemeinschaft auf Zeit, aufs gleiche Ziel ausgerichtet und vom gleichen Schicksal abhängig. Jeder kommt von ganz woanders her, sozial, kulturell, doch vorläufig sind wir miteinander unauflösbar verbunden. Stinkig, müde und je länger, je hinfälliger. In Punta Arenas waren sie alle stramme Männer gewesen. Jetzt lässt sich an den Gesichtern ein fortschreitendes Altern ablesen. Die Muskeln schwinden, die Wangen hängen, die Augen versinken in ihren Höhlen, und Falten graben sich Tag für Tag etwas tiefer in die soeben noch straffe Haut. Es ist alles ganz einfach. Ein großes, sehr reduziertes Glück, und mehr braucht es nicht als diese selbstverständliche, unausgesprochene Harmonie.

So lernt man sich kennen und erfährt dann doch ganz nebenbei dies und das über Familie, Kinder, Beruf.

Nachtgedanken

Täglich fünf bis sechs Stunden Schlaf sind nicht allzu viel. Besonders, wenn man immer wieder mal von den Bewegungen des Nachbars und den Geräuschen der Pee-Bottle erwacht. Darum gehen wir alle gleich in den Kleidern ins Bett. Mit Vlieshosen, Unterziehleibchen und Überziehleibchen. Gerade so, wie wir sind, um möglichst lange und ungestört schlafen zu können. Bei Temperaturen unter null zieht sich ohnehin niemand gern um. Mein Schlafsack, lange Vlieshosen und zwei Pullover haben bis heute noch jede Nacht für angenehme Temperaturen gesorgt. Sollte es noch kälter werden, ziehe ich einen dritten Pullover darüber.

Einzig die Socken und Übersocken ziehe ich gerne aus – und nehme sie mit in den Schlafsack. Sie sind immer klatschnass, weil sie in einer »vapor barrier« stecken. Diese Dampfsperre hält die Feuchtigkeit von innen zurück; unterdessen leider nicht mehr ganz wie am ersten Tag. Über Nacht gehören die Schuhe ins Zelt. Innenschuh und Außenschuh separat in die Richtung der stärksten Sonneneinstrahlung gedreht. Noch vor dem Aufstehen am Morgen versuche ich, das Eis, das sich von der Feuchtigkeit am Innenschuh abgelagert hat, mit einem Taschentuch herauszuwischen. Dann gilt es, das eisige Material mit den Füßen von innen zu wärmen.

Ob sich in der eisigen Wüste heiße Leidenschaften entwickeln? Fantasien sind erlaubt. Die Wirklichkeit sieht anders aus. Adrian hat das in seinen Internet-Dispatches klargemacht: »Die Antwort ist Nein.«

Erstens: Alle von uns leben in einer Beziehung.

Zweitens: Keiner der Männer ist schwul.

Drittens: Nach drei Wochen ungewaschen in den gleichen Kleidern kann man uns bis auf die Falkland-Inseln riechen – und wir einander in einem winzigen, winddichten Zelt. Wen störts.

Ist es nicht ein gutes Zeichen, dass wir sogar die Gerüche der andern vertragen? Wenn wir bedenken, dass sich hier fünf Nationalitäten, fünf Charaktere und fünf Mentalitäten pausenlos aneinander reiben, dürfen wir auf unsere Teamarbeit stolz sein. Wir arbeiten täglich daran, die Stimmung auf konstanter Höhe zu halten. So groß Antarctica auch sein mag: Aus dem Weg gehen können wir uns nicht. Wir müssen miteinander klarkommen. Eine Lebensschule ist das auf jeden Fall.

Gegen etwas mehr Abwechslung unterwegs hätte keiner von uns etwas einzuwenden. Seit die Ellsworth Mountains hinter uns liegen, hat sich die Landschaft kaum verändert. Weiß in Weiß. Tag für Tag. Flach bis zum Horizont, mit wechselnder, leichter Steigung und abnehmenden Sastrugis bei tendenziell schwächeren Winden. Unterdessen stehen wir auf einer mindestens meilendicken Eisschicht. Kaum zu glauben, auf so viel gefrorenem Wasser zu stehen. Ein Berg aus erstarrtem Wasser vom Himmel. Das Gewicht des Eises hat die Erdoberfläche im Lauf der Millionen Jahre deutlich unter den Meeresspiegel gedrückt. Kein Leben unter uns und um uns herum, so weit das Auge reicht. Nicht einmal Flugzeuge kreuzen den Himmel.

Dies und das

Dienstag, 4. Dezember, 23. Tag
84.4685 S, 080.3619 W
Tagesetappe 16,06 NM (30 km), total 269 NM (498 km);
wolkenlos, windig, –19 Grad Celsius

O wie die Rekorde und Jubiläen der Seele wohltun. Schon wieder sechzehn Meilen heute. Und 500 Kilometer seit dem Aufbruch in Hercules Inlet. An die beiden Nullen kann man sich in der Ununterscheidbarkeit der Einöde klammern, wenn einen der Wind umzuschmeißen versucht. Übermorgen werden wir die Hälfte der Strecke hinter uns haben – wir kommen wirklich über Erwarten voran! Wenn alles weiter so läuft, sind wir an Weihnachten am Südpol. Es ist, als halte uns der antarktische Adventskalender das große Törchen mit dem Krippchen drin offen. Weihrauch und Myrrhe erwarten uns... Nein, bloß nicht übermütig werden. Die Probleme kommen, das weiß ich inzwischen, immer am Schluss.

Die Frostbeule im Gesicht und die wunden Füße erinnern mich bei jedem Schritt daran, wie wenig es braucht, um einen Menschen an die Grenzen seiner Möglichkeiten zu bringen. In freien Minuten bastle ich an den Schuhen herum. Wenn sich die Druckstellen etwas verringern lassen, bin ich dem Pol um einen großen Sprung näher. Seit gestern schimmert Hoffnung am Horizont. Der Dolch scheint etwas stumpfer zu stechen. Viel mehr kann ich kaum mehr erreichen. Gegen die Frostbeule, die sich bedrohlich entwickelt, klebe ich mir weiße Patches ins

Gesicht. Adrian scheint seine Frostbeulen mit Stolz zu tragen, ich bin Frau genug, um mich um bleibende Schäden zu sorgen.

Mit Aufmerksamkeit beobachten wir unser schwindendes Körpergewicht. Die Kälte und Muskelleistung fordern auch hier Tribut. Um Energie für Körperwärme und Muskeln zu gewinnen, habe ich bisher in meinem inneren Ofen acht Kilo verbrannt.

Woher ich weiß, wie viele Kilos das sind? Nein, eine Waage ist nicht im Gepäck. Aber ich kann mein Gewicht ziemlich genau anhand der Röllchen am Bauch ablesen. 64 Kilo sind mein normales Alpenwintergewicht. Für die Antarktis ist das zu wenig. Eine unmerklich schwelende Art der Selbstverbrennung ließ mich schwinden. Und mit unseren erlaubten 5300 Tageskalorien werden wir uns bis zum Pol täglich weiter abbauen. Die täglich fehlenden tausend können wir nicht im Supermarkt holen. Immerhin, wenn alles gut geht, wird unsere Mischrechnung aufgehen: Wir werden nicht satt – aber satt genug, um die Anstrengungen zu meistern. Gerade richtig, um mit einem leichteren Schlitten rascher das Ziel zu erreichen. Ob wir uns nicht Illusionen hingeben? Wir rechnen täglich aufs Neue. Jeder Lösungsversuch verkürzt uns die Zeit auf dem Marsch unterwegs. Unterdessen laufe ich auch ein bisschen mir selber davon. Drei Wochen, und immer noch nie die Kleider gewechselt. Ich beginne mir selber zu stinken.

Schlimmer ist der Verlust von zwei Beuteln Schokoladenpulver. Das sind zehn Tage Getränke, insgesamt zwanzig Liter oder 12 000 Kalorien. Einfach von meinem Schlitten verschwunden. Wie ist das bloß möglich? Niemand weiß, wie und wohin. Nicht abzuschütteln, verfolgen mich unfaire Gedanken: Hat mich jemand beklaut? Erster Gedanke: Wenn einer, dann Max. Verdächtigt ist schon fast verurteilt. In einem harten Umfeld wird man so dünnhäutig. Besessen von fixen Ideen. Aber es hilft kein

Grübeln und kein Fragen. Nun werden die Getränke noch dünner, wenn ich mich nicht gegen Schluss mit »stillem Wasser« begnügen will.

Umgang mit Macken

In den ersten Tagen hatten wir die Zelte eins nahe neben das andere gestellt, um einander gegen das Brüllen des Windes hören zu können. Bald suchten wir etwas Abstand. Wir haben eben alle unsere Macken, die jeder am besten etwas abseits pflegen soll. Der Wind schluckt die Stimmen und räumt uns eine Art akustische Privatsphäre ein.

Adrian setzt sich ab, um in Ruhe seine Dispatches an seine Familie und seine Freunde in Dubai durchzugeben. Devon, der Mann mit den geruchvollsten Füßen des Teams, hat einen beträchtlichen Teil seines noch kurzen Lebens im Busch gelebt und geht gern seine eigenen Wege. Er teilt das Zelt am liebsten mit Hans – womit er mir elegant zusätzliche Kocharbeit überlässt. Weder Hans noch Adrian haben ein einziges Mal mit Max gekocht. Wenn nun Devon häufig das Zelt mit Hans teilte und die Kochpflicht auf Max fiel, blieb nur ich als Kochhilfe übrig.

Das Weißbenzin der MSR-Kocher in Brand zu setzen, verlangt einige Sorgfalt. Sonst verrußen die Düsen oder man löst eine Stichflamme aus und fackelt das Zelt ab. Ein Schutzengel hat Max bis jetzt davor bewahrt. Aber wir alle gehen wenn immer möglich auf Abstand. Allzu oft verlegt Max seine Gegenstände und sucht dann nervös, was er nicht findet. Meistens ist er von uns fünf der Letzte, weil ihm dies oder das fehlt. Mindestens täglich telefoniert er laut und lange auf Arabisch mit seiner libanesischen Bank, während wir andern im Lager die gemeinsamen Arbeiten anpacken. Max fehlt es an Teamfähigkeit. Wahrscheinlich merkt er das nicht einmal, weil er es in seiner Klasse im Libanon gar nicht braucht. Wozu auch. Der Kreis um ihn herum scheint selbstlos auf seine Eitelkeit bezogen. Keiner von uns hat sich so oft selbst fotografiert wie er. Max fotografiert sich, während wir die Zelte aufstellen, kriecht dann aber als Erster hinein.

Für Hans schließlich ist das Ganze ein Wettlauf. Er fühlt sich in einem privaten Dauerwettbewerb mit dem norwegischen Team hinter uns. Auf dem letzten Tagesabschnitt zieht er uns allen davon. Er lässt uns weit hinter sich, um möglichst schnell das Etappenziel zu erreichen und von seinem privaten GPS die Koordinaten abzulesen. Um Erfolg und Misserfolg im Wettbewerb quantifizieren zu können, telefoniert auch er täglich laut und lange mit seinem Bruder in Norwegen, der die aktuellen Koordinaten des anderen Teams von deren norwegischer Website abliest. Dass die Norweger täglich noch etwas weiter zurückbleiben, nimmt Hans mit sichtlich wachsendem Stolz zur Kenntnis. Gewiss, das gibt auch uns Zuversicht, doch Alleingänge sind nicht gut für ein Team.

Wenn Hans tatsächlich, wie er sagt, ein Urvetter von Roald Amundsen ist, mag er sich ja auf ererbte Verpflichtung berufen. Was immer er tut, er versprüht Testosteron. Natürlich bin ich dafür empfänglich. Denn auch ich stehe mit ihm in einer Art Wettbewerb. Auch ich wäre gerne so stark wie er – in Vermeidungsstrategien. Hans versteht es ausgezeichnet, Max weit aus dem Weg zu gehen. Geht Max an der Spitze, bildet Hans den Schluss. Und umgekehrt. Geht Max links, geht Hans zufällig ganz rechts. Und umgekehrt. Hans versteht es zu richten, dass er nie mit Max kochen oder das Zelt teilen muss. Das bleibt dann an mir hängen. Dabei arbeitet Hans sehr angenehm mit. Steht bereit, wo es nötig ist, holt Schnee, leiht eine Hand, wo meine zwei nicht reichen. Und nie hat er ein schlüpfriges Wort fallen lassen.

Im Spiegel von Hans erkenne ich, dass mir Wettbewerbseifer je länger, je fremder wird. Mich messen mit einem andern, um gegen ihn zu gewinnen, reizt mich immer weniger. Der Vergleich von Leistung hilft einzig, sich weder zu unter- noch zu überschätzen – und über sich selber hinauszuwachsen. Das braucht man hie und da, um ein Ziel zu erreichen. Doch wenn ich stresse, ohne die Natur zu erleben, verpasse ich das Entscheidende. Eben, die Natur: die um mich herum und noch mehr meine eigene, die alle meine entscheidenden Lebensfunktionen bestimmt. Die Sucht nach Geschwindigkeit widerspricht auf die Dauer der inneren Natur. In Augenblicken der Gefahr ist Geschwindigkeit manchmal überlebensnotwendig. Danach finden Körper und Geist in der Beruhigung wieder ihren normalen Rhythmus. Jedem Ding seine Zeit. Auf dem Fahrrad in den unendlichen Weiten Südamerikas hatte ich gelernt, langsam zu sein. Ich war, wo ich war, und schenkte meine ganze Aufmerksamkeit, meine ganze Hingabe allein diesem Ort und dieser Zeit, frei und unabhängig von Gedanken an Start und Ziel.

Expeditionen wohin?

Während sich jeder von uns fünf auf seine Weise dem Südpol entgegenkämpft, frage ich mich manchmal, wohin Expeditionen heute noch führen: Was gibt es noch zu suchen auf einer Erde, deren letzte Gipfel und Buchten, Urwälder, Gletscher und Wüsten so gründlich erforscht sind? Was treibt uns in den Zeiten des Totaltourismus voran? Überall ist schon jemand anders gewesen. Selbst die Antarktis, bei allen Fragen, die sie noch aufwirft, ist lückenlos fotografiert und kartografiert – wenigstens an der Oberfläche ihrer obersten Schicht des Inlandeises, und daran werden auch wir fünf nicht weiter kratzen. Doch als ob das noch nicht bekannt wäre, steht in manchen Tourismusprospekten: »Entdecken Sie die Antarktis.« Oder gar: »Entdecken Sie die Urschweiz.« Mamma mia. Ich bin Urschweizerin. Da kenne ich jeden Gipfel. Was kann ich da noch entdecken?

Doch je besser ich eine Gegend kenne, umso mehr wird sie zum Spiegel, in dem ich mich selber erkenne. Expeditionen sind Reisen zur Erkundung der eigenen Innenwelt geworden. Subjektive Erfahrungen und Exerzitien zur Schärfung der individuellen Wahrnehmung und zur Charakterbildung. Uns Spätgeborenen bleiben nur noch die »sentimental journeys«, wie sie Laurence Sterne mit seiner »Sentimental Journey through Italy and France« bereits im achtzehnten Jahrhundert bis zum Exzess in Literatur umgesetzt hat.

Dass jeder seine eigenen Erfahrungen macht, sorgt dann für Konflikte um veröffentlichte Tagebücher. Wer hat die richtige Sicht? Wessen Sentimentalität wird die kollektive Erinnerung prägen, und wer schanzt sich den Ruhm und die Honorare für die Erstveröffentlichung zu? Als Magellan 1519 als Erster die Erde umsegelte, war das noch einfach. Der venezianische Edelmann Antonio Pigafetta, der als einziger Augenzeuge und Chronist Magellans Abenteuer für die Nachwelt festhielt, genießt unumstritten Weltruhm. Bei James Cooks erster Reise in die Südsee zerstritt sich der Kapitän hinterher mit John Banks, dessen Einfluss und Vermögen die Reise erst ermöglicht hatten. Der Bergpionier Reinhold Messner pflegte mit seinen Kameraden meist ein gutes Verhältnis. Zu Hause ist dann aber manche Freundschaft zerbrochen, weil der Star Anspruch auf die gültige Form der Erfahrung erhob.

Heute ist es schon fast die Regel, dass jeder Teilnehmer einer Expedition wie der unsern wenn möglich täglich einen Blog ins Internet stellt. Die Unterschiede in der Darstellung sind verblüffend. Was uns fünf betrifft, stelle ich fest, dass jeder im Grunde für sich allein voranschreitet. In unseren Schilderungen bleiben die Kameraden farblose Schemen, die das schreibende Ego wie ferne Trabanten umkreisen. Man könnte sich fragen, ob wir überhaupt zur gleichen Zeit die gleiche Wegstrecke gehen. Doch jeder könnte mit gleicher Berechtigung beteuern: »Es ist nichts erlogen, ich habe alles ehrlich erfunden.«

Zu meiner Beschämung bin ich selber mit meinem Internet-Tagebuch keine Ausnahme. Die Situation in ihren Extremen wirft einen ganz auf sich selber zurück. Viel Kraft für die Gemeinschaft bleibt da nicht übrig. Und wieder nehme ich an Shackleton Maß. Bei allen Widerwärtigkeiten, unter denen er sich gerettet hatte: Er gab nicht auf, bevor er nicht auch alle Kameraden in Sicherheit gebracht hatte. Dass eine Gruppe gemeinsam mehr leisten kann als jedes ihrer Mitglieder für sich allein, sollten wir fünf erst vor Weihnachten, in den letzten Tagen unseres Unternehmens erfahren.

Halbwegs – Halbzeit?

Donnerstag, 6. Dezember, 25. Tag
85.0272 S, 080.8351 W
Tagesetappe 17,14 NM (32 km), total 302 NM (559 km);
sonnig, windstill, –12 Grad Celsius

Die Sicht auf eine feine Unebenheit am Horizont weist auf den nächsten Breitengrad voraus. Nach – erstmals heute – 32 Kilometern, jawohl, zweiunddreißig, verzaubert sich die Unebenheit in der Ferne in eine Reihe von Zäcklein. Die Thiel Mountains. Die einsame Erhebung aus nacktem Granit, blank gefegt von den harten Besen des Windes, verkündet uns Halbzeit. Vom mächtigen Sockel ragen nur die obersten Spitzen aus dem Eis. Sie werden im Verlauf der nächsten Tage weit im Westen an uns vorbeiziehen.

Bravo. Heute Abend haben wir fünf Breitengrade geschafft. 559 Kilometer in 25 Tagen. 22,36 Kilometer pro Tag. Nochmals diese Distanz, bei leichteren Schlitten – und wir sind am Ziel. Hurra. Und Dinner im Freien. Sankt Nikolaus leert einen Sack voll Windstille und Sonnenschein vor uns aus. Kann uns die Antarktis etwas Schöneres schenken? Wenn das nur so bleibt. Wir wissen es ja. Die Antarktis macht keine Geschenke. Sie fordert Tribut. Nur einen Tag später geht Adrians Schuh entzwei. Die kleinen Bügel, auf denen er seit dem 82. Breitengrad herumrutscht, führten zum Bruch der kleinen seitlichen Stiftchen, die den Schuh auf der Höhe der Fußballen an der Skibindung festklemmen. Irreparabel. Unwiederbringlich. Ersatzteil ist keines vorhanden. Diese unscheinbaren Teilchen behindern uns mehr als eine Woche – und können unseren gemeinsamen Traum platzen lassen. Soignez le détail.

Basteln ist gefragt. Mit Schnüren, Bändern, Gummis, Karabinern – mit allem, was sich irgendwo auf einem Schlitten befindet. Aber die beste Lösung hält jeweils nur wenige Meter. Was bleibt denn noch übrig? Adrian zurrt die Skis auf dem Schlitten fest und schleppt sich zu Fuß durch den Tag. Langsamer, mühseliger als auf Skis. Vierzehn Meilen sind unter diesen Umständen ein Glanzergebnis. Mich machen die ständigen Zwischenhalte unnötig fertig. Als ob die Blasen und offenen Stellen an den Fersen nicht reichten. Dazu die Bedrohung: Wenn das auch mir passiert! Schließlich schlage ich mich mit den gleichen Schuhen herum.

Im Camp sind Adrian und Devon am Basteln. Es muss eine Lösung geben. Nochmals jedes Material auf seine Möglichkeiten abfragen. Die beiden beginnen wieder und wieder von vorn. Mit der Verbesserung der Lösung von vorher oder mit einer neuen Idee. Aber eine Bindung wird hart strapaziert. Nichts will halten. Am besten wohl, der Schuh wird von Zehe bis Absatz fix auf den Ski montiert. Doch auch diese beschwerliche Lösung bewährt sich nicht lange. Adrian geht auch am Nachmittag des nächsten Tages wieder zu Fuß und zieht die Skis auf dem Schlitten als zusätzliche Last hinterher. Viel mehr als dreizehn Meilen sind auf diese Weise nicht zu schaffen. Doch welch eine Leistung. Manche andere Expedition kommt an ihren besten Tagen weniger weit. Wir könnten stolz auf uns sein, doch Frustration und Erschöpfung legen die Nerven blank.

Schon früher, vom ersten Tag an, habe ich Kräfte verloren. Allzu oft fühlte ich mich unterwegs gebremst und geschoben, gebremst und geschoben. Wir finden keinen gemeinsamen Rhythmus. Als Langstrecklerin bin ich ausdauernd. Ich schlage eine bestimmte Kadenz ein und bleibe ihr treu, langsam, leicht und stetig, so weit die Füße mich tragen, als hätte ich Flügel. Fast unermüdlich. »Meine« Jungs sind anders gebaut. Kurzbeinig, stämmig, aber arm an Anmut der Bewegung. Wie Pferde. Deutsche Arbeitspferde. Hannoveraner vielleicht. Sie gehen ein paar Schritte, keuchen, bleiben stehen, sehen sich um, legen sich in die Riemen und bleiben aus geringem Anlass wieder stehen. Mir geht das an die Nieren. Immer wieder muss ich den Rhythmus brechen. Vorne beim Navigieren, wo ich meinen Schritt gehen kann, fühle ich mich besser, als wenn ich hinten mal den Anschluss verliere, um unversehens wieder aufzulaufen.

Seit dieser Schuh entzwei ist, wird die Warterei zur Zerreißprobe für alle. Adrian muss sich immer wieder bücken, etwas an einer Schnalle zurechtbiegen, einhaken, zusammenklemmen –

und wir andern gehen, warten, gehen, warten… wie im Stadtverkehr das Ruckeln von Ampel zu Ampel. Natürlich wäre es billig, Adrian für sein Pech auch noch zu tadeln. Die Antarktis quält ihn nicht minder als uns, und die häufige Bückerei belastet ihn noch mehr als uns. Umso mehr fragen wir uns, warum er nicht abends mal eine halbe Stunde im Kreis geht, um in Ruhe eine dauerhafte Lösung zu suchen…

Während Adrian wieder mal an seinem Schuh rummacht, ziehe ich davon. So kurz entschlossen, wie man bei zu vielen roten Ampeln mal etwas voreilig aufs Gas treten mag. Ich gehe weder rasch noch weit, sondern eben wie eine Langstrecklerin. Da schafft man unversehens beachtliche Distanzen. Man fühlt sich wie die Wolke, die man kurz aus den Augen verliert, um sie beim nächsten Aufblicken in anderer Form ganz woanders zu finden. Jedenfalls folgt mir Max. Er stresst, weil er glaubt, die andern seien sauer, weil wir ihnen davonziehen, und ich habe Wut aufgestaut, weil Adrian am Vorabend mit seinen Dispatches die Zeit verplempert hat, statt am nunmehr fünften Abend in Folge eine Lösung für seine kaputte Bindung zu finden. Überdies glaube ich Hans eine Lektion erteilen zu müssen, weil zuvor immer er es war, der uns in seinem Wettbewerb mit den Norwegern davongezogen ist. Er soll bloß spüren, wie unangenehm das für die Zurückbleibenden ist. Ich weiß nicht mehr ganz, wie es kam. Ein langes Schweigen wird plötzlich laut. Ein Wort gibt das andere. Jedenfalls eskalierte einer jener kurzen Dialoge, bei denen man jedes Wort auf die Goldwaage legt und gerade deswegen Pflastersteine erntet.

Dass sich trotz aller früheren Beschwörungen zur quasi pränatalen Konfliktregelung Spannungen aufbauen konnten, war zu erwarten, doch dass sich die Spannung so rasch zu einem Gewitter aufbauen kann, erschreckt uns alle. Gut zu wissen, immerhin, wie brüchig bei extremer Kälte nicht nur die Materie wird. Mindestens so dringend wie der Schuh muss auch das Team zusammenhalten.

Eine Teamumarmung auf Vorschlag Adrians bringt uns einander wieder näher. Nun ist das emotionale Gewitter bereits Vergangenheit. Muss Vergangenheit sein. Es wird uns wieder bewusst: Wir sind gestresst und übermüdet. Weg mit den schlechten Gefühlen. Wir haben nur ein Team, und das sind wir. Unser Ziel werden wir am besten mit vereinten Kräften erreichen. Den halben Weg haben wir schon. Und ein Team wie wir gibt sich nicht mit halben Sachen zufrieden.

Immer wieder erkennen wir in unserer Expedition ihre innere Gesetzmäßigkeit. Das Donnerwetter ist genau auf halber Strecke erfolgt. Der Countdown Richtung Ziel beginnt. Hans wird versuchen, sich auf dem letzten Lap zu zügeln. Adrian wird seine Mitteilungslust übers Netz zu unterdrücken versuchen. Bloß an Max bleibt etwas hängen. Wieder mal ist er der Ungeschickte, der Sündenbock. Ausgerechnet auf seinem Schlitten hatte sich das Reparaturset für die Bindung befunden, sodass er mit unserer »Flucht« Adrian ohne Werkzeug und Ersatzmaterial hängen ließ.

Jeden Abend zählen wir die noch fehlenden Meilen ab. Noch mehr Zahlen, die sinnlos im Kopf herumschwirren – und uns von den Schmerzen ablenken und Geist und Körper beflügeln. Ja. Ich habe wieder Lust, zu gehen. Von morgens früh bis abends spät.

Ins Ungewisse

Sonntag, 9. Dezember, 28. Tag
85.7490 S, 081.1283 W
Tagesetappe 16,1 NM (30 km), total 345 NM (639 km), noch
255 NM (472 km); bewölkt, mäßig windig, –15 Grad Celsius

Ob Devon und Adrian eine Lösung für »unsere« Bindung finden? Es sieht fast danach aus. Zu meiner Beruhigung. Die zehnte, elfte oder zwölfte Idee könnte halten, was Nylonfäden und Zahnseide versprechen. Jedes Mittel ist recht, wenn es bloß etwas mehr hält, als was es verspricht. Immerhin werden die Marschhalte seltener und regelmäßiger. Sechzehn Meilen unter harten Bedingungen auf weichem Schnee sprechen für sich. Bereits sind die Thiel Mountains hinter dem Horizont in unserem Rücken verschwunden. Wir haben definitiv nur noch die kleinere Hälfte vor uns.

Damit wir nicht übermütig werden, hat unvermittelt nach der halben Distanz das Wetter gewechselt. Stürme, Whiteout. Sturm über der Antarktis. Wir gehen weiter – und machen halt, exakt auf dem 86. Breitengrad. Noch fünf Tage lang, genau bis zum 87. Breitengrad, sollte uns der Sturm begleiten. Mit heftigen, böigen Winden, mit Schnee, der die Zelte und Schlitten zudeckt, mit einer Sicht, die kaum einen Arm weit reicht, und ohne genügend Licht, um die Sonnenbatterien zu laden.

Batterien leer

Montag, 10. Dezember, 29. Tag
86.0000 S, 081.3200 W
Sturm, Whiteout; nicht genügend Sonnenenergie für Iridium

Die letzten vier Tage haben mir psychisch und physisch mehr zugesetzt als die ganze Reise bisher – einschließlich die Fahrraddistanzen. Kaum ein Tag ohne neue Ermüdungserscheinungen an Körper und Material. Heute Morgen spielt mir, ähnlich wie Adrian vor ein paar Tagen, die Technik einen Streich. Der Bindungskopf ist aus dem Ski gerissen. Mit Taschenmesser und Schaufel, die uns als Hammer dient, gelingt eine Notreparatur.

Auf unserem einzigen Ersatzski haben wir die Löcher für alle unsere Bindungstypen vorgebohrt. So kann ich den intakten Rest meiner Bindung ummontieren. Doch am nächsten Tag erweist sich der Ersatzski als zu hart. Ich bringe ihn mit meinem geringen Gewicht nicht richtig auf den Boden, sodass die Felle nicht haften. Nach einem mühseligen, rutschigen Tag greife ich auf meinen bewährten Ski zurück, bohre mit der Aale des Leathermans und mit der Schaufel neue Löcher, bis die Schrauben beißen. Die Montage klappt. Ich kann wieder gehen. Adrians Bindung, die er für den gebrochenen Schuh nicht mehr gebrauchen kann, sorgt für eine Reserve, im Falle eines Falles.

Doch was mich fast mehr besorgt, ist meine Schwäche, jedes Mal im letzten Lap. Diese letzte Zwei-Stunden-Etappe ist ein reiner Willensakt. Ich foltere mich Schritt für Schritt bis ins Ziel. Die Schmerzen, die Müdigkeit und die Ungewissheit, ob es mein Körper bis ans Ende schafft, nagen am Selbstvertrauen. Dazu kommt der Hunger. Ein quälender Hunger. Mit dem verlorenen Schokoladenpulver fehlen Kalorien, die ich so dringend bräuchte. Ich bin mager geworden. Models könnten neidisch werden. Mich erschreckt es. Durch die Haut sind am Bauch die Venen zu sehen. Wenn bloß die Kraft für die verbleibenden Tage ausreicht. Die Zweifel legen die Nerven blank. Leise und unbemerkt weine ich hinter der Sturmbrille meine Ängste heraus. Die Jungs sollen nichts davon merken. Doch wer weiß, ob es ihnen insgeheim nicht ähnlich ergeht.

Zur Erholung für alle habe ich einen Ruhetag vorgeschlagen: den ersten nach fünfzehn rastlosen Tagen. Die sechs bis sieben Stunden Schlaf, mit denen wir uns in der Regel begnügen, sind angesichts der harten und intensiven Tage deutlich zu wenig. Oft bleiben nur fünf. Nicht nur ich bin extrem müde und mehr als erschöpft. Im Team sprechen wir nur noch das Nötigste miteinander. Reden erscheint uns als Anstrengung. Wenn die Nerven blank liegen, sagt man besser nichts als etwas Falsches. Das ist eine Lehre, die offenbar jeder für sich seit dem Tag der Teamumarmung gezogen hat. Doch damit bauen sich Spannungen gefährlich unbemerkt auf. Der heutige Ruhetag ist umso wichtiger, als uns ein weiterer, zermürbender Anstieg bevorsteht. Gut, zuvor die Kräfte zu sammeln. Und Adrian findet die nötige Zeit, eine gültige Lösung für seinen Schuh zu entwickeln. Nach gut zwei Dutzend Modifikationen – und ermüdenden Zwangspausen – sind die Bändel, Bänder und Bindungen so straff gezogen, dass er seinen Ski bis zum Pol nur noch mitsamt dem Schuh ausziehen kann. Der Ski muss nun mit ins Zelt, wenn der Schuh nicht draußen bleiben und einfrieren soll.

Am nächsten Marschtag wird das Wetter nicht besser. Dafür entschädigt uns am 33. Tag erstmals eine kleine erholsame Senke über ein paar Hundert Meter für die bisher stetige Steigung auf nunmehr über 2000 Meter über Meer. Noch tausend Meter höher bis zum Pol – und unter uns der Abgrund: Als wir wenige

Hundert Meter vor dem 87. Breitengrad das Camp aufschlagen, stößt Devon beim Schneeschaufeln auf ein Loch. Und in noch eins und noch eins. Wir kampieren inmitten von Spalten. Nicht dass wir mit Haut und Haaren darin versinken können! Noch nicht. Doch wer weiß, wie tief die Schaufel fällt, wenn wir sie loslassen. Gut, wieder mal daran erinnert zu werden, dass Risiken mit Vorliebe dort lauern, wo man sie am wenigsten erwartet.

Inner Earth
Eine Kopfreise jenseits von Kalender und Koordinaten

Könnte ja auch sein, dass hier eines der beiden Tore zu »Inner Earth« liegt: dass die Amerikaner deshalb auf ihrer Station nur so sparsam Besucher empfangen, weil sie tatsächlich in sehr geheimer Mission in Kontakt mit Inner Earth stehen. Wäre ja möglich bei der Leichtgläubigkeit, mit der sich manche Amerikaner von San Diego bis Maine für fantastische Theorien erwärmen.

Könnte ja sein, dass die vielen Websites über Inner Earth ein unbekanntes Stück Erde erschließen. Könnte ja auch sein, dass zwischen Inner Earth und der Terra australis incognita Zusammenhänge bestehen. Dass es das warme, fruchtbare Land mit seinen glücklichen Bewohnern tatsächlich gibt, bloß noch etwas weiter weg, als es die Seefahrer suchten, jenseits des Eisrandes, irgendwo in den mächtigen Öffnungen, die in der Nähe des Nord- und des Südpols nach Inner Earth führen. Bloß schade, gehen die Mutmaßungen über die Koordinaten dieser Eingänge so weit auseinander, dass nur wenige Augenzeugen davon berichten können.

Inner Earth beflügelt einen jeden, der etwas näher auf den Südpol zugeht.

Liebevoll gezeichnete Karten erinnern an tibetische Thankas und zeigen im Erdenrund je eine große Öffnung am Nord- und am Südpol, über die man gemäß Karten auf den Websites wie ins Innere eines Kürbisses nach »Hohlerde« reist: nach Agharta, ins Land der fortgeschrittenen Zivilisationen, wo der Tag in ewiger Helle währt.

Ja, könnte unsere Erde nicht hohl sein, und mitten drin in der Höhle schickt eine zentrale Sonne ihr Licht in Form von Aurora borealis und Aurora australis (Nordlicht und Südlicht) in unsere Polarnacht hinaus? Eine populäre Zeichnung zeigt an der Innenschale der Erdkruste Ozeane und Länder mit stolzen Gebirgen und lieblichen Tälern. Auf einer Halbinsel ist Shambala eingetragen, die goldene Stadt, und in sicherer Entfernung davon sorgt eine Raumstation für den Verkehr mit anderen Galaxien. Durch die Nordpol-Öffnung schwebt eine fliegende Untertasse zur Venus, und von der Südpol-Öffnung aus wäre es nicht weit nach Rainbow City – sofern uns diese Amerikaner in Amundsen-Scott hingehen ließen…

Bei jedem Schritt näher zum Pol kann man freier träumen. Wer wohl das Privileg genießt, in Inner Earth wohnen zu dürfen? Nach einer verbreiteten Überzeugung haben die verlorenen zehn Stämme Israels in Agharta eine Bleibe gefunden. Sie leben in vollkommener Harmonie so lange wie der biblische Methusalem, dessen einziges Lebensziel Frieden ist. Die fliegenden Untertassen, die hie und da gesichtet werden auf Erden, kommen aus Inner Earth. Sie dienen der Verteidigung ihres Reiches. Sie landen nicht zur Zerstörung. Sie warten … Andere sagen, die Bewohner stammen von den versunkenen Kontinenten Lemuria und Atlantis. Es wäre zu unserem Vorteil, von diesen älteren Brüdern und Schwestern der menschlichen Art zu lernen und zu hören auf ihren Rat. Aber leider verhindern das die Amerikaner, indem sie in geheimer Mission über die Ausgänge wachen. Vielleicht aber haben die Amerikaner auch gute Gründe für ein wachsames Auge: Gewisse Quellen behaupten, im Dritten Reich sei 1942 eine hochgeheime Expedition nach Inner Earth aufgebrochen, um neue Radarsysteme einzurichten und der Weltherrschaft einen Schritt näher zu kommen. In seinen letzten Tagen sei Feldherr Adolf über eine geheime Startbahn zur Antarktis gelangt und lebe bis heute in Inner Earth als Methusalem weiter. Ob er sich zum Frieden bekehrt hat, habe ich nicht in Erfahrung gebracht.

Ich sage nur, was im Internet steht und was man sich in der Antarktis erzählt. Es wärmt die Seele, wenn der Schnee im Kocher nicht auftauen will oder wenn du im Schlafsack liegst und der Wind das Zelt zerzaust. Inner Earth erscheint mir als Metapher für die Reise in die Innenwelt, die mit der äußeren Annäherung an den Südpol einhergeht. Äußerlich näherst du dich einem äußersten Punkt, aber innen geht eine Welt auf, in der deine Zentralsonne leuchtet und im Kontrast zur anorganischen Welt da draußen Fantasien von reich bevölkerten Meeren und Ländern aufblühen. Die Tradition, sich die Erde hohl und belebt vorzustellen, geht schließlich weit vor die Entdeckung der Antarktis zurück. Sind dort nicht auch der griechische Hades, die jüdische Sheol und die christliche Hölle zu finden? So absurd es klingt, Inner Earth hat auch wirklichkeitsbildende Kraft – hat nicht nur Bezüge zur Terra australis incognita, sondern auch in der Geschichte der westlichen Wissenschaft einen Boden.

Kein Geringerer als der Astronom Edmund Halley beschwörte 1691 die Vorstellung einer hohlen Erde mit zwei ineinanderliegenden, ungleich rotierenden Schalen, welche Anomalitäten in der Kompass-Weisung erklären. Und Halley blieb nicht allein. In einem Gedankenexperiment seiner »Lettres à une princesse d'Allemagne« (1767) fragt sich der Schweizer

Mathematiker Leonhard Euler, ob die Erde – wie auch die anderen Planeten – innen hohl und erleuchtet sei von einer »inneren Sonne, die einer hochstehenden innerirdischen Menschheit Wärme und Licht spendet«. Damit ist das Licht der Aufklärung über Inner Earth aufgegangen.

Ein US-Hauptmann und Mormone knüpft an die europäischen Konzepte eine populäre Heilsbotschaft: Captain John Cleves Symmes jun. (1780–1829). Der wohlhabende James McBride veröffentlicht 1826 Symmes' »Theory of Concentric Spheres« und kann den Kongress zu einer Südpol-Expedition bewegen, um die Öffnung ins Innere der Erde zu finden. Bis die Schiffe mit großem Aufwand startbereit sind, vergehen zwölf Jahre. Die Expedition unter dem Navy-Leutnant Charles Wilkes kreuzt mit einem Tross von Ingenieuren und Wissenschaftlern vier Jahre lang rund ums Schelfeis, kartografiert fast 90 000 Meilen Küstenlinie, verliert zwei ihrer sechs Schiffe und achtundzwanzig Mann, und Wilkes lässt achtzig Fijianer auf einem Straffeldzug niedermetzeln. Wilkes weist nach, dass Antarctica mit Fug und Recht als Kontinent gelten darf – bloß die Hoffnung auf die Bestätigung von Symmes' Thesen oder auf die Entdeckung einer Eingangsöffnung bleibt unerfüllt.

Was uns die Forscher an Daten und Fakten vorenthalten, ergänzen die Dichter. Inspiriert von Wilkes' Expedition, lässt Edgar Allan Poe »The Narrative of Arthur Gordon Pym of Nantucket« in Inner Earth spielen. Jules Vernes »Reise zum Mittelpunkt der Erde« führt in eine teilweise hohle Erde, und im zwanzigsten Jahrhundert entwickelt der Tarzan-Autor Edgar Rice Burroughs seinen siebenbändigen Zyklus »At the Earth's Core« im Land »Pellucidar« in einer Hohlerde: Quelle für zahllose mehr oder weniger schreckliche Computerspiele. Du siehst, Inner Earth gründet auf vertrauenswürdigen Quellen und einer Jahrtausende alten kollektiven Erinnerung.

Die vehementesten Verfechter von Inner Earth sind überzeugt, eine so respektierte Persönlichkeit wie US-Konteradmiral Richard E. Byrd habe die Löcher betreten. Byrd ist immerhin Leiter der »Operation Highjump« 1946/47 – eine der größten Expeditionen in der Antarktis und die erste gezielt wissenschaftliche. Mit 4700 Mann, 13 Schiffen und 26 Flugzeugen erkundet Byrd vom McMurdo-Gebiet aus die Küste im Osten und Westen und kehrt mit Tausenden von kartografischen Fotos zurück. Man sagt, er berichte von einem »mystery land beyond the pole«. Er soll grünes Land, weite Flüsse, waldreiche Täler und tropische Tiere gesehen und ein riesiges neues Territorium eröffnet haben – einen verzauberten Kontinent am Himmel, das Land des ewigen Geheimnisses … Kaum anders, als es die Terra australis einst verhieß und wie es einst auf dem Urkontinent Gondwana gewesen sein mochte.

Hier, wo jedes Leben erstarrt und die Erde sich in Weiß auflöst, ist Inner Earth das perfekte Gefäß für ein Spiel mit Träumen, Visionen und Konzepten einer anderen Welt. Möglich, dass ihm selbst Admirale verfallen. Jedenfalls bin ich in bester Gesellschaft, wenn ich die Idee auf meine Weise weiterspinne. Wäre es nicht fast ein bisschen schade, wenn einmal einer kommt wie James Cook und die These entkräftet? Solange ich auf dem 87. Breitengrad Spaten in Spalten fallen lassen kann, fühle ich mich Inner Earth auf der Spur.

Haken schlagen

Samstag, 15. Dezember, 34. Tag
86.9913 S, 081.8522 W
Tagesetappe 14,5 NM (27 km), total 420 NM (778 km),
Restdistanz 180 NM (333 km); Sturm, Whiteout, dann sonnig,
−16 Grad Celsius

Nach endlosen Tagen mit Sturm und Whiteout kehrt am Nachmittag endlich die Sonne zurück. Ein blauer Himmel mit Schäfchenwölkchen über dem gleißenden Eis bringt uns antarktische Festbeleuchtung zum 87. Breitengrad-Festessen am nächsten Tag – und zum »Happy Birthday« für Max. Er wird sechsundvierzig – und er kann die Feier gebrauchen. Die Strapazen haben seine Kräfte aufgezehrt. Er ist nur noch Haut und Knochen. Das macht ihn schwierig im Umgang. Wir schenken ihm einige Extraportionen Butter. Davon wird er nicht fett, aber es tut seiner Seele gut. Nach Sitte seines Landes schenkt er uns doppelt zurück, was er bekommt. Kaugummis. Ein hartes Kauen. Naturtief gefroren, wie alles, was von den Schlitten kommt. Und doch köstlich wie zu Hause ein Sechsgangmenü. Endlich mal ein neuer Geschmack im Mund…

Lange kann die Freude nicht währen. Unvorstellbar, wenn man es nicht selber erlebt, wie gründlich das Wetter die Gemütsstimmung verändert. Heiterkeit und Zuversicht contra dämpfende Düsternis. Zwei Tage später hängen die Wolken ganz niedrig über uns, die Sicht verschlechtert sich, die Temperatur fällt auf minus achtzehn Grad. Bald beginnt es waagrecht zu schneien. Die Sastrugis, diese antarktischen Kobolde, quälen uns wieder wie in den ersten Tagen. Geländeunebenheiten, zerklüftetes Eis und der Neuschnee erschweren jeden Schritt. Die Löcher im Eis gestern waren die Ausläufer größerer, kartografierter Unregelmäßigkeiten. Um das zerklüftete, spaltenreiche Eis zu umgehen, das uns den direkten Durchgang versperrt, sind wir daran, einen größeren Haken von zwei Längengraden nach Westen zu schlagen: vom achtzigsten, dem wir bisher gefolgt sind, auf den zweiundachtzigsten. Das klingt weiter, als es tatsächlich ist, laufen doch die Längengrade so tief im Süden auf immer geringere Abstände bis zur Nulldistanz am Pol zusammen. Aber es ist auch weiter, als uns lieb ist. Jeder Kilometer geht an die Kräfte – und an die Vorräte.

Zudem hat jeder Einzelne mit seinen Verletzungen fertig zu werden. Max leidet neuerdings an der Hüfte, und nun hat es auch Hans erwischt. An der Schulter. Ich kann ihm nachfühlen. Die Riemen der Schlitten hinterlassen ihre Spuren. Doch ich habe mich unterdessen bereits an dieses und jenes gewöhnt. Dringender ist es, mit Adrian die Schuhe so gangbar wie möglich zu machen. Mit vergänglichem Erfolg. Was solls. Nur noch wenig mehr als zweieinhalb Breitengrade stehen bevor. Nur? Wir fühlen uns schon fast am Ziel. Und wissen doch, Hochmut kommt vor dem Fall.

An so verhangenen Tagen wie heute wird das Material widerlich feucht. Klamme Kleider nagen an der Moral, und der Navigator tut sich schwerer als sonst. Nicht dass die Standortbestimmung viel schwieriger wird. Aber das Vorwärtskommen als Vorhut. Von weißer Blindheit geschlagen, erkennt das Auge keinen Unterschied zwischen Himmel und Eis. Kein Horizont, keine Entfernung, keine Form in der Nähe, die sich vom diffusen Licht rundum unterscheidet. Bloß die Richtung steht fest. Ob der Ski auf ein Hindernis stößt, in eine Spalte rutscht oder auf eine Steigung auffährt, ist allein mit den Skis zu ertasten. Ein Gefühl, fast wie über Stock und Stein in mondloser Nacht. Die

Energie, die es zur Bewahrung des Gleichgewichts braucht, geht für den Zug nach vorne verloren. Zu allem Überdruss ist das Eis schwieriger denn je. Sollen wir klagen? Vielleicht über den Wind, der wieder wie selten tobt? Heute von allen Seiten. Aber ob Gegenwind, Rückenwind, Seitenwind, ob Whiteout oder Sastrugis: Wir legen unter allen Umständen täglich fünfzehn Meilen zurück. Trotzdem kommen wir auch heute nicht über den nächsten Breitengrad hinaus. Warum wieder nur bis kurz vor diese magische Linie? Nicht wirklich mit Absicht. Seit das Haupt-GPS zu Bruch ging, schonen wir das Reservegerät für die Positionskontrollen abends im Zelt. Dafür dauert die Vorfreude auf unser nächstes Festessen einen Tag länger. Es wird uns guttun – wenn bloß die Kocherei für einmal nicht an mir hängen bleibt.

Sind das nicht Vögel? Dringt hier nicht der Ruf eines Kuckucks durch den Wind? Hier, ganz in der Nähe? Schallendes Gelächter aus allen drei Zelten. Devon hat ein untrügliches Gespür für den richtigen Augenblick und gibt gerade jetzt, da die Stimmung flau ist, eine Paradenummer als Tierimitator. Er kann Aras, Kakadus und Kuckucks nachahmen, als säßen sie ihm auf der Schulter. Einmal, als wir ihn schon besser kannten, hat er uns mit dem Brüllen des Cougar vor dem Zelt bis ins Mark erschreckt. Ich gab ihm darauf den Spitznamen Cougar, merkte aber bald, dass er befremdet reagierte – bis Hans mich aufklärte: Cougars heißen im amerikanischen Slang nicht nur die Pumas, sondern auch die älteren Frauen, die auf junge Männer aus sind… Der schüchterne Devon.

Heute, heute und kein Morgen

Mittwoch, 19. Dezember, 38. Tag
87.9908 S, 084.1683 W
Tagesetappe 15,3 NM (28 km), total 479,5 NM (888 km),
Restdistanz 120,5 NM (223 km); tiefe Wolkendecke, schlechte
Sicht, schwach windig, –18 Grad Celsius

Nun gilt es, die letzten Höhenmeter bis zum Pol zu überstehen.
Nicht mehr in Stufen wie zuvor, sondern in Wellen. Mal etwas
rauf, mal etwas runter. Das hat es in sich. Ach, wie könnten wir
die kleinen Abfahrten genießen, wenn wir nicht wüssten, dass
wir jeden verlorenen Höhenmeter wieder wettmachen müssen.
Die Aufstiege, so sanft und leicht sie erscheinen, rauben be-
denklich viel Kräfte – und exponieren uns noch stärker dem
Wind.

Vom Einbruch der Kräfte am 86. Breitengrad habe ich mich
physisch nicht mehr wirklich erholt. Fast 200 Kilometer ists her.
Die Muskeln in den Beinen sind übersäuert, der Körper will einfach nicht mehr. Erschöpfung in allen Zellen. Der Ruhetag hat
daran nicht viel geändert. Im Gegenteil. Ständig auf Diät, wie
wir alle sind, weiß ich beim besten Willen nicht, wo ich die Energie herholen soll. Der Südpol rückt mental extrem weit weg. Die
Antarktis erscheint mir als ein Monster ohne Anfang und ohne
Ende. Auf diese Weise kann ich mein Ziel nicht erreichen.

Also muss ich etwas ändern. Der 88. Breitengrad bringt die
Wende. Ich begreife: Weil ich die äußeren Umstände nicht
ändern kann, muss ich meine Haltung ändern. Erschöpfung,
Müdigkeit, Hunger – was ist das anderes als ein Bewusstseins-
zustand? Bewusstseinszustände lassen sich vom Willen steuern,

vorausgesetzt, die Konzentration ist scharf genug fokussiert. Nun konzentriere ich mich täglich neu nur genau auf den Tag, der vor mir liegt. Die tägliche Morgenfrage lautet: Schaffe ich es bis heute Abend? Es gibt nur eine Antwort: Ja.

Das Morgen oder die gut 200 Kilometer, die noch vor uns liegen, fallen außer Betracht. Morgen ist ein anderer Tag, und morgen ist noch früh genug, mich mit dem neuen Tag anzufreunden. Hier und jetzt habe ich einen Schritt vorwärtszugehen. Nur einen einzigen. Und wieder einen. Das wäre noch, wenn ich keinen Schritt mehr schaffte. Schritt für Schritt fokussiert auf das Nächstliegende, überwinde ich die Krise, und der Körper gewöhnt sich – einmal mehr – an die Strapazen. 5300 Kalorien pro Tag reichen für eine so ausgemergelte Person wie die antarktische Evelyne nicht aus, aber was mir an Kalorien fehlt, lässt sich mit der Kraft des Geistes aus dem Nirgendwo zaubern. Vorläufig.

Meine Schwester Jacqueline und ihre Kinder Nadine und Joël senden mir Schutzengel, und meine Kletterfreundinnen aus dem Hasli im Berner Oberland haben ein »Mental-Supporter-Team« gegründet und unterstützen mich mit geistiger Kraft. Diese Verbundenheit und Unterstützung zu spüren, trägt mich über manche Schwäche hinweg – und über das Heimweh nach meinem Chalet auf dem Hubel an einer Flanke des Sustenpasses. Es ist so still ganz am Ende des Sträßchens in den grasgrünen Abhang hinaus, vor allem nachts, bevor im nahen Wald die Vögel erwachen. Ich habe Heimweh nach den Rehen, die in der Lichtung äsen bei Morgengrauen, Heimweh nach dem Dachs, der immer wieder mal zu Besuch kommt, und nach dem Fuchs, der das Katzenfutter aus dem Schälchen klaut, wenn er sich unbeobachtet fühlt. Wenn ich nach Hause komme, werde ich mich in Reh- und Fuchsgeflüster üben, damit ich die Tiere vor der Jagdzeit warnen kann.

Noch 196 Kilometer

Donnerstag, 20. Dezember, 39. Tag
88.2383 S, 084.1397 W
Tagesetappe 14,9 NM (28 km), total 494 NM (915 km),
Restdistanz 106 NM (196 km); tiefe Wolkendecke, schlechte
Sicht, –17 Grad Celsius

Ich versuche, alle Zweifel fallen zu lassen, und bin zuversicht-
lich, dass ich es auch bis zum 89. Breitengrad schaffen werde.
Das Ziel liegt nur noch einen einzigen Schritt weit entfernt.
Einen einzigen, kleinen Schritt von nicht mal zwei Breitengraden. Und schon jetzt warten keine Steigungen mehr. Wir haben
das Plateau von über 2900 Metern erreicht. Die minus siebzehn
Grad sind warm genug, uns die Seele zu wärmen. Jeden Tag
kreist die Sonne etwas höher am Himmel. Je steiler sie auf uns
herabscheint, desto schöner heizt sie uns auf durch die glasklare,
antarktische Luft.

Wenn es nur Max besser ginge. Seit ein paar Tagen leidet er
stärker als wir. Er hat am meisten abgenommen von uns fünf,
kann seine Körperwärme nicht mehr beisammenhalten, fühlt
sich schwach und redet sehr viel, um sich psychisch aufrecht-
zuhalten. Beängstigend, diesen einst starken Mann so abgema-
gert zu sehen. Die Venen quellen wie Pipelines aus der Haut,
das Gesicht ist eingefallen und mit Frostbeulen übersät. Immer
wieder sagt er, er fühle sich wie ein Ferrari ohne Sprit. Wir überlassen ihm Extrarationen. Das Loch, das die Antarktis in seinen
Bauch gefressen hat, füllen sie nicht. Devon, Adrian und Hans
nehmen die Hälfte seiner Last vom Schlitten. Ich leiste noch
mehr Kocharbeit und betreue Max im Zelt.

Hätte mich nicht der Hunger gepeinigt, ich hätte mich keinen Augenblick mehr wach halten können. Und muss doch erst mal die Schuhe aufschnüren, die Socken wechseln und die Sturmbrille zum Trocknen aufhängen. Der Körper schreit nach Ruhe, nach Wärme. Nach einem Ende. Aber ich höre nicht auf die Schreie der Verzweiflung aus meiner Seele. Nur jemand, dem die Seele schon einmal aufgeschrien hat, weiß, was das bedeutet.

Was soll ich tun. Der Seele die Aufmerksamkeit verweigern oder dem Verlangen nach Ruhe und Erholung nachgeben? Nein, beides nicht. Nicht mitten auf dem Eis. Hier gibt es nichts, das getan wird, ohne dass man es tut.

Also los. Steh auf. Hacke Schneebrocken aus dem ewigen, endlosen Niemandsland! Häufe sie ins Vorzelt! Schlüpfe ins Zelt! Sei nett zu Max, auch wenn er tausend Fragen stellt! Starte den Benzinkocher! Füll die Pfannen mit Schnee! Mach Suppe, mach Getränke, schau, dass Max keine Töpfe umstößt, bereite das Abendessen und füll die restlichen Flaschen mit Wasser. Mach es genau so, wie du es immer machst, alle die tausend Handgriffe. Iss und trink rasch zwischendurch. Rede Max gut zu, er werde es schaffen. Nur noch etwas mehr als einen Grad. Was ist schon ein winziger Grad. Du wirst auch diese Strecke noch schaffen. Sagt der Verstand. Und mein ganzer Körper zweifelt – nicht nur an Max. Noch eine Woche durchhalten! Das gilt auch für mich.

Sommersonnenwende

Freitag, 21. Dezember, 40. Tag
88.4848 S, 083.8555 W
Tagesetappe 14,9 NM (28 km), total 509 NM (943 km),
Restdistanz 91 NM (169 km); wolkenlos, kalt, –25 Grad Celsius

Mitten in der Antarktis zu stehen, ist erstens ein gewaltiges Gefühl und zweitens und immer wieder ein gewaltiger Blick. Besonders heute. Welch ein Tag: der längste im südlichen Sommer. Sommersonnenwende. So kalt wie heute war es bisher noch nie, doch eine ungewohnte Flaute und die Höhe der Sonne über dem Horizont vermitteln ein Gefühl von Heimat und Wärme in dieser Unbehaustheit. In der Sonne steckt Kraft und Bewegung. Der Keim von Leben, der Keim von Hoffnung. Am Tag der Sommersonnenwende zieht sie einen ebenmäßigen Kreis um den Zenit. Da steht man wie eine Eissäule und dreht sich um die eigene Achse. Der Horizont scheint nicht allzu weit entfernt. Wenn man bloß noch weiter sehen könnte. In der reinen, trockenen Luft ist die Erdkrümmung fast mit Händen zu greifen und begeistert das Herz, sodass man aus dem Staunen kaum mehr herauskommt. Wenn die Erde doch eine Scheibe wäre? Und hinter dem Horizont gleich der Abgrund? Was gibt es dann jenseits? Nur das Blau eines schier unendlichen Himmels. Ist er bedeckt, sieht man die Wolkenbasis – in einer mächtigen Schlaufe der Erdkrümmung folgend – hinter dem Horizont versinken. Die Weite des Himmels, die auf Fotos als fade Leere erscheint, wird in Wirklichkeit in der Brust als vage, winzige Ahnung eines weiteren Raumes fühlbar.

Wie fast jeden Morgen navigiere ich die ersten drei Stunden

der Tagesetappe, und wie gewohnt, wenn die Sonne scheint, weist sie uns dem achtzigsten Längengrad entlang den Weg Richtung Pol. Wir starten wie schon gestern und vorgestern morgens um sieben, mein Schatten auf halb drei, die Sonne links hinten im Rücken. Und doch ist etwas anders. Ihr Strahlen ist nicht nur kälter und greller heute, es ist auch irisierend und irritierend von einem noch nie gesehenen Leuchten, und am Horizont, unmittelbar zu ihren Füßen spiegelt sie eine übermenschliche weiße Lichtfigur. Es ist ein irgendwie überirdisches Licht in flimmernder, klirrender Kälte. Ein silbernes Glitzern tanzt in der Luft und über die Oberfläche des Schnees. Die Lichtfigur schwebt wie ein Sonnenaufgang über dem Horizont. Zu ihrer Linken wie zu ihrer Rechten wölben sich Halbkreise in allen Farben des Regenbogens von ihr weg in den Himmel. Um die Sonne hat sich ein mächtiger Kreis gebildet, ein sogenannter Halo, wie man es hie und da in den Bergen erlebt, doch um ein Vielfaches größer, und wo sich die Kreise schneiden, leuchtet je eine Nebensonne. Das ganze Lichtgebilde dehnt sich dreidimensional so weit aus, dass es zwei Drittel des ganzen uns offenbarten Himmels bedeckt. Um alle die Kreise am Himmel überschauen zu können, drehe ich mich selber im Kreis. Wir halten inne, Devon, Hans, Adrian und Max sind ebenso ergriffen von dieser Erscheinung und nehmen sie als Zeichen für etwas Großes, das uns bevorsteht. Niemand von uns hat je zuvor ein Naturphänomen von solcher Präzision und Größe gesehen. Eine Schönheit, weder antastbar noch besitzbar, noch nachvollziehbar. Immer wieder halten wir inne, um aufs Neue zu staunen. Der Gruß der Sommersonnenwende in der Antarktis.

An diesem Tag gelingt mir meine »Gedankenhygiene« besonders gut. Vermutlich noch immer winzig im Vergleich zum Sonnengebilde, erinnert mich die Figur an Isaac Newtons drittes Gesetz. Ich gewinne eine Ahnung von dem, was sich verbirgt hinter dem Vorhang, der uns trennt vom Geschehen, das unser Schicksal bestimmt. »On every action there is an equal and opposite reaction.«

An diesem Tag erfasste mich ein Sehen, ein Verstehen, das ich mit Worten nicht beschreiben kann. Ich sah die Welt und ihre Bewohner von außen, aus dem All. Ich war dort, wo kein Gut und kein Böse, sondern einzig das Sein existiert. Ich war jenseits von Emotionen, jenseits von Urteilen, jenseits von Zeit, an einem Ort jenseits des Gesetzes der Aktion und der Reaktion – und gerade deswegen verstand ich das Gesetz in seiner vollen Bedeutung. So verwirrend das klingen mag, es war unwirklich wunderbar, ein Blick in eine andere Wirklichkeit.

Ein Halo deutet auf eine nahende Warmfront. Ein Schlechtwettersignal. Hier bleibt es für diesen Tag wolkenlos, schwach windig und kalt. Am nächsten Tag sollte ich die Bedeutung der Zeichen am Himmel am eigenen Körper erfahren. Es wird der 41. Marschtag in der Antarktis, der 478. Tag auf meiner Reise, nach gut und gern 25 000 Kilometern in den Knochen und nach weit über zwei Millionen Schritten in der Antarktis: Die Erschöpfung schafft sich Raum, es wird mir schwarz vor den Augen …

Kräfte adieu
Samstag, 22. Dezember, 41. Tag
88.6045 S, 083.5538 W
Tagesetappe 7,2 NM (13 km), total 516 NM (956 km),
Restdistanz 84 NM (156 km); wolkenlos, kalt, –26 Grad Celsius

Mein Tagesmotivationsprogramm versagt seine Wirkung. Warum schaue ich schon wieder auf die Uhr? Alle paar Minuten.

Ich hätte schwören können, seit dem letzten Mal bin ich schon Stunden unterwegs. Die Navigation lenkt mich etwas von meiner Schwäche ab. Nach drei Stunden übernimmt Devon. Er geht zügig, aber für mein Empfinden nicht schnell. Trotzdem befällt mich ein leichter Schwindel – den ich zu unterdrücken und als »Schwindel« zu betrachten versuche. Bei einem zweiten Schwindelanfall taumele ich und halte kurz an. Als ich Max von hinten näher kommen sehe, gebe ich meinem Schlitten mit der Hüfte einen Ruck, um weiterzuziehen. Aber nur wenige Schritte. Nun taumele ich so stark, dass ich den Schlitten gerade noch aus der Spur ziehen und mich draufsetzen kann. Hans in seinem bekannten Vorwärtsdrang ist bereits an mir vorbei und fragt: »Ist alles okay?«

»Ja, alles okay.« Aber nichts ist okay. Ich versuche, das Bewusstsein nicht zu verlieren, doch ich beginne hyperventilierend zu hecheln. Ich stöhne auf vor Irritation, wie man das bei starken Schmerzen oder im Delirium tut. Devon, Adrian und Hans sind bereits weiter, Max schließt auf und erschrickt. Er ruft den Jungs zu, dass ich Hilfe brauche, und fleht mich an: »Evelyne, talk to me!« Aber ich kann nicht sprechen. Ich halte mir einen Handschuh vor den Mund, um die Atmung wieder unter Kontrolle zu bringen. Mit der anderen Hand grabsche ich nach meiner Trinkflasche. Adrian, Hans und Devon sind inzwischen zu mir zurückgekehrt. Adrian stülpt mir seine Daunenjacke über die Schulter, und ich finde wieder zu einem normalen Atem zurück, dafür meldet sich Durst. Unsäglicher Durst. Ich könnte ein ganzes Fass Tee austrinken, aber in der Flasche ist nur ein Liter.

Schon einmal, am Dhaulagiri (8167 m) im Himalaja hatte ich diesen Zustand tiefster Erschöpfung erlebt. In großen Höhen, wenn man nicht die Kraft zum Abstieg aufbringt, kann das tödlich sein. Damals stieg ich ins Basislager zu Medikamenten und

Lebensmitteln ab – aber hier? Für mehr als einen Ruhetag reichen unsere Vorräte nicht. Was bleibt mir anderes übrig, als meine Kräfte zusammenzureißen und weiterzugehen. Noch vier Wegstunden heute.

Hans und Adrian hängen meinen Schlitten hinter den ihren. So ziehen wir weiter. Devon übernimmt wie zuvor die Navigation. Ich folge seiner Spur und bin auf alles gefasst. Gewiss hätte ich meine eigenen Lasten gerne selber gezogen und ihr Angebot ausgeschlagen. Aber ich bin nur dankbar. Einfach dankbar. Und fühle mich so noch zu schwach. Nach anderthalb Stunden muss ich mir eingestehen: Mein Körper funktioniert nicht mehr gehend. Devon zögert keine Sekunde, bleibt stehen, öffnet seinen Schlitten, zieht das Zelt heraus und fängt stumm an, das Camp aufzubauen: für mich, für Max, der sich kaum besser fühlt, und für das ganze Team, das auf alle Fälle gemeinsam ankommen möchte.

Ich entferne mich von der Gruppe und sacke kniend in den Schnee. Meine Enttäuschung über mich selber ist zu groß. Ich kann sie nicht mehr zurückhalten. Unter der Sturmbrille und der Gesichtsmaske rinnen die Tränen und gefrieren auf der Haut fast augenblicklich. Der Körper schüttelt sich. Dann stelle ich mit den Jungs wortlos und besorgt das Camp auf. Schön, mich als Teil eines so starken, zuverlässigen Teams zu wissen.

Ein halber Tag Rast reicht nicht, um wieder zu Kräften zu kommen. Beim Essen in meinem Zelt sage ich zu Devon und Max: »I'm on the low limit of low energy.« Um meine Batterien wieder zu laden, brauche ich noch einen vollen Tag Erholung. Wir rechnen unseren Proviant nochmals durch. Das Ergebnis lautet: Es geht. Fragt sich nur, wie im andern Zelt Adrian und Hans reagieren. Jeder pflegt so seinen kleinen privaten Ehrgeiz.

Hans kultiviert immer noch seinen Wettbewerb mit den Norwegern, und wenn Adrian vor dem 31. Dezember am Südpol eintrifft, zählt er zu jenen wenigen Menschen auf dieser Welt, die den Nord- und den Südpol im gleichen Jahr schafften. Adrian gesteht überdies, dass er seinen Notvorrat bereits aufgezehrt hat und deswegen zügig vorangehen muss.

Aber ebenso tapfer wie die kärglichen Rationen schlucken sie den Frust, ohne mit der Wimper zu zucken, herunter. Ihre mentale Kraft steht ihrer körperlichen in nichts hintennach. Wir einigen uns auf einen Aufbruch morgen Mittag. Max und ich tun alles für unsere notwendige Stärkung. Die 23 Stunden sind unsere letzte Chance, uns zu erholen.

Eine Ankunft an Weihnachten kommt nicht nur wegen Max und mir nicht mehr in Frage. Whiteouts, Adrians Schuh- und Bindungsprobleme und die Bewältigung von mehr als 2000 Höhenmetern in der zweiten Hälfte halten uns mehr auf, als wir dachten. Aber vor Neujahr … Das steht für alle außer Frage.

Was mir fehlt? Wahrscheinlich alles, was einem fehlen kann. Ich werde einfach diese latente Erschöpfung nicht los. Sie lauert in allen Knochen, um mich niederzureißen, sobald ich einer kleinen Schwäche nachgebe. Ein Marathonläufer schafft drei bis vier Läufe pro Jahr. Ich bin nun schon 478 Tage unterwegs – 438 mehr als meine Teamkollegen. Natürlich wusste ich, was mich erwartet. Allein die zweieinhalb Millionen Schritte durch die Antarktis entsprechen einer Strecke von Bern bis Barcelona. Trotzdem blieb ich stets von der Hoffnung beseelt, das Ziel zu erreichen. Unterdessen habe ich seit Hercules Inlet zwölf Kilogramm abgespeckt. Vielleicht auch elf, dreizehn oder vierzehn. Jedenfalls gleiche ich erschreckend der magersüchtigen Teenager-Leichtathletin, die ich einmal war … Nun aber schmerzen die Lungen. Bei jeder Bewegung droht es mir schwarz vor den Augen zu werden. Die Beine fühlen sich an wie gekochter Spinat. Dazu kommt die Trockenheit und der ungewöhnlich tiefe Luftdruck auf dem antarktischen Hochplateau.

Unsere fast 3000 Meter Höhe über Meer entsprechen einer Druckhöhe von etwa 5000 Metern im Himalaja. Wie weit mich der Mehraufwand für Max geschwächt hat, weiß ich nicht. Den Energiehaushalt hat er bestimmt beeinflusst.

Aber alles Werweißen und Zahlenschieben bringt mir nichts. Im Moment kann ich mir nicht einen weiteren Schritt nach vorne vorstellen. Milan muss helfen. Dr. Milan Cermak. Milan wäre nicht Milan, wenn sein Wirkstoff nicht auch per Ferntherapie etwas brächte. (Iridium sei Dank. Iridium ist die einzige Satelliten-Kommunikation, die den ganzen Globus bis über die Pole abdeckt.) Milan spürt sogleich meine Angst und Unsicherheit, die wohl jeden packt, wenn er seinem Schicksal ins Auge blickt. »Evelyne«, sagt er: »Ich bin stolz auf dich. Kaum jemandem sonst kannst du mehr Freude bereiten als mir. Nur schon zu wissen, dass du in der wunderbaren Wildnis der Antarktis bist, ist das Highlight des Jahres für mich. Dafür danke ich dir. Ich bin überzeugt, dass du erreichst, was du willst.« Milans Kraft des positiven Denkens ist genau das, was ich brauche. Das Aufbaupräparat der ersten Wahl.

Überraschend gibt es dazu Kaloriennachschub. Hans offeriert mir einen Beutel mit fünf Tagesrationen Schokoladenpulver, ausreichend für zehn Liter Wasser. Welch eine Labsal für meinen ausgehungerten Schlund. Warum aber nagt nun der Verdacht an mir, es sei mein Schokoladenpulver, das nicht Max, sondern Hans vielleicht mal beim Schlafwandeln aus meinem Schlitten mitwandern ließ und er es mir nun aus schlechtem Gewissen wieder zurückgibt? Ausgerechnet meinen Wohltäter verdächtige ich? Wieder diese Dünnhäutigkeit. Es ist ja wirklich nur nett, dass er fast etwas verlegen anfügt, wenn ich noch mehr brauche, könne ich gerne mehr haben, er wisse auch nicht, weshalb ihm so viel übrig bleibe. Wie auch immer, ich kann es dringend brauchen.

Schwarze Gedanken

Sonntag, 23. Dezember, 42. Tag
88.7408 S, 084.1325 W
Tagesetappe 8,2 NM (15 km), total 524,5 NM (971 km),
Restdistanz 75,5 NM (140 km); wolkenlos, schwach windig,
−27 Grad Celsius

Ob es mir besser geht? Wenn ich es wüsste. Ich fühle mich zu schwach, um auch nur dünne Stricke zu zerreißen, aber stark genug, um nicht den ganzen Tag im Schlafsack zu bleiben. Innere Unruhe, die Verpflichtung gegenüber den Jungs, die Überzeugung, mit äußeren und inneren Widerständen fertig zu werden, treiben mich weiter. Einen halben Tag werde ich schaffen. Besonders wenn Devon, Hans und Adrian für die Navigation und die Küche sorgen. Und dann genieße ich noch eine andere Erleichterung. Ich verlege meinen Schlafsack weg von Max ins Einzelzelt.

Nach 23 Stunden Rast brechen wir nachmittags um ein Uhr wieder auf. Hans und Adrian haben beschlossen, meinen Schlitten und einen Großteil von Max' Last zu übernehmen. Wir gehen sachte, doch die restlichen Tage habe ich mit aller verbleibenden Kraft gegen die Leere zu kämpfen: gegen das Schwarze, Unbekannte, gegen eine Kraft, die mich verschlingen könnte.

Nur noch 140 Kilometer. Aber immer noch gute 45 Marschstunden. Unvorhergesehenes einkalkuliert, eine Woche Schwerarbeit. Wie beschwerlich Gehen sein kann, spüre ich bei jedem Torkelschritt. Aber aufgeben? Nein, aufgeben kommt nicht in Frage. Antarctica ist mein Traum und mein Leben geworden. Aufgeben hieße, mich selber mit Haut und Haaren aufzugeben.

So kann ich nicht anders als weitergehen, bis ans Ziel, oder bis die Kräfte vollends versagen. Erst hat sich die Psyche dieser Möglichkeit widersetzt. Jetzt aber bin ich mit mir einverstanden, bis zum letzten Atemzug weiterzugehen. Entweder reicht die Kraft – oder ich finde inmitten dieser unbezähmbaren Wildnis zu einer würdigen Zeit einen würdigen Ort. Ähnlich einer Kerze, die unter einem umgestülpten Glas langsam erlischt. In meinen Notizen habe ich die Kraft beschrieben, die nun so nahe an mich herangerückt ist. Es ist, als verlasse meine Seele den Körper; es ist, als übernähme eine andere Macht das Zepter. Vielleicht ist es Dummheit, aber lieber sterbe ich bei der Verwirklichung eines Traums, als dass ich am Ende der Verwirklichung dieses Traumes aufgebe. »Never, ever, ever…«

Die Bereitschaft, zu sterben, schließt nicht aus, für sein Leben zu kämpfen. Jede Faser in mir will leben, aber wie zu jeder Sekunde des Lebens ist der Tod eine Möglichkeit. Der Unterschied liegt nur darin, dass ich jetzt mit dieser Möglichkeit in Absprache stehe. Heute glaube ich, dass diese Bereitschaft, für ein Ziel zu sterben, mit ein Grund ist, dass ich die letzten Kraftreserven zu mobilisieren vermochte.

Ich denke an Giuseppe, der in den vergangenen sechzehn Monaten seine schützende Hand über mich hielt und mich richtig zu entscheiden anwies. Ich will es einfach nicht glauben, dass er das tat, um mich hier aus dem Leben zu holen. Es sind ja nur noch wenige Tage. Lächerliche fünf Tage. Logik eines schwer geschwächten Körpers. Und nicht einmal eine unvernünftige Logik, im Nachhinein. Wir haben noch für jeden Tag eine Essensration. Wir haben Fett, wir haben Zucker, wir haben Brennstoff für Wasser. Und wir haben sogar noch zwei Rationen Reserve. Sie sind für fünfzig Tage berechnet, doch wir dürften am achtundvierzigsten ankommen – es sei denn, ein antarktischer Sturm erwischt uns und erzwingt längere Pausen.

Wenn mir der Tod etwas zuliebe tun will, habe ich drei Wünsche an ihn. Überraschend und schmerzlos soll er kommen, in einem Augenblick des fraglosen Glücks, wie damals mit Ferdi, als wir mit dem Heli Sturmholz aus dem Wald holten. Flug um Flug von einem lastwagengängigen Abladeplatz aus hinaus in die zusammengeschlagenen Wälder an den Steilhängen, in denen der Duft des Harzes klebte wie eine Droge und sich vermischte mit dem Kerosin, das uns genauso betörte. Ein paar Jahre darauf ist Ferdi ums Leben gekommen. Im Wallis, bei einem Arbeitsflug für den Umbau der Konkordiahütte des SAC über dem Ewig Schneefeld. Als er die Sicht verlor … Das ging so schnell. Nun ist der Tod mein Freund. Mein Kumpel, mein ständiger Begleiter. So viele meiner Freunde blieben am Berg. Warum, weiß ich auch nicht. Manche andere haben sich das Leben genommen. Der Tod ist mir vertraut wie die Liebe einem alten, glücklichen Ehepaar.

In der Antarktis ist der Bruder des Schlafs weiß und frei von Verwesung. Wer hier stirbt, bleibt vorläufig unsterblich. Er verliert seinen Körper nicht. Wie auf der Nordroute zum Everest der Sleeping Man, über den jeder kurz vor dem Gipfel klettern muss. Die Antarktis verlangt von ihren Opfern ein einsames Ende. Und ein langes Vergessen. Jede menschliche Spur versinkt im Schnee und erstarrt im Eis. Ist das so schlimm?

Weiße Weihnachten

Montag, 24. Dezember, 43. Tag
88.9738 S, 085.0583 W
Tagesetappe 14,1 NM (26 km), total 538,5 NM (997 km),
Restdistanz 61,5 NM (114 km); wolkenlos, schwach windig,
kalt, –28 Grad Celsius

Die letzten Tage sind alles andere als einfach. »Der Geist ist willig, aber der Körper kann schlicht und einfach nicht mehr.« Max sagt das in einer Häufigkeit, dass es ätzt. Besonders, weil er damit beschreibt, was auch ich bis in die letzte Faser erlebe. Ob ich es schaffe? Ich kann es heute beim besten Willen nicht sagen. Es geht auf und ab. Ein bisschen besser, ein bisschen schlechter – und immer vorwärts. Heute überraschende 26 Kilometer. Zu Hause im schönen Berner Oberland mache ich das vor dem Frühstück im Laufschritt. Na also, Evelyne. Weiter so. Ganz langsam, wenns nicht anders geht. Wenn du bloß gehst. Weihnachten entgegen. Dem tausendsten Kilometer entgegen. Dem 89. Breitengrad entgegen. Drei Festanlässe in einem. Mit Sonderrationen für die Mühseligen und die Beladenen. Hans und Adrian ziehen unsere Schlitten mit beeindruckender Langmut dem Heiligen Abend entgegen.

Was soll ich feiern? Das Glück, so weit gekommen zu sein, oder die Unsicherheit vor den kommenden Tagen? Nicht so weit denken. Einfach feiern. Hat einer von uns schon je weißere Weihnachten erlebt? Wir haben mehr Schnee und Eisgeglitzer als auf allen Adventskalendern dieser Welt zusammen. Bloß die Nacht lässt auf sich warten. Weihnachten am helllichten Tag, mitten im südlichen Sommer. Verkehrte Welt. Ich bin zu verwirrt, um das alles richtig zur Kenntnis zu nehmen. Das Fest-mahl stärkt Leib und Seele. So üppig haben wir seit Südame-rika nie mehr geschlemmt. Adrian hat das Menü im Internet ausgeplaudert: gefriergetrocknete Teigwaren mit einer Doppel-portion gefriergetrocknetem Truthahn, Reis und Butter. Und erstmals gibts eine Nachspeise. Sorbet aus Pulverdrink und Schmelzwasser. Ein Telefongespräch mit meiner Schwester sorgt für geistige Stärkung.

Sie feiert mit ihren Kindern und unserer Mutter zusammen. Es ist seltsam, zu wissen, dass sich zwischen uns fast der halbe Globus ausbreitet. Jacqueline versucht unbekümmert zu spre-chen, doch ihre Besorgnis ist unüberhörbar. Wenn sie bloß nicht merkt, dass ich mit den Tränen kämpfe. Ich sage nur ganz knapp: »Er« ist nah. Meine Schwester reagiert unerschrocken und sagt, das wisse sie bereits. Nicht von den Dispatches von Adrian. Sondern sonst. Wenn ich nun verrate, dass meine Vor-fahren mütterlicherseits vor vielen Generationen Zigeuner waren, brauche ich die Fähigkeit meiner Schwester nicht wei-ter zu erklären. Sie sagt, ich werde mein Ziel erreichen. Ob sie auch das weiß? Nun lasse ich den Tränen freien Lauf. Ich bin einfach nur dankbar, dass mir diese meine Familie in allen Lebenslagen immer und immer wieder ihre Liebe schenkt.

Fast eine Weihnachtsgeschichte

Erfolg verlangt das Selbstvertrauen, richtig entschieden zu haben und für diesen Entscheid auch leiden zu können. Du brauchst die Gewissheit, dass du nicht allein bist. Und wer steht dir bedingungsloser zur Seite als du selber? Das habe ich noch nie so stark erlebt wie in den letzten Tagen vor dem Südpol.

Denn noch nie zuvor sind Zweifel so berechtigt gewesen. Sich jetzt aber Zweifel zu leisten, hätte fatal werden können. Es gab kein Zurück. Es gibt nur dieses eine: Südpol, Südpol, Südpol. »Never, ever, ever give up.«

Auf meinen Körper kann ich nicht mehr zählen. Nur noch auf Vertrauen. In die Kraft der Ehe, die ich mit meiner Entschlossenheit eingegangen bin, und in die Kräfte, die ich teile mit der Natur um mich herum. Und da ist dieses Datum. Ein Datum der Wende in der Weltgeschichte. Es ist der 24. Dezember. Weihnachten. An diesem mystischen Datum aufgeben? Vier Tage, fünf Tage oder sechs Tage vor dem Ziel. Liegen bleiben im Schnee und mich von der Kälte einschließen lassen? Nein, nein, nein. Denk positiv. Weihnachten ist der Anfang einer Heilsgeschichte. Die Tage werden länger, die Kräfte wachsen.

Kannst du weißere Weihnachten erleben? Könnte Weihnachten mystischer sein als in so viel Schnee, so viel Eis? Ich sehe die Millionen Männer, Frauen und Kinder, die nun nach Bethlehem schauen und ihre guten Gedanken auf diese Krippe lenken. Ich denke an die Energie, welche diese Fülle von Gedanken zu erzeugen vermag. Ich gönne mir die Unschuld, zu glauben, alle diese Gedanken auf mich lenken zu können. Wie unter einer Schutzglocke fühle ich wieder Vertrauen in meine schier unbesiegbare Kraft. Es ist Weihnachten, irgendwo im Pazifik muss sie schon begonnen haben, ich sehe all die Krippenfiguren in der Wärme des Kerzenlichts und richte alle meine Gedanken, mein ganzes Trachten auf den einen Satz: »Jesus und Maria, führt mich voran.« Eine Art Mantra, das bei jeder Wiederholung stärkere Kräfte entfaltet. Es ist ein Ritual, das schließlich gerade aus seiner Sinnentleertheit etwas fraglos Gültiges erhält. »Jesus und Maria, führt mich voran.«

Giuseppe hat ein Herz für die Mutigen. Das weiß ich inzwischen. In der Not vertraut der Mensch auf Gott und sein Gefolge. Mag sein, dass ein Klügerer sagt: »Ich glaube an mich, ich glaube an mich …«

Ich glaube an meine Fähigkeiten, und gleichzeitig glaube ich, dass ich begleitet bin. Das Schlüsselerlebnis zum Glauben an die Kraft, die ich lapidar als »Giuseppe« bezeichne, geht auf einen Novembertag in Chironico im Tessin vor über zwanzig Jahren zurück. Ich arbeitete als junge Flughelferin im Sturmholz für eine Helikopterfirma. Es war blanker Zufall, dass ich an jenem Tag nicht im Unfallhelikopter saß. Hätte ich den Absturz überlebt? Wäre ich noch am Unfallort gestorben wie Elmar, mein Arbeitskollege? Hätte mir die Wucht des Hauptrotors wie Dieter beim Aufprall das Bein abgeschlagen? Oder ginge ich wie Herbert bis heute mit einem Rückenschaden an Krücken? Ich werde es nie wissen und will es nie wissen. Ich weiß nur, dass ich rein zufällig nicht in diesem Hubschrauber saß.

»Jesus und Maria, führt mich voran.« Mein Mantra beschützt mich vor negativen Gedanken. Falls es nur Selbstzweck ist, hält es immerhin meine Schwäche in Grenzen. Es besiegt die Angst, die ich nicht zulassen darf, wenn ich durchhalten will.

Um mich weiter zu schützen, versetze ich mich unter das Gewölbe einer alten Kapelle, und über diesem Gewölbe thront ein mächtiges Kreuz. Den Rosenkranz hänge ich um meinen Handschuh. Das gibt mir Sicherheit und bewahrt mich vor dieser schwarzen, verschlingen wollenden Kraft, deren Präsenz ich rechts vor mir zu spüren glaube. Eine Viertelstunde vor jeder Rast beginne das Gebet des Rosenkranzes, das ich nicht kann, auf meine Weise zu beten und hänge einige Vatermutterunser an. So vergeht die Zeit, so führe ich meine Gedanken auf eine einzige, hilfreiche Spur.

The Last Degree

Dienstag, 25. Dezember, 44. Tag
89.2185 S, 086.5797 W
Tagesetappe 14,8 NM (27 km), total 553 NM (1024 km),
Restdistanz 47 NM (87 km); wolkenlos, schwach windig, kalt,
–28 Grad Celsius

Weiter im Trott. Ob es mir besser geht? Fast ein Wunder, dass ich überhaupt aus dem Schlafsack komme. Bereits bei den ersten Handgriffen an Kleidern und Frühstücksgeschirr kehren die Schwindelanfälle zurück. Zum Kriechgang aus meinem Solozelt muss ich mich physisch und mental extrem überwinden. Ob ich je wieder in ein Zelt kriechen werde? Jenseits seines Schutzes packt mich eine Art Platzangst. Wenn bloß die Jungs nichts davon merken. Wenn ich bloß die nächsten zwei Stunden überstehe … Schlechte Gedanken. Besser, ich halte mir Jacqueline und Milan vor Augen. Ihre Zuversicht stärkt mir den Rücken. In der Obhut »meiner Kapelle« und mit dem Rosenkranz am Handschuh führt mich mein Mantra zu neuen Kräften. Es geht je länger, je besser. Immerhin etwas besser als Max, vielleicht. Gut genug, um mich geistig an Devons Schlitten zu hängen.

Wenn uns das Wetter so schöne Geschenke macht, sollten wir uns dankbar erweisen. Die Chance nutzen. Sobald als möglich ans Ziel. Der tiefblaue Himmel und die leichten Winde heute heben die Stimmung. Wer weiß, was folgt. Mit jedem Tag Verzögerung sind die Essensrationen länger und schmaler zu strecken. Je weiter wir heute kommen, desto reichlicher dürfen wir uns täglich belohnen. Mit 27 Kilometern sind wir alle mehr als zufrieden. Es ist mehr als an manchen Tagen zuvor. Fast zum Glück sind wir gestern wieder mal ein paar Meter vor dem Breitengrad stehen geblieben. So haben wir heute Grund für nochmals ein Festessen. Und dann noch drei Tage gehen. Noch 87 Kilometer, geteilt in drei macht ... Wie viele Kilometer pro Tag? Egal. Was zählt, ist einzig der nächste Schritt.

Gedanken an die »Last Degrees« – jene Touristen, die vom 89. Breitengrad aus in bester Guten-Morgen-Laune und mit dem Duft frischer Seife dem Südpol zueilen – drücken wie Kiesel im Schuh. Der Gedanke daran lässt mich in Kindheitserinnerungen abschweifen, als wir Kinder uns mit den Eltern verschwitzt und mit roten Socken den Pilatus hochquälten – um oben von den geputzten und gebügelten Bähnchentouristen mit Verachtung empfangen zu werden. Müssen wir »Allways« uns bald als puritanische Sonderlinge vorkommen? Doch weg mit trüben Gedanken. Haben wir es nicht gut? Denke an Scott und Amundsen und alle die anderen Südpol-Pioniere. Sie hatten keine Amundsen-Scott-Forschungsstation mit einem Welcome in zivilisierter Umgebung vor Augen. Am Pol war erst Halbzeit für sie. Da stand keine Twin Otter für den Heimflug bereit. Sie mussten so geschwächt auf den Rückweg, wie wir ankommen. Mach den nächsten Schritt, Evelyne.

An kurzer Leine

Mittwoch, 26. Dezember, 45. Tag
89.4780 S, 087.6147 W
Tagesetappe 15,8 NM (29 km), total 569 NM (1054 km),
Restdistanz 31 NM (57 km); wolkenlos, schwach windig,
−22 Grad Celsius

Immer noch Prachtwetter. Immer noch etwas mehr als ein halber Breitengrad zu gehen. Und immer noch keine echte Besserung meines Zustands. Vor allem die Lungen machen mir immer noch zu schaffen. Es fühlt sich an, als stecke ein Dolch drin. An Heilung ist nicht zu denken. Vielleicht hilft ein kleiner Trick. Er hat sich schon in manchem »adventure race« bewährt. Wir knüpfen eine kurze Leine zwischen meinen Gurt und Devons Schlittenende. Nicht dass ich mich ziehen lasse. Aber das gelegentliche Zupfen der Leine hält mich auf Trab. Damit erreichen wir eine unserer besten Tagesetappen. Fast dreißig Kilometer. Ohne Rosenkranz. Während einer Rast habe ich ihn offenbar bei einer unachtsamen Bewegung verloren. Vielleicht ist das ja ein gutes Omen. Wenn von mir nur der Rosenkranz in der Antarktis bleibt, darf sie ihn gerne haben.

Es wird wirklich Zeit, anzukommen. Heute hat die Kälte bei Adrian buchstäblich zugebissen. Aus einem Stockzahn brach eine Füllung heraus. Eine Wirkung des Temperaturunterschieds zwischen einem heißen Drink und der Tiefkühlatmosphäre hier draußen. Adrian klagt nicht, aber seine Zunge schwillt unter der messerscharfen Kante an, dass er nur noch lallen kann. Mit seinem Taschenmesser versucht er, die Schneide stumpf zu feilen.

Ziel in Sicht

Donnerstag, 27. Dezember, 46. Tag
89.7383 S, 086.5152 W
Tagesetappe 15,7 NM (29 km), total 584,3 NM (1082 km),
Restdistanz 15,7 NM (29 km); bewölkt, schwach windig,
–22 Grad Celsius

Wer sieht als Erster den Südpol? Zu Scotts und Amundsens Zeiten war er ein imaginärer Punkt in der Einöde, äußerlich ununterscheidbar von allen anderen möglichen Punkten rundum. Heute sind die Gebäude der amerikanischen Forschungsstation Amundsen-Scott am Horizont auszumachen. Ein schmaler gleißender Strich.

Nach rund 1100 Kilometern erstmals eine menschliche Behausung in Sicht. Sind wir deswegen so weit gegangen? Um wieder auf die Zivilisation zu stoßen, die wir so weit wie möglich hinter uns lassen wollten? Es sind gemischte Gefühle. Die Fremdheit dieser Gebäude und seiner Bewohner hat etwas von einer Station auf dem Mars. Wie diese Marsmenschen uns Erdlinge wohl empfangen werden? Ich müsste lügen, in meinem Zustand, wenn ich es nicht zugeben würde: Amundsen-Scott zieht uns an mit magnetischer Kraft. Wir werden morgen eine Stunde früher aufstehen, und wenn wir wie gestern und vorgestern vorankommen, sind wir morgen Abend um sechs in der Komfortzone zurück. Komfort? Ob das ein Wert ist, um den sich zu kämpfen lohnt? Schon bin ich mir nicht mehr sicher.

Uns satt essen, und dann aufgehen in der Natur. Das wärs. Fantasien eines überreizten Gemüts…

Finale

Freitag, 28. Dezember, 47. Tag
90.000 S
Tagesetappe 15,7 NM (29 km), total 600 NM (1111 km),
Restdistanz 0 NM (0 km); wolkenlos, kalt, –28 Grad Celsius

Nun kann passieren, was will. Wir können die Schlitten mitsamt den Zelten stehen lassen, wir können alle unsere Rationen verfuttern – und werden es schaffen. Nochmals die gleichen 29 Kilometer wie gestern und vorgestern. Das Ziel ist zum Greifen nah. Nicht danach zu greifen, wäre grotesk. Wirklich? Ist Robert Scott nicht noch näher vor der rettenden Hütte verdurstet?

Nennen wir es beim Namen: Die letzten Tage bin ich durch die Hölle gegangen. Heute – am wahrscheinlich letzten Tag – fühle ich mich besser. Ich habe getrunken, gegessen und kann meinen Schlitten und die Navigation wieder selbst übernehmen. Nur noch für einen einzigen Tag. Heute werden wir zum letzten Mal in dieser Wildnis campieren. Wenn alles so gut weiterläuft, werden wir unsere Zelte schon fast in zivilisierten Zonen aufstellen: zwischen den Forschungsgebäuden und dem Flugfeld der US-Basis Amundsen-Scott.

Meine Gefühle an diesem letzten Tag schwanken zwischen Respekt, Freude und Trauer. Respekt vor der Ungewissheit, die immer noch vor uns liegt. Trauer über das Ende einer langen Reise mit einer noch längeren Zeit der Vorbereitung. Und Freude natürlich – nein, doch noch nicht. Der schmale gleißende Strich, den Hans gestern Abend am Horizont ausgemacht hat, erweist sich als ungewöhnlich großer Sastrugi. Nun aber muss es kommen. Noch zwanzig Kilometer navigieren wir durchs Niemandsland, bis – ja, da ist es: das Forschungsgebäude und das Gebäude mit dem Riesenteleskop. Endlich, endlich – doch noch immer nicht ganz. Wir alle sind in Gedanken versunken, als uns Amundsen-Scott über Iridium erreicht: Wir müssen einen Haken zum 86. Längengrad schlagen, um unseren Körpern beim Unterqueren der Antenne keinen Schaden zuzufügen.

Die Antenne gleicht einem Zaun für Dinosaurier. Niemand von uns hat vorher je so etwas gesehen. Wozu es hier eine so starke Antenne braucht? Ein paar ausgewählte Wissenschaftler mögen es wissen – und vielleicht die Bewohner von Inner Earth. Von der Antenne bis zum Pol bleibt noch eine Stunde zu gehen.

Noch einmal Zeit, die Gedanken wandern zu lassen, zurück in vorantarktische Zeiten, unendlich lange scheint es her. Selbst meine Liebe für die Berge, stärker als jede andere, scheint eingefroren seither, aus Mangel an Energie, diese Liebe mit Sehnsucht zu nähren. Als kleines Mädchen, noch keine zehn Jahre alt, spielte ich für mich an den Hängen des Pilatus an einem Bach. Barfuß und selbstvergessen ging ich im kalten Wasser gegen die Strömung, umkletterte die Stufen am Ufer über Bäume und Steine. Es war ein Abenteuer, es war eine Lust, so klar wie das Wasser, in welchem ich ging. Damals gab ich mir ein Versprechen, ich mir ganz allein, von welchem ich nicht ahnen konnte, was sich darauf in Zukunft aufbauen würde.

Abends um halb sechs (21.30 Uhr UTC) kommen wir an. Endlich macht sich die ersehnte Erleichterung breit. Freude vermischt sich mit Traurigkeit, ein kaum beschreibbares Gefühl, denn wo ein Ziel erreicht ist, ist ein Traum verloren gegangen.

Am Ziel

Samstag, 29. Dezember, 48. Tag
90.000 S
Am Südpol; wolkenlos, kalt, −29 Grad Celsius

Kaum zu glauben. Wir stehen am südlichsten Punkt dieser Erde. Nach 1180 Kilometern Marschroute oder 1111 Kilometern Luftlinie und 47 schwierigen, herausfordernden, unvergesslichen gemeinsamen Tagen. Dank unserem Durchhaltewillen, vor allem aber dank unserer Kameradschaft. Meine Freunde Devon, Max, Adrian, Hans und ich haben Grund, stolz zu sein. Seit Scotts und Amundsens Zeiten vor fast hundert Jahren haben keine sechzig Personen von der Küste her »unsupported and unassisted« den Südpol erreicht. Keiner meiner Landsleute hat das bisher zu Fuß geschafft, und niemand auf dieser Erde hat den Weg mit dem Fahrrad zu Hause begonnen. Aber anderes zählt.

Der Reiz des Abenteuers liegt im Erleben. Im Freuen und Genießen, aber auch im Kämpfen, Hoffen und Bangen, im Zweifeln und Leiden. Es ist der Weg, der den Abenteurer erhebt, erniedrigt und formt. So ist man Schüler und wird geprüft von der größten Schule der Welt, der Natur. Niemals ist sie unerbittlich oder gar gegen den Menschen, sondern immer für ihren Schüler. Der Schüler, den ihre Kraft schier zerschmettert, wird aufgefordert, zu suchen, zu finden, zu lernen und zu verstehen. Freude und Schmerz, Glück und Leid, Erfolg und Misserfolg sind nur um Haaresbreite voneinander entfernt. Es ist diese Schule, die mich immer wieder ruft und mich erquickt, mich ermüdet, um mich einmal mehr zu erquicken. Und jedes Erleben hinterlässt seine Spuren. Einsichten und neue Fragen, Erfüllung und neue Träume. Doch ob Abenteurer oder nicht, das Glück ist nur jenem gewiss, der es als solches erkennt. So habe ich mich schon oft in der Selbstverständlichkeit verloren. Mein Glück wurde mir erst bewusst, als es sich vor mir verhüllte. Manches wurde mir während der Reise bewusst. Aber eines vor allem anderen: Glücklich sein ist kein Zustand. Glücklich sein ist eine Disziplin.

Hinter der Sturmbrille fließen die Tränen. Alle haben wir Tränen. Glückliche Tränen. Tränen der Freude, der Dankbarkeit, der Demut, der Erinnerung. Das also ist die Silberkugel, welche die Stelle markiert. Gibt es einen kraftvolleren Ort als diesen Punkt? Er war das Ziel von all den Großen, deren Leistung wir erst jetzt so richtig zu würdigen wissen. Es ist ein nicht einmal mannshoher, gekringelter Pfahl mit einer glänzenden Kugel darauf. Sie spiegelt nichts als die Nordseite einer viel größeren Kugel, der Erde, und dem Himmel über ihr – und unsere Gesichter mit der Sturmbrille vor den Augen und den Tränen hinter den Gläsern. Zum ersten Mal wieder ein Spiegel. Sind wir den ganzen Weg gegangen, nur um uns selbst zu sehen?

Darauf begegnen wir zum ersten Mal nach sieben Wochen wieder einem neuen Gesicht. Catherine von der Forschungsstation Amundsen-Scott. Sie dient uns als Chaperon, als Begleiterin, führt uns durch Amundsen-Scott und macht uns mit den Annehmlichkeiten in diesem Zuhause, sehr weit weg von zu Hause, bekannt. Ich erlebe es wie im Taumel. Ein anderer Taumel als drei Tage zuvor. Wir taumeln alle die Treppe hinauf. Und weil wir uns seit fünfzig Tagen nur horizontal fortbewegt haben, versagen aufwärts fast unsere Beine.

Verwirrung in Seele, Geist und Körper. An viel mehr mag ich mich nicht erinnern. Es ist so unsäglich warm in den Räumen, dass ich glaube, wie eine überreife Kirsche zu platzen. Nicht anders die Jungs. Auf Devons glühendem Kopf glitzern Schweißperlen. Catherine, mit dem Temperament eines Vollblüters und der Statur eines Freibergers, bereitet uns einen Empfang bei Wissenschaftlern, die uns mit Fremdwortorgien überfallen. Ich bin zu müde, um auch nur hinzuhören. Unter den Kleidern rinnt der Schweiß in Strömen. Doch dann, welch ein Genuss, wieder einmal sitzend zu pinkeln und ohne dass der Hintern abfriert. Nach einem ersten, diesmal unverzerrten Blick auf mein Gesicht im Spiegel und einem amerikanischen Willkommensdrink stolpern wir zurück ins Zelt, um augenblicklich in einen fast narkotischen Tiefschlaf zu versinken. Aufregung, Erschöpfung, Traurigkeit, Zufriedenheit. Habe ich je seliger geschlafen als in diesem winzigen Zelt, draußen vor der Tür dieser galaktisch wirkenden Forschungsmaschine?

Zweimal Neujahr
Montag, 31. Dezember, 50. Tag
Amundsen-Scott–Punta Arenas

Die chronologischen Anomalitäten am Südpol sorgen dafür, dass wir gleich zweimal Silvester feiern. Wir halten uns an die chilenische Zeit in Patriot Hills. Die Amerikaner in Amundsen-Scott halten sich an die neuseeländische Zeit, da ihr logistischer Hub in Christchurch, Neuseeland, liegt. So haben sie geschlagene sechzehn Stunden Vorsprung auf uns und beginnen Silvester zu feiern, während wir eben das Frühstück hinter uns haben. Machts einen Unterschied? Die Sonne scheint rund um die Uhr. Erfreulich für unsere ausgehungerten Körper, überlassen uns zwei chilenische Forscher, die vor ein paar Tagen mit der Twin Otter angekommen sind, ein paar Kisten für ein Festmahl mit Köstlichkeiten von Wurst über Brot bis zu Butter und Marmelade, und sogar gefrorene, frische Früchte sind dabei.

Ein letztes Mal gehen wir zur Kugel der Südpolmarkierung zurück. Eine Inschrift zeigt zwei Texte:

»So we arrived and were able to plant our flag at the geographical South Pole.«
Roald Amundsen, 14. Dezember 1911

»The Pole. Yes. But under very different circumstances from those expected.«
Robert F. Scott, 17. Januar 1912

So nahe liegen Erfolg und Misserfolg nebeneinander. Triumph und tödliches Scheitern: Am gleichen Punkt brauchen wir jetzt nur noch zu warten, bis die beiden chilenischen Forscher ihre Eisproben gesammelt haben. Sobald das Wetter in den Thiel Mountains gut genug für einen Zwischenhalt wird, fliegen wir mit ihnen weg von diesem unwirtlichen, bezaubernden, magnetisierenden Ort: zurück nach Patriot Hills. Während der sechs Stunden über 1100 Kilometer zurück an die Küste braucht die kleine Maschine eine Zwischenlandung zum Tanken. Mir ist das recht. Ich genieße diese letzten Atemzüge in antarktischer Luft. Hans und Adrian wollen nur noch eins: auf direktestem Weg nach Hause. Die Illushin 76 in Patriot Hills begrüßen wir schon wie eine alte Bekannte. Und weg, nach Punta Arenas.

Endlich wieder Erde unter den Füßen. Nackte, organische Erde. Und endlich wieder Sterne. Nach über sieben Wochen pausenlosem Tag wieder eine Dämmerung, eine Nacht. Sterne, die Freunde aus dem Jenseits unseres Sonnensystems. Wir trauen unseren Sinnen kaum. Weiß ich noch, wo mir der Kopf steht? Während die Chilenen um uns herum Neujahr feiern, feiern wir unsere Rückkehr – und die Rückkehr der Sterne. Eben zieht Orion in den dunkler werdenden Himmel empor.

Immer wenn ich ihn sehe, weiß ich, dass er über mir wacht. Jetzt ist die Zeit, seinem Kreator für seine Begleitung zu danken. Eine heitere Feierlichkeit liegt in der südlich frischen Sommerluft. Da ruft Musik und Gesang mich ins Hier und Jetzt dieses Silvesters zurück. Die Fülle der Farben, Formen, Gerüche und Klänge sind mehr, als ich jetzt aufnehmen kann. Feliz año nuevo, Feuerwerk, Luftschlangen, Pappnasen und Champagner in Strömen. Äs guäz Nüüs für meine Familie und meine Freunde daheim in der Schweiz.

Zehn Tage später schließen wir uns in die Arme. Nach 484 Tagen unterwegs.

Die Erfahrungen, die ich nach Hause bringe, schenken mir einen Reichtum, den ich mir nicht träumen konnte. Ja. Glücklichsein ist eine Disziplin. Darüber weiß ich nun Bescheid.

Habe ich gesagt, was ich im nächsten Leben sein werde? Vielleicht eine Gämse, vielleicht eine Dohle. Nein. Im nächsten Leben bin ich ein Fels. Mächtig wie ein Berg.

Noch etwas

In enger Berührung mit dieser Erde habe ich erlebt, was dieser Erde geschieht. Aber danach habe ich andere Dimensionen erfahren: Es gibt Dinge zwischen Himmel und Erde, die stärker sind als der Unfug, zu dem wir Menschen fähig sind. Das zu erkennen, gibt mir ein neues Gefühl für menschliche Größe. Sie liegt irgendwo zwischen S und XXL. Sie reicht, eine Expedition ins Innere der äußeren Naturgewalten zu bestehen und ihre ungeheure Schönheit auf sich wirken zu lassen, aber nicht, sie zu beherrschen.

Antarctica ist nicht nur ein weißer Fleck in unserem Auge,

nicht nur eine Restposition in der Geschichte der Zivilisation, die sich auch dieses Fleckens Materie auf dieser Erde schon noch bemächtigen wird, um sie wie eine Wundertüte auf Schätze zu durchwühlen. Jene weißen Flecken auf alten Karten, auf denen »Hic leones sunt« stand, sind mit dem Weiß von Antarctica nicht zu vergleichen. Im kristallinen Wunderwerk des südlichen Eises und in den eisigen Stürmen, die darüber hinwegfegen, reichen missionarischer Eifer und Gewehrkugeln nicht aus, um seine ökonomischen Werte in die globalisierte Fertigungskette einzugliedern. Der Kontinent am Ende der Welt erscheint als eine eigene Welt, allein auf sich selber bezogen und unsterblich auf seine Weise, weil darauf so fast kein Leben sein kann. Das stimmt mich optimistisch: Die Natur auf unserem geschrumpften Planeten zeigt weiterhin langmütig die unüberwindbare Kraft ihrer strengen Gesetze. Und das stimmt mich grad wieder auch demütig: Selbst den vereinten menschlichen Kräften mit allen ihren technischen Mitteln sind Grenzen gesetzt. Die Kälte, mit der die anorganische Chemie hier ihre Herrschaft ausübt, hat eine Konsequenz, für die selbst das Wort gnadenlos unangebracht ist, weil Gnadenlosigkeit die Möglichkeit zu Mitgefühl voraussetzt. Antarctica aber bestraft jede Annäherung, die mehr als eine Begehung oder Besichtigung ist, mit Verhungern, Verdursten und Erfrieren. In dieser reinen, ursprünglichen Form von Natur sind wir allenfalls Gäste für ein paar Tage – wenn wir an unseren Gastgeber keine Ansprüche stellen und wenn wir alles, was wir bekommen, auch die Demütigungen und die Bestrafungen, als Geschenke fürs Leben verstehen.

So sind wir Teil der Natur, aber die Natur ist auch ein Teil von uns. Sie mag uns mächtig übersteigen, aber wir tragen sie auch ganz tief in uns, in unseren Zellsäften und im Empfinden, und kommen niemals ohne sie aus.

DANK AN DIE PARTNER

Wer allein unterwegs ist, muss sich auf treue Partner verlassen können. Sie zu finden und vor allem Vertrauen zu fassen, braucht seine Zeit. Als ich startbereit war, fühlte ich mich in einem Netz von Profis aufgehoben.

Xpert.Line, »die Business Software für flexible Ansprüche«, übernahm als Hauptsponsor die Verbreitung meiner Newsletters und die Hälfte der Kosten auf Antarctica. Mit unserem Anspruch, neue Wege zu gehen, Neues zu entdecken und weiter zu gehen, fanden wir eine gemeinsame Grundlage zum Erfolg.

Transa, »die führende Anbieterin für Travel- und Outdoor-Ausrüstung in der Schweiz«, hat mich kompetent beraten und mir die Zelte und andere unerlässliche Teile der Ausrüstung zur Verfügung gestellt.

Mammut versorgte mich mit dem richtigen, alpinistisch bewährten Schlafsack sowie mit Kleidern, mit denen auch Mammut Neuland betrat. Sie hatten sich erstmals in der Antarktis zu bewähren – und taten das mit Bravour.

Sony unterstützte mich mit Kamera und Computer, Solution Provider mit einem namhaften Geldbetrag.

Business4you übernahm ab Salt Lake City spontan und unkompliziert die Administration. Die enthusiastische Begeisterung, die professionelle Abwicklung aller administrativen Aufgaben und ebenso die Dienste als Pressestelle während der Expedition Antarctica bedeuteten für mich das Rückgrat auf dem Weg zum Ziel.

Mein Lebenspartner Sandro und meine Mutter haben in unzähligen Arbeitsstunden Material besorgt, verpackt und für eine reibungslose, logistische Abwicklung gesorgt. Und meine Schwester Jacqueline verstand und versteht es, mich auch in den schwierigsten Situationen immer wieder anzuspornen.

Bei ihnen, meinem Cousin Markus mit Vreni, meiner Cousine Ruth mit Familie und meiner Cousine Liliane und allen, die mir die Daumen gedrückt und zum Gelingen dieser Expedition beigetragen haben, bedanke ich mich an dieser Stelle von Herzen.

Evelyne Binsack

PS: Den unschätzbaren Wert einer unbeschwerten Kindheit und einer Ausbildung, wie ich sie genießen durfte, kann ich erst richtig würdigen, seit ich mich als Botschafterin für SOS-Kinderdorf engagiere. Der Besuch in León, Nicaragua, hat mich begeistert (siehe Seite 67). Die SOS-Familien haben Ihre Spende mehr als verdient (www.sos-kinderdorf.ch).

NACHWORT

Zu guter Letzt feiert der Ghostwriter sein Coming-out in der wirklichen Welt: Ein Geist unter den vielen guten Geistern, die dieses Buch ermöglicht haben.

Evelyne Binsack war kaum vom Südpol heimgekehrt, als ich sie am Radio hörte – und gleich Gabriella Baumann-von Arx anrief: »Du, diese Evelyne Binsack hat etwas zu sagen. Ich möchte gerne das nächste Buch mit ihr machen.« Gaby hatte Evelynes erstes Buch »Schritte an der Grenze« (2002) aufgezeichnet und war bereits im Gespräch als Verlegerin von »Expedition Antarctica«.

Die Begegnung mit Evelyne war ein Glücksfall. Es war ein beflügelndes Miteinander, vom ersten Augenblick an in selbstverständlichem Vertrauen und mit immer wieder neuem Vergnügen. Evelyne erzählte so frisch und schonungslos auch gegenüber sich selber, dass ich bloß hie und da nicken musste, um ihr die nächste Episode zu entlocken. Aus Erzählungen, Tagebüchern und Gesprächen über Gott, die Natur und die menschlichen Möglichkeiten und Grenzen, ergab sich wie von selbst ein roter Faden, den wir zu einer möglichst dichten Geschichte von Innertkirchen über Südamerika bis zum Südpol verwoben.

Nicht dass ich je auf Antarctica gewesen wäre. Aber mein Geist war dort, auf der größten Kopfreise meines Lebens. Fern von katabatischen Winden brachte ich unsere Notizen auf eine Reihe und surfte nach antarktischen Stichwörtern durchs Internet.

Was es heißt, in Schnee und Eis zu überleben, habe ich als unfreiwilliger Schweizer »Gebirgsschütze« am eigenen Leib erfahren. Nicht sieben Wochen am Stück wie Evelyne, aber die wenigen einzelnen Wochen geben mir eine Ahnung davon, was Evelyne immer wieder in die Unwirtlichkeit lockt. Schneebiwaks im Februar auf 3000 Metern und danach die Märsche auf Skis mit schwerem Gepäck bis zum Umfallen durch ein Whiteout, das habe ich bis heute in den Knochen, mit der ganzen Wucht und Schönheit der Naturerfahrung – und ich kann nur sagen: Evelyne, wir sind froh, dass du gesund und munter wieder da bist. Hab Dank für deine unermüdliche Erzähllust und für alles, was du uns von deiner Expedition an Ideen und Erkenntnissen heimgebracht hast.

Wertvolle Anregungen zum Thema Antarktis verdanken wir dem Glaziologen Sepp Kipfstuhl vom Alfred Wegener Institut (AWI) in Bremerhaven. Er hat Sommer und Winter und Jahre in den Polgebieten dieser Erde gearbeitet und nun zum Abschluss dieses Buches seinen unverzichtbaren wissenschaftlichen Blick auf alle Daten und Fakten geworfen. Dafür sei ihm herzlich gedankt.

Der Verlegerin Gabriella Baumann-von Arx danke ich für ihre fraglose und tatkräftige Unterstützung unserer Arbeit und Evelynes Mutter dafür, dass sie uns mit ihrer währschaften Kochkunst so liebevoll bei sich zu Hause betreut hat. Dem sorgfältigen, kritischen Geist von Claudia Bislin, Lektorat, und Andrea Leuthold, Korrektorat, verdanke ich die Verbesserung so mancher inhaltlicher und formaler Schwächen. Auch ein Ghostwriter ist schließlich nur ein Mensch.

Markus Maeder

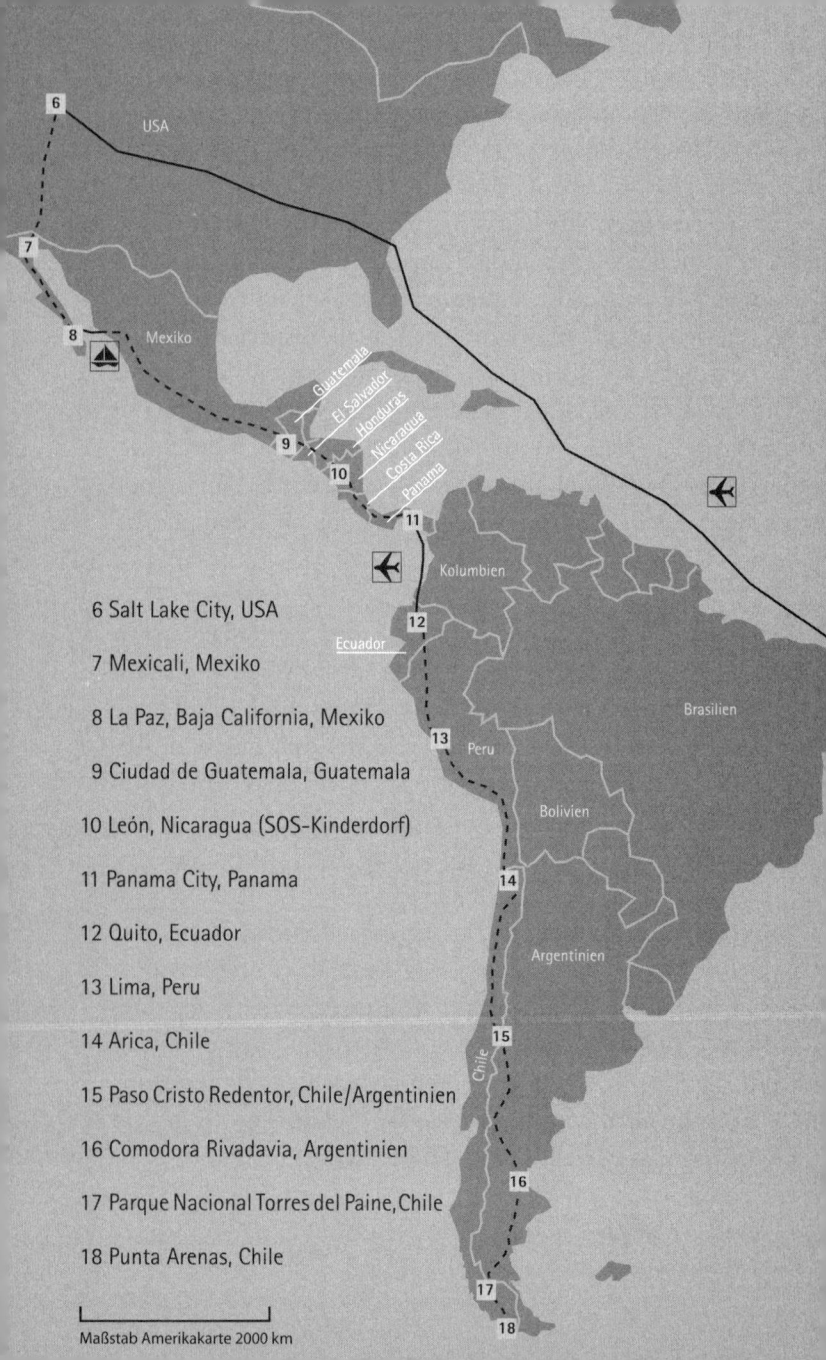

6 Salt Lake City, USA

7 Mexicali, Mexiko

8 La Paz, Baja California, Mexiko

9 Ciudad de Guatemala, Guatemala

10 León, Nicaragua (SOS-Kinderdorf)

11 Panama City, Panama

12 Quito, Ecuador

13 Lima, Peru

14 Arica, Chile

15 Paso Cristo Redentor, Chile/Argentinien

16 Comodora Rivadavia, Argentinien

17 Parque Nacional Torres del Paine, Chile

18 Punta Arenas, Chile

Maßstab Amerikakarte 2000 km

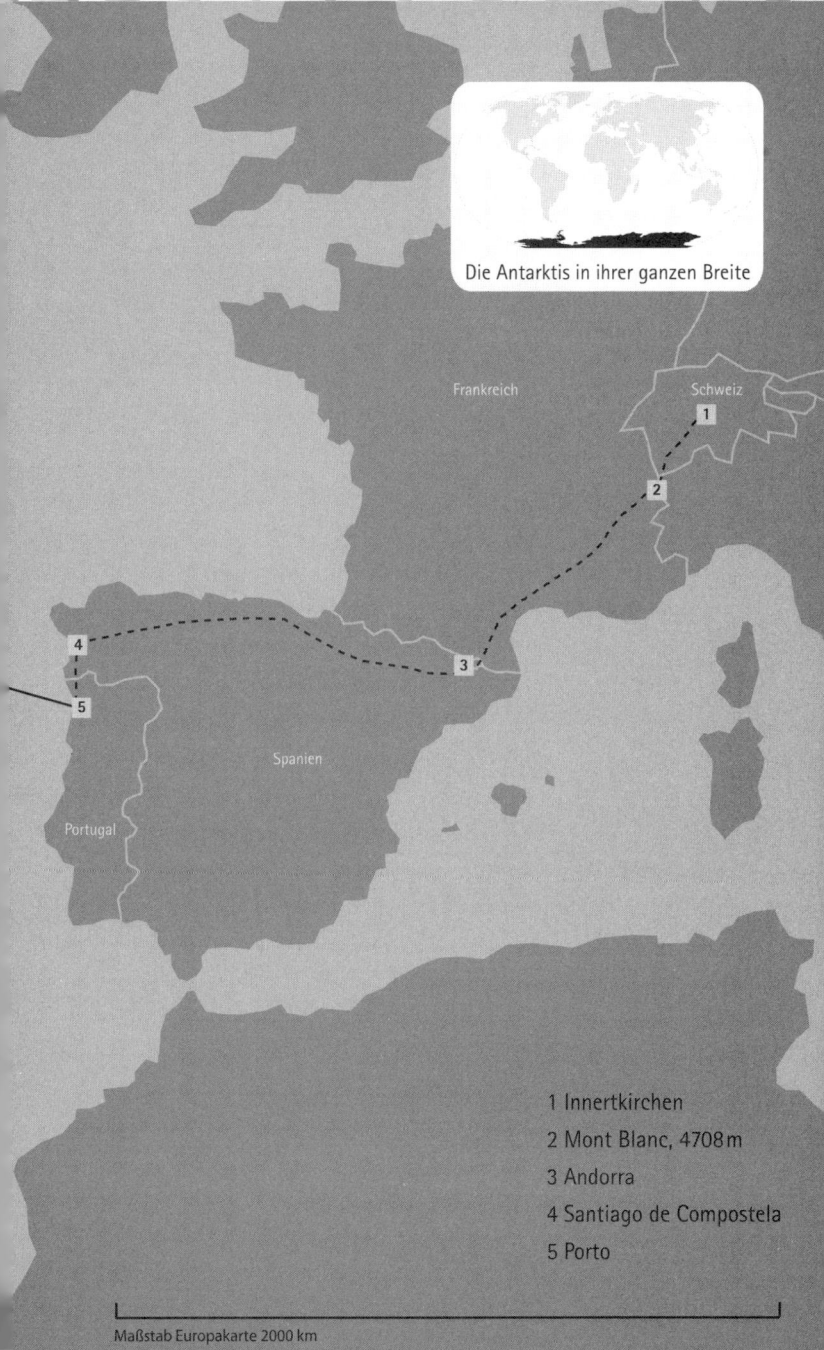

Die Antarktis in ihrer ganzen Breite

Frankreich

Schweiz

1

2

3

4

5

Spanien

Portugal

1 Innertkirchen
2 Mont Blanc, 4708 m
3 Andorra
4 Santiago de Compostela
5 Porto

Maßstab Europakarte 2000 km

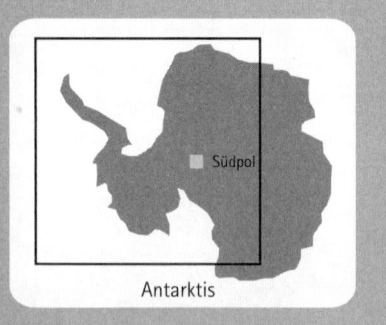

Antarktis

Südpol

Antarktische Halbinsel

Ronne-Schelfeis

Hercules Inlet

1180 km

Patriot Hills

Thiel Mountains

Südpol

McMurdo

Ross-Schelfeis

ANTARKTISCHES WÖRTERBÜCHLEIN

Amundsen-Scott-Station
Bedeutende US-amerikanische Forschungsstation auf dem antarktischen Inlandeis unmittelbar am geografischen Südpol auf 2835 Meter Höhe. Forschungen in Glaziologie, Geophysik, Meteorologie, Astronomie und Astrophysik. Gegründet 1956.

Antarctica
Antarctica ist der südlichste Kontinent der Erde. Er bedeckt den Südpol, liegt fast ausschließlich südlich des südlichen Polarkreises und ist umgeben vom südlichen Ozean. Er gilt als fünftgrößter Kontinent vor Australien. Antarctica ist untrennbar mit dem umliegenden Schelfeis verbunden und ist je nach Jahreszeit von einem mehr oder weniger breiten Gürtel von Packeis umgeben.

Antarktis
Zur Antarktis zählt die gesamte Region südlich der antarktischen Konvergenzzone um den 50. südlichen Breitengrad. Zentrum ist der Kontinent Antarctica, dessen Festlandsockel sich rund um den Südpol weitgehend innerhalb des südlichen Polarkreises erstreckt. Geografisch-astronomisch reicht die Antarktis vom Südpol bis zum südlichen Polarkreis auf 66 Grad 33 Minuten südlicher Breite.

Antarktische Konvergenzzone
Zone um den 50. Breitengrad, in der kaltes, nordwärts fließendes Wasser auf südwärts fließendes wärmeres Oberflächenwasser trifft. Die Folge sind kräftige, kalte Winde. Die antarktische Konvergenzzone bildet die Nordgrenze des Südpolarmeers.

Antarktisvertrag

Ein Netzwerk von internationalen Vereinbarungen über die Angelegenheiten der Antarktis (Erstunterzeichnung 1959 in Washington). Ziele des vielfach erweiterten Vertragswerkes sind: die Region zwischen dem 60. südlichen Breitengrad und dem Südpol für friedliche Zwecke zu nutzen, die internationale Kooperation zu fördern und die wissenschaftliche Erforschung zu unterstützen. Militärische Übungen und Operationen sind deshalb ebenso untersagt wie der Abbau von Bodenschätzen.

Geografischer Südpol

Fixer Punkt auf der Erdachse bei 90 Grad südlicher Breite. Der geografische Südpol liegt etwa im Zentrum von Antarctica auf dem Inlandeis. Seine Markierung wandert mit der Bewegung des Eises pro Jahr um etwa zehn Meter.

Inlandeis

Vergletscherung über fast dem gesamten Festlandsockel des Südkontinents Antarctica. Das antarktische Inlandeis ist etwa 14 Millionen Quadratkilometer groß und enthält 30 Millionen Kubikkilometer Eis. Das entspricht rund zwei Dritteln der Süßwasserreserven der Erde.

Iridium

Weltumspannendes Satellitenkommunikationssystem mit insgesamt 72 Satelliten. Der Name stammt vom chemischen Element Iridium mit der Ordnungszahl 77, denn ursprünglich waren 77 Satelliten geplant. Das System ist seit 1998 in Betrieb. Die Endgeräte kommunizieren direkt mit den Satelliten. Als einziges Satellitentelefonnetz garantiert Iridium eine Versorgung auch an den Polkappen.

Katabatische Winde

Ablandige Winde auf Antarctica sowie auch in Grönland. Über dem Inlandeis kühlt sich die Luft ab, wird schwerer und dichter und folgt der Hangneigung zum Rand des Kontinents, wo der Wind Orkanstärke erreichen kann.

Magnetischer Südpol

Punkt der südlichen Hemisphäre, an dem die magnetischen Feld-
linien des Erdmagnetfelds vertikal zur Erdoberfläche stehen. Er
bewegt sich pro Jahr ca. zehn Kilometer nach Nordwesten und liegt
heute außerhalb von Antarctica im offenen Meer.

McMurdo-Station

Die größte Forschungs- und Logistikstation auf Antarctica. Sie
wurde 1955 von den USA auf der Ross-Insel am Ross-Schelfeis
errichtet. Sie verfügt über eine Landebahn für große Transportflug-
zeuge und dient als logistischer Ausgangspunkt für die Amundsen-
Scott-Station. Sie ist Meereis-frei und im Sommer von über tausend
Personen bevölkert.

Mount Vinson

Massiv in Ellsworth Land, mit 4892 Meter über Meer der höchste
Berg der Antarktis. Entdeckt 1957 durch die US-Luftwaffe. Erst-
besteigung 1968 durch den American Alpine Club. heute einer der
»Seven Summits«.

Nautische Meile (NM)

Maßeinheit in der Seefahrt: 1852 Meter. Entsprechend 1 Bogen-
minute im Koordinatennetz der Erde. 60 Bogenminuten ergeben
einen Breitengrad (rund 111 km). Vom Nordpol bis zum Südpol
sind es 180 Breitengrade: 180 x 60 Nautische Meilen = 10 800 Nautische Meilen.

Norwestpassage

Während Jahrhunderten gesuchter Seeweg auf der nördlichen
Hemisphäre zwischen Atlantik und Pazifik, am Nordrand
des amerikanischen Kontinents. Erste Passage durch Roald
Amundsen 1906. Bei zunehmender Klimaerwärmung könnte die
5780 Kilometer lange Verbindung als Transportweg kommerziell
attraktiv werden.

Packeis

Die am weitesten verbreitete Art von Meereis, besteht aus einer Mischung von allen Arten von Meereis. Packeis bedeckt im Südpolarmeer je nach Jahreszeit zwischen vier und zehn Millionen Quadratkilometer. Seit der Norweger Fridtjof Nansen sein Schiff »Fram« im Packeis der Arktis festfrieren ließ (1893–1896), um sich Richtung Nordpol schieben zu lassen, haben Expeditionen auch im antarktischen Packeis überwintert.

Sastrugi (Windgangeln)

Vom Wind in den Schnee gefräste Erhebungen oder Rillen. Sie werden beinhart, bis zu einem Meter hoch und behindern die Fortbewegung auf Schneemobilen und Skis.

Schelfeis

Süßwasser-Eisplatten, welche die Inlandeisdecke weit ins Meer hinaus nahtlos fortsetzen. Am Rand des Schelfeises brechen immer wieder Eisstücke weg (kalben) und werden zu Eisbergen. Das Schelfeis, zum Beispiel im Ross-Meer und im Weddell-Meer, ist für den Laien nicht vom Inlandeis zu unterscheiden.

Transantarktisches Gebirge

100 bis 300 Kilometer breite und 3500 Kilometer lange Bergkette auf Antarctica zwischen dem Ross-Meer und dem Weddell-Meer. Das Transantarktische Gebirge trennt die Westantarktis von der Ostantarktis. Die Kette mit ihren Vulkanen, Sandstein- und Doleritfelsen erhebt sich bis zu 4500 Meter über Meer und ist teilweise eisfrei.

Trockentäler

Eisfreie Zonen im Transantarktischen Gebirge an der westlichen Küste des McMurdo-Sundes. Geringe Niederschläge, Wind und Sonneneinstrahlung verhindern seit Millionen von Jahren eine bleibende Eisbildung.

UTC

Universal Coordinated Time (die Abkürzung entspricht in keiner Sprache den Initialen der Begriffe). Koordinierte Weltzeit. Ausgangspunkt ist der Nullmeridian durch Greenwich. Die mitteleuropäische Zeit beträgt UTC plus eine Stunde (im Sommer plus zwei). Die UTC wird in der Schifffahrt, der Luftfahrt, der Astronomie und im internationalen Funkverkehr verwendet.

Whiteout

Wettererscheinung im Hochgebirge und in Polargebieten. Helligkeit, die bei schneebedecktem Boden, gedämpftem Sonnenlicht oder Nebel entsteht. Boden und Himmel gehen nahtlos ineinander über. Die diffuse Reflexion des Sonnenlichts hebt die Kontraste, Konturen und Schatten auf. Der Raum wirkt unfassbar, horizontlos und leer. Whiteout kann den Gleichgewichts- und Orientierungssinn stören und zu starker psychischer Belastung führen.

Windchill

Beschreibt den vom Wind verursachten Unterschied zwischen gemessener und gefühlter Temperatur. Der Windchill ist ein Maß für die durch Wind erfolgte Abkühlung eines Objekts, zum Beispiel eines Menschen.

Windstärke Beaufort (Bft)

Skala von eins bis zwölf zur Klassifizierung von Winden nach ihrer Geschwindigkeit. 1 Bft entspricht etwa 1 bis 5 km/h (leiser Zug), 6 Bft entsprechen 39 bis 49 km/h (starker Wind) und 12 Bft über 118 km/h (Orkan). Die Beaufort-Skala wird vor allem in der Seefahrt zur Beschreibung der Auswirkungen des Winds auf den Seegang verwendet.